"十四五"精品课程规划教材——学前教育类

幼儿园班级管理

主编　郭　苹　焦艳凤　王连喜

天津大学出版社
TIANJIN UNIVERSITY PRESS

图书在版编目（CIP）数据

幼儿园班级管理 / 郭苹，焦艳凤，王连喜主编 .
天津 : 天津大学出版社，2025. 3. -- (“十四五”精
品课程规划教材). -- ISBN 978-7-5618-7896-5
Ⅰ . G617
中国国家版本馆 CIP 数据核字第 2025NG1723 号

幼儿园班级管理
YOU’ERYUAN BANJI GUANLI

出版发行 天津大学出版社
地　　址 天津市卫津路 92 号天津大学内（邮编：300072）
电　　话 发行部：022-27403647　邮购部：022-27402742
网　　址 publish.tju.edu.cn
印　　刷 河北鑫彩博图印刷有限公司
经　　销 全国各地新华书店
尺　　寸 889mm×1194mm　1/16
印　　张 13.75
字　　数 325 千字
版　　次 2025 年 3 月第 1 版
印　　次 2025 年 3 月第 1 次
定　　价 49.80 元

编委会成员

主　编　郭　苹　焦艳凤　王连喜

副主编　张国红　卢琳琳　张　静

陈明艺　李易薇　李晓燕

参　编　谢宏宇　孙　晶　吴月波

前言

PREFACE

班级是幼儿园实施保教工作的基本单位，班级管理的好坏直接影响幼儿园的管理质量。幼儿园班级管理是幼儿教师日常面临的主要工作。幼儿教师既是教育者，又是管理者，他们不仅要在一日教育过程中做好班级管理，还要在班级日常管理过程中实现保教结合。在班级管理中，教师需要具备多方面的综合素质与能力，既要科学合理地安排好幼儿的一日生活，又要妥善管理好班级的财物、信息和设施，既要处理好与幼儿、同事、家长的关系，又要不断完善素养、提升自我，这样才能提高班级管理的效果，提高幼儿园的办园质量，促进幼儿全面、健康、和谐的发展。

本教材共包括八章内容。第一章主要介绍幼儿园班级管理的基本理论、原则和方法；第二章介绍幼儿园班级保教工作管理的过程；第三章阐述幼儿园班级一日常规管理，分析生活常规、学习常规、游戏常规、运动常规的要求及实施；第四章分析不同年龄班的幼儿特点及班级管理要点、策略等问题；第五章介绍幼儿园班级物质环境的建设和心理环境的营造；第六章分析班级一日活动及意外伤害事故的安全管理；第七章讲解幼儿常见问题行为管理；第八章介绍幼儿园班级家长工作的方法与策略。

本教材的编写以《教师教育课程标准（试行）》《幼儿园教师专业标准（试行）》和《幼儿园保育教育质量评估指南》为指导，在编写过程中，力求既尊重幼儿园班级管理理论与实践的逻辑体系，又尊重学生掌握知识和形成能力的规律，更兼顾当前学前教育学科的发展特点。通过本教材，学生能够理解幼儿园班级管理的基本理论；全面系统地掌握幼儿园班级管理的内容，习得幼儿园班级管理的基本方法和技能；具有一定的正确分析和解决幼儿园班级管理中实际问题的能力，为学生日后从事学前教育教学、研究及管理等工作打下良好的基础。

本教材有如下特色：

第一，注重学科知识的基础性和系统性。本教材清晰地阐明幼儿园班级管理的基本概念、基本原则，同时关注到知识的系统性，力求使学生对幼儿园班级管理的理论和实务形成全面完整的认识。

第二，注重理论与实际的有机结合。在系统阐述基础理论的同时，本教材紧密结合幼儿园班级管理的实际，提供详细具体的管理程序和方法；每章后都附有案例，引导学生结合所学理论进行分析和思考，培养其关注幼儿园班级管理现实的态度与能力。

第三，凸显教材的广泛适用性。本教材的编写结合高校学前教育专业教学的基本要求，在把握时代特征的基础上借鉴专业领域相关研究成果，突出实践性和实用性，既可以作为本科和中高职院校学前教育专业学生的教材，也可以作为幼儿园教师及管理者的参考书。

本书由佳木斯大学郭苹、佳木斯职业学院焦艳凤、国家开放大学王连喜担任主编，佳木斯市第二小学张国红、齐齐哈尔高等师范专科学校卢琳琳、上海闵行职业技术学院张静、泉州轻工职业学院陈明艺、上海中侨职业技术大学李易薇、重庆科创职业学院李晓燕担任副主编，佳木斯市第七中学谢宏宇、佳木斯市二十小学孙晶、佳木斯市实验幼儿园吴月波担任参编，具体编写分工如下：郭苹编写第一章、第二章、第五章、第八章第一节、第二节，张静编写第三章，王连喜编写第四章第一节、第二节，陈明艺、李易薇编写第四章第三节，卢琳琳编写第六章，焦艳凤编写第七章，李易薇、李晓燕编写第八章第三节，全书统稿工作由郭苹、焦艳凤完成。张国红、谢宏宇、吴月波为本书案例选择及实践环节梳理提供支持。佳木斯大学研究生马文雅、肖迪在资料搜集方面做了一定工作。本书在编写过程中，参考了大量前人及同行的研究成果，在此表示感谢。

本教材的编写得到了以下项目的支持：黑龙江省教育厅基本科研业务费基础研究项目“线上教学背景下高校教师教学风格的特点与形成机制研究”（项目编号：2020-KYYWF-0328），以及2022黑龙江省高等教育本科教育教学改革研究项目“新文科背景下影视艺术课程线上线下混合式教学模式研究与实践”（课题编号：SJGY20220433）。

本教材的编写是集体力量和智慧的结晶，由来自全国不同地区不同岗位的学前教育工作者共同完成，既有来自高等院校和职业院校的高校学者，也包括管理实践经验丰富的幼儿园园长和一线教师。

在编写过程中，团队成员团结协作、共同努力，力求保证教材质量，但难免存在疏漏和不足之处，恳请各位专家、同行和读者不吝赐教。

目录

CONTENTS

第一章

幼儿园班级管理概述

幼儿园班级是幼儿园的基层组织，是幼儿园实施教育和保育工作的基本单位，是幼儿最贴近的环境和最真实的生活场所。班级对幼儿发展的影响最为直接。幼儿的健康成长与幼儿园工作目标的实现都直接取决于班级工作的成效。幼儿园班级管理是指班级教师通过计划、组织、协调、控制等过程，充分利用班级的人、财、物、时间、信息等要素，高效实现班级管理目标的过程。班级管理是幼儿园管理的核心与基础。为提高幼儿园班级管理的科学性、有效性，应了解幼儿园班级的结构要素，明晰幼儿园班级管理的原则，熟悉幼儿园班级管理的方法。本章将介绍幼儿园班级和班级管理的关键要素，以期对幼儿园教师的班级管理工作给予一定的指导。

【学习目标】

1. 理解幼儿园班级的特点与功能。
2. 领会幼儿园班级管理的特点，掌握幼儿园班级管理的内容。
3. 掌握并灵活运用幼儿园班级管理的原则与方法。

第一节 幼儿园班级概述

一、幼儿园班级的含义

（一）班级内涵

班级是教育机构进行教育教学及管理活动的基本单位。“班级”一词最早出现于16世纪法国的居耶纳中学、斯特拉斯堡的文科中学等学校。16世纪中叶，在西方国家评价学校时，按是否依据年龄与发展阶段把学生分成了班级，并把按年龄分班作为优秀学校的标志之一。到了17世纪，捷克教育家扬·阿姆斯·夸美纽斯在《大教学论》一书中提出了“班级授课制”理论，从此，为班级组织奠定了理论基础。18世纪末到19世纪初，在西方学校，把教学单位分成若干个班级，由教师向数十名乃至数百名学生实施同步教学。1862年，中国清朝政府在北京开办的京师同文馆最先采用班级进行教学，开创中国班级教学之先河。1905年，清朝政府宣布废科举、兴学堂，班级授课制在全国各地推广。

现代教育意义上的班级是指学校按照教育培养目标，把年龄特征和文化程度相近的学生组合起来，分成不同的级别，再分成具有一定人数的班，以便进行教育、教学和管理的组织。班级是学校教育、教学的基层单位。

（二）幼儿园班级内涵

幼儿园班级是幼儿园的基层组织，是幼儿园进行保教活动的基本单位，幼儿园班级是幼儿园组织、安排教育活动和生活活动的重要场所与途径，整个幼儿园的工作都是通过各个班级的工作来实现的。班级是幼儿在幼儿园所处的最具体的环境与场所，对幼儿的发展具有最直接的影响，幼儿的健康成长与幼儿园教育目标的实现都直接取决于班级保教工作的成效。

二、幼儿园班级的基本结构

幼儿园班级与中小学班级不同，这是由不同阶段受教育者的年龄特点和各阶段的教育任务决定的。幼儿园班级是对 3～6 岁幼儿进行保教活动的基本组织单位，是以一定物质设施和人员构成为前提条件的。但班级不等同于教室，它不是静态的教育场所，而是通过有计划、有组织的教育活动来实现其特定功能的组织。其基本结构包括人员结构、组织结构和物质设施三方面。

（一）人员结构

1. 保教人员

我国《幼儿园工作规程》和《幼儿园管理条例》明确指出，教师和保育员是幼儿园班级管理的主要承担者，肩负着对幼儿实施保育和教育的双重任务。因此，班级保教人员的数量和质量直接影响班级保教工作的质量。《幼儿园教职工配备标准（暂行）》中规定，全日制幼儿园每班配备 2 名专任教师和 1 名保育员，或配备 3 名专任教师，两者密切配合，以完成班级的保教任务。

表 1-1　幼儿园班级规模及专任教师和保育员配备标准

年龄班	班级规模（人）	全日制		半日制	
		专任教师	保育员	专任教师	保育员
小班（3～4 岁）	20～25	2	1	2	有条件的应配备 1 名保育员
中班（4～5 岁）	25～30	2	1	2	
大班（5～6 岁）	30～35	2	1	2	
混龄班	< 30	2	1	2～3	

——教育部《幼儿园教职工配备标准（暂行）》

（1）教师

幼儿园教师是履行幼儿园教育工作职责的专业人员，对本班幼儿的保育和教育工作全面负责，需要经过严格的培养与培训，具有良好的职业道德，掌握系统的专业知识和专业技能。2012 年教育部颁布了《幼儿园教师专业标准》，这是国家对合格幼儿园教师专业素质的基本要求，是幼儿园教师开展保教活动的基本规范，是引领幼儿园教师专业发展的基本准则，是幼儿园教师培养、准入、培训、考核等工作的重要依据。该标准从专业理念与师德、专业知识、专业能力 3 个维度 14 个领域（职业理解与认识、对幼儿的态度与行为、幼儿保育与教育的态度与行为、个人修养与行为、幼儿发展知识、幼儿保育和教育知识、通识性知识、环境的创设与利用、一日生活的组织与保育、游戏活动的支持与引导、教育活动的计划与实施、激励与评价、沟通与合作、反思与发展）提出 62 条基本要求，充分反映了幼儿园教师必须具备的专业态度、知识与能力。

2016年颁布的《幼儿园工作规程》对幼儿园教师的职责进行了明确规定：①观察了解幼儿，依据国家有关规定，结合本班幼儿的发展水平和兴趣需要，制订和执行教育工作计划，合理安排幼儿一日生活；②创设良好的教育环境，合理组织教育内容，提供丰富的玩具和游戏材料，开展适宜的教育活动；③严格执行幼儿园安全、卫生保健制度，指导并配合保育员管理本班幼儿生活，做好卫生保健工作；④与家长经常联系，了解幼儿家庭的教育环境，商讨符合幼儿特点的教育措施，相互配合，共同完成教育任务；⑤参加业务学习和保育教育研究活动；⑥定期总结评估保教工作实效，接受园长的指导和检查。

中华人民共和国成立以来，一系列有关幼儿园教师的政策相继颁布，规范和促进了幼儿园教师队伍的健康发展，幼儿园教师数量和学历都有了显著提升，教师专业素养也进一步提高。但当前，我国幼儿园教师队伍建设仍然存在诸多问题，表现在三个方面的失衡：一是区域失衡，主要指农村与城市教师队伍建设的失衡，它影响教师专业思想的稳定；二是“理”与“用”的失衡，注重教师在理论方面的提升，而对理论如何运用于实践的关注不够；三是“艺”与“文”的失衡，关注教师对知识、技能、技艺的掌握，而不够重视人文精神的培育。因此，为促进幼儿园教师队伍的均衡发展，可以通过借鉴“临时认证”制度，吸引有爱心、立志从教的教师，以解决区域失衡；从学科取向转变为实践取向，注重提升教师的实践智慧，以解决“理”与“用”的失衡；通过大力推进教师教育课程改革，注重科学精神与人文精神的陶冶，将教师塑造成有理想信念、有道德情操、有扎实学识、有仁爱之心的“四有”好老师。

新时代幼儿园教师职业行为十项准则

教师是人类灵魂的工程师，是人类文明的传承者。长期以来，广大教师贯彻党的教育方针，教书育人，呕心沥血，默默奉献，为国家发展和民族振兴做出了重大贡献。新时代对广大教师落实立德树人根本任务提出新的更高要求，为进一步增强教师的责任感、使命感、荣誉感，规范职业行为，明确师德底线，引导广大教师努力成为有理想信念、有道德情操、有扎实学识、有仁爱之心的好老师，着力培养德、智、体、美、劳全面发展的社会主义建设者和接班人，特制定以下准则。

一、坚定政治方向。坚持以习近平新时代中国特色社会主义思想为指导，拥护中国共产党的领导，贯彻党的教育方针；不得在保教活动中及其他场合有损害党中央权威和违背党的路线方针政策的言行。

二、自觉爱国守法。忠于祖国，忠于人民，恪守宪法原则，遵守法律法规，依法履行教师职责；不得损害国家利益、社会公共利益，或违背社会公序良俗。

三、传播优秀文化。带头践行社会主义核心价值观，弘扬真善美，传递正能量；

不得通过保教活动、论坛、讲座、信息网络及其他渠道发表、转发错误观点，或编造散布虚假信息、不良信息。

四、潜心培幼育人。落实立德树人根本任务，爱岗敬业，细致耐心；不得在工作期间玩忽职守、消极怠工、空岗、未经批准找人替班，不得利用职务之便兼职兼薪。

五、加强安全防范。增强安全意识，加强安全教育，保护幼儿安全，防范事故风险；不得在保教活动中遇突发事件、面临危险时，不顾幼儿安危，擅离职守，自行逃离。

六、关心爱护幼儿。呵护幼儿健康，保障快乐成长；不得体罚和变相体罚幼儿，不得歧视、侮辱幼儿，严禁猥亵、虐待、伤害幼儿。

七、遵循幼教规律。循序渐进，寓教于乐；不得采用学校教育方式提前教授小学内容，不得组织有碍幼儿身心健康的活动。

八、秉持公平诚信。坚持原则，处事公道，光明磊落，为人正直；不得在入园招生、绩效考核、岗位聘用、职称评聘、评优评奖等工作中徇私舞弊、弄虚作假。

九、坚守廉洁自律。严于律己，清廉从教；不得索要、收受幼儿家长财物或参加由家长付费的宴请、旅游、娱乐休闲等活动，不得推销幼儿读物、社会保险或利用家长资源谋取私利。

十、规范保教行为。尊重幼儿权益，抵制不良风气；不得组织幼儿参加以营利为目的的表演、竞赛等活动，或泄露幼儿与家长的信息。

（2）保育员

保育员是陪伴幼儿在园一日生活和游戏的重要人员，在班级保教工作中承担着重要的责任，《幼儿园工作规程》规定幼儿园保育员的主要职责有：①负责本班房舍、设备、环境的清洁卫生和消毒工作；②在教师指导下，科学照料和管理幼儿生活，并配合本班教师组织教育活动；③在卫生保健人员和本班教师指导下，严格执行幼儿园安全、卫生保健制度；④妥善保管幼儿衣物和本班的设备、用具。

从上述规定可以看出，对保育员职责的规定突出了其工作保教结合的特点，但当前我国幼儿园保育员队伍仍然存在诸多问题，如专业角色定位不全面、专业知识和技能欠缺等，因此需要通过树立保育员专业化理念、加强保育员培训等措施，以进一步提升保育员专业素质，规范保育员行为。

2. 幼儿

幼儿是幼儿园教育的对象，是班级的主体。我国相关政策、法规对幼儿班级有一定的规定。

（1）幼儿分班

幼儿园按年龄分班，一般按照3～4岁、4～5岁、5～6岁三种方式，分别组成幼儿园小班、中班和大班。这种形式最简单易行，所依据的理念是同一年龄段的幼儿其认知能力和身心发展水平大致相当，教师根据不同年龄段幼儿的特点开展教育，提高保教质量和效率。同时，年龄相同的幼儿在一起，有利于相互学习与模仿，共同成长与进步。

此外，还可以按混龄编班，即将不同年龄的幼儿编排在一个班级中。混龄编班的基本理念之一是幼儿园的班级就像一个温馨的家庭，在这样一个家庭中，有不同年龄的孩子，他们像兄弟姐妹般生活在一起，一起游戏、一起学习。年龄小的幼儿与年龄大的幼儿在一起游戏与生活，因而有机会向大龄幼儿学习，得到大龄幼儿的帮助，减少竞争压力，增加合作的机会。而且，幼儿喜欢模仿年龄比自己大、能力比自己强的同伴。同样，年龄大的幼儿也可以帮助年龄小的幼儿，获得快乐的体验。

（2）班级规模

班级规模是每班幼儿的人数，适宜的班级规模有利于幼儿安全和教育质量的提高。班级规模过大，会影响幼儿的安全及健康，教师无暇顾及每一位幼儿，会使幼儿特别是小班幼儿在心理上缺乏归属感和安全感；幼儿在活动室内跑动时，还可能相互碰撞，存在安全隐患。

另外，在大规模的班级中，人员密度大，活动空间小，容易产生噪声干扰、碰撞纠纷，加大了教师组织各种教育活动的难度，影响活动效果；同时班级规模越大，教师与单个幼儿“对话”的机会越少，幼儿在班集体中展示自我、提高自我的机会也会越少，很难满足每个孩子想表现自我的愿望；并且在大规模的班级中，教师出于安全考虑，也会减少甚至取消一些探究性活动，会直接影响教师的保教质量和教育目标的达成。

因此，为确保幼儿安全和保教质量，保证适宜的班级规模是必要的。根据《幼儿园工作规程》规定，幼儿园每班幼儿人数一般为：小班每班25人，中班每班30人，大班每班35人，混合班每班30人。寄宿制幼儿园每班幼儿人数酌减。

3. 家长

家长指幼儿的父母或者其他监护人。家长对幼儿的生活和成长影响最大，因此人们常说“父母是孩子的第一任老师”。年龄越小的幼儿越依靠成人来满足其成长的需要，教会他们所需的知识和生活技能；家长的言行举止对幼儿具有潜移默化的影响。《幼儿园教育指导纲要（试行）》明确指出，家庭是幼儿园重要的合作伙伴。应本着尊重、平等、合作的原则，争取家长的理解、支持和主动参与，并积极支持、帮助家长提高教育能力。《幼儿园工作规程》也提到，幼儿园应当认真分析、吸收家长对幼儿园教育与管理工作的意见与建议。

因此在幼儿园班级中，教师要充分认识到幼儿家长在班级管理中的重要作用。每个家庭人员构成、家庭背景等都是不同的，家长都有各自不同的教养风格，其教育理念和价值观也会存在差异，这种不同直接影响着家园合作的效果和质量。教师要充分尊重和信任家长，与家长努力建立一种幼儿发展中平等的“伙伴关系”和“合作关系”，尽力争取家长的理解、支持、主动参与和配合，并积极指导、帮助家长提高教育能力，才能真正发挥家庭是幼儿园教育重要合作伙伴的作用。

（二）组织结构

组织是按照一定的目的和系统，有序组织起来的团体。幼儿园班级是正规的组织，它通过系统组织的教育活动对幼儿施加影响。组织教育活动的基本形式有班集体、小组和个体。

1. 班集体

班集体是幼儿园最基本的组织形式，是幼儿生活的基本单位，也是组织幼儿教育的基本形式。幼儿园教育不同于家庭教育，它是集体教养儿童的组织，来自不同家庭的幼儿组合在一起，共同生活、学习和游戏。这与学校班级明显不同，后者不承担学生的生活组织与安排。幼儿在园的主要活动就是游戏，在日常生活中学习与成长。

班集体是组织幼儿教育的基本形式。幼儿园中，由专业的保教人员负责幼儿的保育工作，同时根据国家和社会的要求，对幼儿实施有目的、有计划、有组织的教育活动，班级保教人员要在照顾好幼儿一日生活的基础上，结合本班幼儿发展的实际情况，开展适宜的教育活动，促进幼儿动作技能、认知、语言、情感和社会性等的协调发展，保护幼儿的健康。

因此，通过班集体，可以较为集中有效地达成教育目标，提高教师的劳动效率。

2. 小组

小组是班级的基层组织形式，可以分为固定小组和临时小组两种形式。固定小组是幼儿主要的生活、学习和游戏单位，幼儿的互动行为一般都是在固定小组中发生的。临时小组是根据特定需要临时组建起来的，这类小组的成员往往根据活动内容的变化而有所变动。

3. 个体

班级是由保教人员和幼儿个体组成的，个体对班集体和小组都有重要影响。个体的生活背景、个性特征等都会对班集体产生影响。因此，在幼儿园班级管理中，一方面要发挥幼儿个体的自主性、独立性，给予活动的自由；另一方面个体要适应集体的活动和生活，成为班集体的一员。

（三）物质设施

幼儿园班级的物质设施是幼儿园班级实施全面发展教育的前提和基础，直接影响保教质量，主要包括空间环境和设施。

1. 空间环境

空间环境主要指房舍、场地条件，直接影响幼儿活动的效果。如果空间环境充裕，幼儿在班级就能够自由地从事自己喜爱的活动，并能够充分利用空间环境提供的有利因素，与之产生交互作用。如果班级空间环境具有开放性的特点，还能促进幼儿之间的相互交往，并能促进多种教育资源的充分利用。

班级室内环境是幼儿学习和生活的主要场所，要求空气流通、光线充足、陈设整齐舒适、面积适宜。根据《托儿所、幼儿园建筑设计规范（2019）》要求，班级活动室使用面积不小于 $70m^2$，寝室不小于 $60m^2$，当活动室和寝室合用时，其房间使用面积不小于 $120m^2$。除此之外，室内的隔声、噪声控制也要符合相关标准，如活动室、寝室等的噪声级为 A 声级，不高于 45 分贝。

室外环境是班级室外的活动场地。根据《托儿所、幼儿园建筑设计规范（2019）》要求，幼儿园每班应设专用室外活动场地，面积不宜小于 $60m^2$，人均面积不应小于 $2m^2$，各班活动场地之间宜采取分隔措施。同时《幼儿园工作规程》也明确指出，幼儿园应当有与其规模相适应的户外活动场地，配备必要的游戏和体育活动设施，创造条件开辟沙地、水池、种植园地等，并根据幼儿活动的需要绿化、美化园地。

2. 设施

（1）玩具

幼儿园应该配备数量充足、种类多样的玩教具，以有效支持保育教育工作科学实施，如拼插建造技能的玩具、角色游戏玩具、各类益智玩具等。在投放的过程中应考虑玩具的使用价值，尽量一物多用、经久耐用。同时，多提供成品和半成品材料，满足幼儿多方面发展的需求。

（2）图书

班级要配备一定数量、适合幼儿年龄特征的图书，图书的摆放要便于幼儿取放，还要定期修补、更换图书。

（3）家具

幼儿园班级应该配备足够数量的桌椅和床。桌椅尺寸要符合幼儿身体发展特点，使幼儿在最舒适的坐姿下开展各种活动。幼儿用床的长度应为幼儿身长加 15 ～ 25cm，宽度应为幼儿肩宽的 2 ～ 5 倍，床垫不宜过软，以免影响幼儿骨骼的正常发育。

【视野拓展】

一、活动室

（1）活动室的地面应铺设木地板或软质材料。

（2）活动室应配备幼儿桌椅，不少于每生 1 席。幼儿桌椅的尺寸、重量等规格应符合表 1-2 要求。

表 1-2 幼儿桌椅要求

桌椅型号	幼儿身高范围（cm）	座面高（cm）	桌面高（cm）	椅子重量
幼 1 号	113.00 及以上	29.00	52.00	小、中、大班 ≤ 2.50kg 托班 ≤ 2.00kg
幼 2 号	105.00 ~ 119.00	27.00	49.00	
幼 3 号	98.00 ~ 112.00	25.00	46.00	
幼 4 号	90.00 ~ 104.00	23.00	43.00	
幼 5 号	83.00 ~ 97.00	21.00	40.00	

（3）活动室应配备开放式、可移动玩具柜，每班 6 ~ 8 只。玩具柜高度与幼儿身高相宜，其中托、小班不宜高于 65.00cm，中班不宜高于 75.00cm，大班不宜高于 85.00cm。

（4）活动室应配备饮水设备。每班配备饮水设备 1 套或保暖桶 1 只（保暖桶应设锁定装置），配备茶水柜 1 个，水杯应不少于每生 1 只。

（5）活动室应配备钢琴或 61 键及以上电子琴，每班 1 架。钢琴应定期调音，保持音准。

（6）活动室应配备钟，每班 1 只。钟面标有清晰的阿拉伯数字，直径不宜小于 30.00cm。

（7）活动室应配备教师观察记录设备若干。

（8）活动室应配备多媒体设备，每班 1 套。多媒体设备包括电视机、计算机、视频展台等。

（9）活动室宜配备广播音箱 1 台。

（10）活动室应设置网络信息点若干。

（11）活动室应配备简易外伤急救包，急救材料须在有效期内。

二、寝室

（1）寝室应分班设置。

（2）寝室地面应铺设木地板或软质材料。

（3）寝室应安装窗帘。窗帘遮光度与颜色不得影响教师对幼儿的观察。

（4）寝室应配备幼儿床，每生 1 席。

①幼儿床可以是固定床或可叠放、可收藏的小床。幼儿床长度应与幼儿身高相宜。宜为超长、超重幼儿配备规格稍大的幼儿床。

②幼儿床之间应保证有通道。通道宽度不宜小于 60.00cm。

③配备叠床的，叠床之间应有一定的高度，能保证叠放后被褥透气、卫生。

（5）寝室宜设置收纳空间，保证每个幼儿有衣物存放处。

（6）有条件的可在寝室设置网络信息点。

三、幼儿园班级的特点

（一）保教性

保教并重是幼儿园教育特殊性的具体表现，亦是幼儿园教育的基本原则。《幼儿园工作规程》中提出幼儿园是对 3 周岁以上学龄前幼儿实施保育和教育的机构。同中小学重视学生知识技能的发展相比，幼儿园必须将儿童身心健康的发展、自理能力的培养、生活卫生习惯的养成作为与教育同等重要的任务，这是由幼儿的身心发展特点决定的。幼儿园的幼儿正处于身体发展的关键期，只有其身体获得适宜的发展，方能参加正常的幼儿园教育活动。

因此，保教并重毋庸置疑是幼儿园必须予以贯彻和遵守的首要原则。幼儿园班级作为保教活动开展的基本单位，在一日生活中须贯彻保教原则，将对幼儿的身体看护和照顾与对幼儿的智能教育相结合，从而真正实现保教并重，避免陷入“重保轻教”或者“重教轻保”的窘境。

（二）游戏性

游戏是幼儿最基本的活动。《3—6 岁儿童学习与发展指南》中指出“幼儿的学习是以直接经验为基础，在游戏和日常生活中进行的。要珍视游戏和生活的独特价值……”。《幼儿园工作规程》中明确提出“以游戏为基本活动，寓教育于各种活动之中”。《幼儿园教育指导纲要（试行）》中提出“幼儿园教育应尊重幼儿的人格和权利，尊重幼儿身心发展的规律和学习特点，以游戏为基本活动……”。这就要求幼儿园班级在课程目标的制定、课程计划的安排、班级环境的创设、课程内容的组织形式、教学模式等方面映射和体现游戏精神，为幼儿游戏的开展提供适宜的物理空间和心理环境。在课程计划的安排上，游戏应该成为满足进食、睡眠等基本生存需要活动之外的主要活动。

此外，班级的游戏性不仅体现在幼儿园的活动形式上，还体现在幼儿园活动的实质与游戏精神的契合上，能够让幼儿在自主、独立、创造性的氛围中游戏。

（三）启蒙性

最为大众熟知的关于启蒙的词是“启蒙运动”，而启蒙运动的实质意义是人之为人的意义的照亮，隐藏的含义是摒弃对人的错误的认知，接受和实践新的关于人的正确理念。那么，作为启蒙教育中的学前教育，亦有人之为人的启蒙的意蕴，其所摒弃的是人的动物本性，开启人的社会本性，而人的社会性的启蒙则是人作为理性之人、情感之人、文明之人等全方位的启蒙。家庭教育是人最早接受的非正规形式的启蒙教育，而幼儿园是个体接受正规公共教育的起点阶段，作为学前教育的重要组成部分，担负着启蒙幼儿个体德、智、体、美、劳等全面发展的重要任务。毋庸置疑，幼儿园班级作为幼儿园保教活动的承载体，具有启蒙性。

这要从两个视角去理解。其一，幼儿园班级在与中小学班级的对比中如何体现其启蒙性。其二，幼儿园班级的启蒙教育和幼儿家庭的启蒙教育的殊异之处何在。幼儿园班级的启蒙性在于为培养幼儿应具备的关键能力提供有意义的经验，不要求幼儿此刻表现出和获得完善的能力，而在于保证幼儿的身体健康，从而能够为其他能力的获得提供基础。而在中小学的课程标准中对学生应实现的基本目标进行了详细的规定。同家庭教育相比，幼儿园作为准公共教育机构的最大特点在于其目的性、计划性与科学性。家庭的启蒙教育发生在家庭生活中，没有目的明确、周详的教育计划和教育活动。而幼儿园的启蒙教育是在教育学、心理学等科学理论的基础上，根据幼儿身心发展规律所制定的有目的、有计划的教育活动。

四、幼儿园班级的功能

幼儿园班级是幼儿园最基层的管理单位，它肩负着实现基础教育目标的任务。班级又是一个多功能的有机整体，对班级的科学管理可以促进幼儿健康快乐地成长。幼儿园班级具有三种基本功能，即生活功能、教育功能和社会功能。

（一）生活功能

生活功能是指幼儿园班级对幼儿具有的最基本的生活基础功能。班级为幼儿提供了共同生活的组织环境，每个幼儿在集体中的各种生活行为都会受到班级组织管理的影响。科学合理地安排幼儿一日生活，对于提高幼儿生活质量、提高活动效率、促进幼儿发展有重要意义。

1. 一日生活的组织引导功能

一日生活的组织引导是指对幼儿在园一天所进行的各项活动，如饮食、盥洗、睡眠、游戏、学习等，都要进行有序、合理的安排，使幼儿一日生活有规律、有节奏、劳逸结合，这对于提高活动效率、增进幼儿身体健康具有重要的意义。

《幼儿园工作规程》明确规定："幼儿一日活动的组织应当动静交替，注重幼儿的直接感知、实际操作和亲身体验，保证幼儿愉快的、有益的自由活动。幼儿园日常生活组织，应当从实际出发，建立必要、合理的常规，坚持一贯性和灵活性相结合，培养幼儿的良好习惯和初步的生活自理能力。"因此，在安排幼儿一日活动时，需要注意以下几个问题。

首先，要科学安排一日活动。科学合理地组织幼儿的一日生活、游戏、学习、运动等，使幼儿在稳定的、有安全感的环境中生活与学习，有利于他们在德、智、体、美、劳诸方面全面发展。

其次，要坚持幼儿为本。在活动安排组织过程中，既要考虑全体幼儿，又要关注幼儿个体差异，帮助幼儿在有条不紊的生活基础上，顺利参与各项教育教学活动。

最后，要做到保教并重。班级保教人员互相配合、步调一致、有秩序地做好班级工作，灵活合理地安排和组织幼儿的一日活动，既要兼顾德、智、体、美、劳诸方面，又要做到动静结合，新旧活动交替，避免内容单调或一种活动时间太长，注意有节奏地进行，还应做到多种活动形式有机分配，集体、小组和个人自由活动合理展开，使每个幼儿都能愉快地生活。

2. 卫生保健的实施功能

幼儿正处在体格和神经系统快速生长与发育阶段，身体各器官的生理功能尚未发育成熟，机能免疫功能低下，另外，幼儿年龄小，知识经验欠缺，环境适应能力差，如果卫生保健工作做不好，极易引起疾病交互传播。因此，班级必须加强卫生保健工作，为确保幼儿健康成长奠定基础。

班级卫生保健包括生理卫生保健和心理卫生保健。生理卫生保健的内容主要包括合理安排好幼儿的一日生活、饮食、睡眠；帮助幼儿养成良好的卫生习惯；进行安全教育与活动游戏；做好各种传染病的预防、免疫，以及体育锻炼、卫生宣传等工作。心理卫生保健应做到关爱并尊重幼儿，创设和谐、民主的育人环境；鼓励和支持幼儿之间相互交往，形成良好的同伴关系；多鼓励、表扬幼儿，增强幼儿的自信心；正确对待幼儿的需要，对幼儿合理的要求，在条件允许的情况下，予以满足，对不合理的要求，应及时做好疏导；培养幼儿良好的意志品质，增强其独立性。

3. 身体锻炼功能

幼儿处于长身体时期，可塑性很强。幼儿身体得到锻炼，就能使身体各部分和机能互相促进，共同提高，得到全面发展。身体锻炼可以促进幼儿身体正常生长和发育，完善机体形态和机能，增强体质；促进幼儿感知觉、思维等的发展；培养幼儿良好的品质，如抗挫能力、合作意识、规则意识等；还可以通过动作的节奏、韵律以及优美、协调的姿势，培养幼儿的美感。

身体锻炼主要通过体育活动来进行，教师组织幼儿开展体育活动要注意：关注幼儿身体全面发展，即锻炼的内容应兼顾幼儿身体素质的各个方面；根据幼儿现实的身体素质水平组织活动；活动安排上应从易到难、由简到繁逐步展开；重视幼儿的兴趣；活动形式多样化；既要注重全体幼儿发展，也要注意个别差异。

（二）教育功能

班级不仅是一个生活集体，也是一个教育集体。班级是开展集体教育的组织保证。对活动的精心组织与策划，能保证教育活动的系统性和循序渐进性，有利于提高教育活动质量和效率，全面实现幼儿教育的目标。

1. 认知发展功能

幼儿认知发展水平较低，从幼儿认知发展中注意、记忆、思维等心理发展特点可见，教师必须合理地运用直观、具体、形象、丰富多彩的教育教学形式和方法，发展幼儿智力，培养幼儿正确运用感觉和语言交往的基本能力，增进对环境的认识，满足幼儿的求知欲望，培养初步的动手能力等。

2. 情感发展功能

幼儿的情感发展具有独特性，具体表现为易冲动、不稳定、情感外露、控制能力差、容易受感染。此外，幼儿具备最基本的道德、理智和美感，这些高级情感的发展也为德育提供了可能。

幼儿的情感教育是德育的重要内容，是从培养幼儿良好个性品质出发，对幼儿的情感发展给予有目的、有计划的教育。《幼儿园工作规程》中指出："幼儿园的品德教育应当以情感教育和培养良好行为习惯为主，注重潜移默化的影响，并贯穿于幼儿生活以及各项活动之中。"萌发幼儿爱祖国、爱家乡、爱集体、爱劳动、爱科学的情感，培养诚实、自信、友爱、勇敢、勤学、好问、爱护公物、迎难而上、讲礼貌、守纪律等良好的品德行为和习惯，以及活泼开朗的性格。这就为幼儿园班级情感教育确立了方向。

3. 社会性发展功能

幼儿心理发展受社会制约，身心发展的内容及个体行为准则离不开社会现实。教育是一种社会活动，因此，教师在班级实施教育过程中，总是为幼儿的社会性创造一定的条件，包括教师与幼儿的班级条件、幼儿之间的集体条件、同伴之间的团体条件。如果没有这些条件，就不可能产生人与人之间的交往，也不能产生一定的教育影响。良好的教育首先要创造良好的交往条件，而后才能达到教育目标。从这点看，班级具有幼儿社会性发展的良好条件。

【视野拓展】

学习轮流：有效班级管理的要点

对幼儿来说，轮流是个很难的概念。在教幼儿轮流时，要选一个使用方便、便于给其他人的玩具。能让幼儿学会轮流的例子有玩小汽车、搭积木、合作画画、玩球。不要选比较复杂或者需要想象的游戏，因为幼儿需要等很长时间才能轮到。同样，新玩具或者幼儿很珍惜的玩具也很难让他们理解轮流的概念。

学习的迁移：

在游戏之前暗示幼儿要轮流。在游戏过程中，告诉幼儿记住轮流。

用各种不同的物品练习轮流。

当幼儿能够跟你和同伴轮流后，你可以给他介绍这个概念“该我了——该你了——该杰米了。”给家长写一张便条（参考下面的例子）解释你正在教的社会性技能。

家长便条范例：

亲爱的家长：

本周，您的孩子正在学习的社会性技能是轮流。请提醒您的孩子在家也要轮流，支持我们在幼儿园的工作！

下面是您的孩子学习的内容：

（1）当您的孩子和他的小伙伴游戏时，他能够轮流。

（2）您的孩子会说：“该我了——该你了。”

（3）您的孩子和别的孩子轮流玩玩具。

当他在家跟别人轮流玩的时候，请表扬他。

非常感谢您！

（三）社会功能

社会功能指实现社会价值的功能。幼儿园班级的社会功能是指幼儿园班级能实现哪些社会价值。它以幼儿身心发展的基本规律为出发点，以社会发展的需要和社会对未来一代的期待为引导。

首先，幼儿园班级具有基础教育功能。《幼儿园工作规程》指出，“幼儿园是对 3 周岁以上学龄前幼儿实施保育和教育的机构。幼儿园教育是基础教育的重要组成部分，是学校教育制度的基础阶段。”这就强调了它的基础性。因此，幼儿园要进行幼儿认知、情感、社会性启蒙教育，还要培养幼儿基本的生活、卫生、行为习惯，养成良好的习惯会使幼儿受益终身。

其次，幼儿园班级还承担着指导父母科学育儿的功能。《幼儿园工作规程》指出，“幼儿园的任务是：贯彻国家的教育方针，按照保育与教育相结合的原则，遵循幼儿身心发展特点和规律，实施德、智、体、美、劳等方面全面发展的教育，促进幼儿身心和谐发展。幼儿园同时面向幼儿家长提供科学育儿指导。”由于家长的思想认识、教育水平、职业、家庭背景、对孩子的期望等方面的原因，部分家长对孩子良好性格、品德、行为习惯的培养有误区。因此，教师要重视引领家长转变教育观念，提高家长科学育儿的能力。教师要引导家长树立正确的教育观念，掌握科学育儿的方法，帮助家长全面正确地看待孩子和评价孩子，同时指导家长结合孩子的兴趣、愿望、条件，优化家庭教育环境，形成适合孩子发展的家教模式。

【视野拓展】

《中华人民共和国家庭教育促进法》节选

第三十九条 中小学校、幼儿园应当将家庭教育指导服务纳入工作计划，作为教师业务培训的内容。

第四十条 中小学校、幼儿园可以采取建立家长学校等方式，针对不同年龄段未成年人的特点，定期组织公益性家庭教育指导服务和实践活动，并及时联系、督促未成年人的父母或者其他监护人参加。

第四十一条 中小学校、幼儿园应当根据家长的需求，邀请有关人员传授家庭教育理念、知识和方法，组织开展家庭教育指导服务和实践活动，促进家庭与学校共同教育。

第四十二条 具备条件的中小学校、幼儿园应当在教育行政部门的指导下，为家庭教育指导服务站点开展公益性家庭教育指导服务活动提供支持。

第二节 幼儿园班级管理概述

一、管理与幼儿园班级管理

（一）管理的含义

管理是人类社会最古老最普遍的现象，自从有了人类社会就有了管理，它是伴随着人类生产生活的社会性不断发展的。管理是社会组织的职能，诸多学者从不同维度反映管理的内涵。科学管理学之父弗雷德里克·泰勒提出，管理就是确切地知道你要别人去干什么，并使他用最好的方法去干；法国管理学家亨利·法约尔指出，管理是由计划、组织、指挥、协调及控制等职能要素组成的活动过程；美国管理学家赫伯特·A. 西蒙认为管理就是决策。

综合有关管理的观点，管理是管理者遵照一定的原则，使用各种管理手段，通过计划、组织、指挥、领导和控制各个受分工制约的不同个人的活动，创造出一种远比个人活动力量要大的集体力量或社会力量，从而高效地达到一个组织的预定目标所进行的活动。简言之，管理就是通过协调不同个人的行为，以有效利用各种资源去实现组织目标的活动。

（二）幼儿园班级管理的含义

班级管理作为一种管理活动有其特殊的含义，关于班级管理的概念，主要有以下两种观点：

一是将班级管理视为班主任带领学生完成上级赋予的班级管理职责。比如，班级管理是班主任按照学校计划和教育目标的要求，充分利用和调动学生班级内外的力量，进行班级教育任务的组织、指导、协调、控制等各种活动。这种定义强调的是自上而下的管理，强调教师主导的教育目标的达成和对班级规则的遵守。

二是将班级管理视为师生共同经营的活动。比如，班级管理是幼儿教师或师生在教学体系中，遵守一定的准则规范，在师生互动的情境下，适当而有效地处理班级中的人、事、物等各项业务，以建构良好的班级气氛、发挥有效教学的效果，达成全人教育目标的历程。

综上所述，幼儿园班级管理是指班级教师通过计划、组织、协调、控制等过程，充分利用班级的人、财、物、时间、信息等要素，高效实现班级管理目标的过程。

二、幼儿园班级管理的特点

幼儿园班级管理与其他教育阶段班级管理相比，具有特殊性，其管理内容更为复杂，管理方法更为多样，管理过程更具可变性。

（一）管理对象的稚嫩性

幼儿园班级管理的对象为3～6岁的幼儿，他们身心发展的独特性及其不成熟的特点使得教师在班级管理过程中要更为关注幼儿本身，比如幼儿高级神经活动的特点是兴奋大于抑制，幼儿容易疲劳，因此教师在日常生活与活动中要注意选择有趣的活动内容，保证幼儿既能积极参与活动，又不至于过度疲劳；幼儿活泼好动，爱模仿，情绪变化大，这就要求教师尊重幼儿特点，树立正面的榜样，帮助幼儿合理表达与控制情绪等。这与其他教育阶段迥然不同。

（二）管理内容的繁杂性

幼儿园班级不仅是幼儿学习、游戏的场所，更是幼儿生活、交往的地方，因此，在班级管理过程中，不仅要照顾幼儿日常生活，更要兼顾幼儿的学习、游戏和运动。班级管理，既涉及对幼儿的管理，也涉及对成人的管理；结合管理的基本要素，在对人的要素进行管理的基础上，还包括对班级财产物品、班务等的管理。因此，幼儿园班级管理的内容异常繁杂，涉及人、财、物、时间、信息等各个维度的内容。

【视野拓展】

老师，厕所没纸了

如厕时间，几名大班幼儿大声呼叫：“张老师，厕所没纸了，帮我们拿些纸。”张老师听到呼声后迅速拿来卫生纸，看到眼前的一幕，真是哭笑不得：几名幼儿把便池旁的一卷纸都用光了，旁边的纸篓也快满了，他们还在擦屁股。只见他们屁股翘得高高的，拿起一张纸一擦，手纸中间被擦破一个洞，马上一扔，再拿一张纸擦，又有一个洞，再扔……就这样，一次大便，手纸用了一大堆，屁股擦得并不干净，小手也弄脏了。

案例中幼儿如厕后使用多张便纸清理便迹，还弄脏了手，说明幼儿还没有掌握如厕技能。分析原因，有如下几点：

1. 教师和家长平时缺少对幼儿如厕技能的指导。幼儿的如厕技能离不开学习和实践，是在一次次练习中获得的。如果教师缺少生活技能方面的保教活动计划，家长缺乏培养幼儿生活技能的意识，就缺少了对幼儿具体的可操作性技能的指导，导致幼儿不会正确使用手纸擦屁股，无法养成良好的如厕习惯。

2. 家园配合不到位。很多家长在教育观念上与幼儿园无法保持一致。如忽视幼儿早期自理能力的培养，许多本该幼儿自理的事情都由家长包办了，如有一部分幼儿大便后由家长擦屁股，幼儿在园自理能力较差。甚至，幼儿在教师指导督促下初步形成的自理习惯，经双休日的家庭生活，因家长不予配合，难以形成稳固的习惯。

指导建议：

1. 教师应通过多种途径，帮助幼儿掌握生活技能。学前期是幼儿各种习惯养成的关键时期，《幼儿园教育指导纲要（试行）》中健康领域的总目标指出：生活、卫生习惯良好，有基本的生活自理能力。如厕则是幼儿生活自理能力的一部分，科学地如厕不仅是幼儿卫生习惯的体现，更能影响到幼儿的身体健康。幼儿园小班是培养幼儿生活卫生习惯的初级阶段，也是关键时期。因此，教师要做好健康教育活动教学计划，设计实施丰富的教育活动，帮助幼儿逐渐掌握如厕的生活技能。如开展健康教育活动“我会尿尿”，以便幼儿掌握小便流程。在角色游戏区练习给娃娃擦屁股，在娃娃家增设爸爸、妈妈带娃娃去卫生间大小便，帮助娃娃擦屁股的情节等，使幼儿通过丰富的多种方式掌握如厕的基本技能。

2. 开展家长工作，做好家园共育。教师可通过家访、问卷调查等形式，向家长了解幼儿在家中的如厕情况，并让家长针对实际情况，具体问题具体分析，商讨对策，达成共识。只有家园教育保持一致，才能让幼儿更快地掌握如厕基本技能，养成良好的如厕习惯。

（三）管理方法的多样性

幼儿园班级管理涉及诸多要素，在管理的过程中需要针对不同的对象和要素采取多种方法，才能保证管理的效果。如在管理班级幼儿时，可以通过角色扮演、规则引导、榜样激励等方法，在面对家长时，要尊重平等、及时沟通等。

三、幼儿园班级管理的内容

管理工作既平凡、琐碎，又具有严密的教育性和科学性。幼儿园班级是幼儿生活的场所，同时幼儿的心理和生理特点决定了幼儿教育的目的不是传授知识，而是对幼儿进行生活管理与教育，促进幼儿良好态度与习惯的养成，最终促进幼儿身心全面发展。可以说，幼儿园班级管理是幼儿活动的前提，对幼儿身心发展具有重要意义。幼儿园班级管理的内容比较繁杂，包括环境创设与管理、生活指导与管理、教育教学活动管理、安全管理、家长工作管理等。

（一）环境创设与管理

环境是一种重要的隐性教育手段，对幼儿的发展发挥着潜移默化的作用，幼儿园班级管理要注重创设适宜的、促进幼儿全面发展的支持性环境，将环境作为重要的教育资源，合理利用室内外环境，创设开放的、多样的区域活动空间，提供适合幼儿年龄特点的丰富的玩具、操作材料和幼儿读物，支持幼儿自主选择和主动学习，激发幼儿学习的兴趣与探究的愿望。由此可以看出，幼儿园班级环境的创设包括物质环境和精神环境。通过班级环境的管理，创设与幼儿积极互动的环境，让幼儿在健康、丰富的环境中，满足多方面需要，获得有益于身心发展的经验。

（二）生活指导与管理

生活指导与管理是班级管理的重要内容，幼儿的身心发展特点决定了在班级管理中要侧重对幼儿生活的指导与管理。教师要在班级中创设家庭般温馨的生活环境，合理安排幼儿的作息时间，培养幼儿基本的生活习惯，为幼儿均衡营养、良好睡眠、安全卫生防护等提供相应的服务，满足幼儿身体生长发育的需要。在班级管理中，还要注重幼儿生活自理能力的培养，促进幼儿身心健康与和谐发展。

（三）教育教学活动管理

教育教学活动是指教师有目的、有计划、有组织地影响幼儿发展的活动。通过教育教学活动，教师需要选择科学的教育内容和适宜的组织形式，让幼儿在游戏中学习，在生活中进步，发展语言和认知能力，丰富幼儿的知识经验，促进幼儿个性和社会性的良好发展。

（四）安全管理

安全管理是幼儿园一切工作顺利进行的前提，也是幼儿身心发展的重要保障。从幼儿园的环境到一日生活各个环节，安全隐患无处不在。教师应尽可能做到防患于未然。班级管理中发生的意外事故多因不可抗力及不健全的制度和不规范操作的人为原因所引发。为了减少相应的安全事故，在班级管理中应注重日常的安全演练，提高安全教育效果。当意外发生时，教师应做好危机应对与善后处理，这就需要幼儿园有相应的危机处理制度及应对策略。此外，在班级安全管理中，也要避免对幼儿一味地消极保护或对幼儿活动安全放任自流。

（五）家长工作管理

家庭是幼儿的第一所学校，家长是幼儿的第一任老师，家长对幼儿发展的影响是其他人无法替代的，因此，家长对幼儿园及班级工作的关注、支持和参与具有重要意义。班级管理中，更应重视并切实做好家长工作，在积极支持、帮助家长提高教育能力的同时，形成合力，共同促进幼儿的全面发展。

第三节　幼儿园班级管理的原则和方法

一、幼儿园班级管理的原则

原则是指本质和基础，或者基本的行动准则、规则。管理原则是指导管理工作的行动准则。幼儿园班级管理原则是为实现班级管理的目标，处理班级管理过程中各种问题的指导原则，是对班级管理提出的基本要求，是班级管理工作必须遵循的原则。幼儿园班级管理的原则主要包括主体性原则、整体性原则、开放性原则和高效性原则。

（一）主体性原则

在幼儿园班级活动中，教师是班级管理活动的主体，而幼儿则是学习和游戏活动的主体。两者的主体地位都需要得到保障。因此，幼儿园班级管理的主体性原则应包含两层含义：一是幼儿园教师作为管理者，拥有管理的自主权；二是指幼儿作为学习者，具有满足自身发展需要的权利与需求，班级管理过程中要做到以幼儿为本。

在班级管理中，教师和幼儿的主体地位是彼此依赖、相互促进的。由于幼儿身心发展极不成熟且处于迅速发展过程中，他们的成长与发展需要成人的呵护、引导和支持，因此教师应该是幼儿发展的呵护者、引导者、支持者和合作者。在班级的整个教育和管理的过程中，教师在充分了解幼儿的基础上，确定教育目标，选择教育内容，设计适宜的教育活动，引导幼儿养成良好的学习习惯、行为习惯。另外，教师还通过协调家长和社区各种资源，共同为幼儿发展创设良好条件。

虽然教师是班级管理活动的主体，但幼儿也不是被动的接受者，而是具有自我意识的发展主体，班级管理的最终目的在于促进幼儿的发展，因此在班级管理过程中，教师要确立“以幼儿为主体”的地位，尊重幼儿发展的规律和个体差异，从本班的实际情况出发，充分运用各种策略来提高班级的管理实效，提升幼儿的自我管理能力，支持和引导幼儿的成长。

（二）整体性原则

整体性原则是指在班级管理中要面向全体幼儿并涉及幼儿园班级内的所有管理要素。整体性原则能保证全班幼儿的共同发展，并确保班级中所有要素都得到合理充分的利用。

首先，幼儿园班级管理需要面向全体幼儿。一方面，要将班级幼儿作为一个整体来看待，统筹规划班级管理的整体活动，例如幼儿园班级的一日计划、空间安排和布置、班级常规等均是幼儿园班级管理的统筹安排。另一方面，要综合考虑每一个幼儿的需要。教师在管理幼儿园班级管理中应该避免“抓两头、丢中间”的现象，更要杜绝只抓优秀的而忽视一般或发展落后的幼儿。因此，教师在幼儿园班级管理活动中要从本班幼儿实际出发，从幼儿的发展水平和特点出发，建构高效的班级管理策略。

其次，幼儿园班级管理需要统筹幼儿园内的各个要素。幼儿园班级管理资源的配置尽可能科学、合理，以充分发挥其效用，促进幼儿的最优发展。

（三）开放性原则

任何一个组织都不是孤立存在的，而是与一些外部因素相互作用、相互影响。对幼儿园来讲，它既会受到社会政治、经济、文化等因素发展的制约，同时还会直接与家庭、社区发生相互作用。开放性原则是指在班级管理过程中，要充分利用家庭、社区等资源，争取他们的关注、支持和参与，以便更好地开展班级管理工作。

幼儿园班级管理如果要取得成效，就要与幼儿家长密切合作。教师要了解幼儿家庭状况，主动与家长进行沟通交流，指导家长科学育儿，这样才能不断改进工作，不断提高保教质量。

幼儿园班级必须加强与社区的沟通、联系，利用其优势，共同促进幼儿的发展。幼儿园班级要与社区保持密切的沟通和联系，获得其对幼儿园班级保教工作的支持；还可以充分利用社区丰富的人力教育资源。在进行交通规则教育时，可以邀请社区交警进入班级讲解示范交通规则；在进行防火教育时，可以请社区消防员协助幼儿进行消防演习，通过不同的方式引导幼儿，形成家园社区一体化的良好教育环境，更好地实现教育目标。

（四）高效性原则

管理的根本目的在于提高效率，要以最小的投入创造出更高的效益，为社会做出有价值的贡献，充分发挥管理的职能。

幼儿园班级管理的高效性原则是指在正确的管理目标的指导下，通过科学管理，合理组织班级的人力、物力、财力等资源，充分挖掘潜力，提高班级管理的效益。管理目标要恰当，计划要科学合理，充分考虑幼儿身心发展特点和班级的实际情况。如果班级管理目标过高，最终达不成，就失去了制定目标的意义；如果班级管理的目标过低，不利于提高，也是对管理资源的浪费。

另外，在班级管理过程中，要合理安排和节约时间，提高管理质量，运用多种管理方法，灵活处理各种问题，实现高效管理。

二、幼儿园班级管理的方法

为进一步提高班级管理的质量，保教人员要掌握一定的方法和策略，科学的管理方法是班级每位保教人员需要掌握的基本技能。常见的班级管理方法有规则引导法、情感沟通法、角色扮演法、榜样激励法。

（一）规则引导法

规则引导法是指用规则引导幼儿行为，使其与集体活动的方向和要求保持一致或确保幼儿自身安全并不危及他人的一种方法。这是班级管理中最直接、最常用的一种管理方法。幼儿班级中的规则主要是指幼儿与幼儿、幼儿与保教人员、幼儿与环境、幼儿与材料之间互动的关系准则。在班级中，幼儿必须遵守这些规则，才能保证各项活动有条不紊地进行。

1. 明确幼儿规则意识和规则认知的发展

幼儿规则意识和规则水平的发展经历了由“他律”向“自律”发展的过程，是由规则外部强制性走向规则内部自觉性的过程，即规则的内化。这种内化是在与同伴自由交往过程中实现的，尤其是在产生纠纷时，纠纷的存在说明幼儿之间产生社会认知冲突，纠纷的解决是幼儿学习和体验规则的契机，幼儿能体验到不同解决方法产生的不同后果：双方的争抢可能只会导致两败俱伤，而协商解决可能会互利共赢；霸道蛮横只会让同伴孤立自己，而谦让分享则会获得更多的朋友，等等。

2. 确保规则的内容明确、恰当、简单易行

首先，教师在确定规则时首先要考虑到规则的必要性。规则是幼儿的行为准则，适宜的规则能更好地规范幼儿的行为，促进幼儿的健康成长，而不合理的规则则会束缚幼儿的发展。

其次，教师在制定规则时要考虑幼儿的年龄特点。幼儿年龄小，生活经验欠缺，自制能力差，规则若过于复杂，超出幼儿的认知水平和接受能力，就不能起到其应有的作用。

最后，要注重规则的参与性，班级规则的制定不能由教师强制执行，而是经过慎重思考，与搭班老师商量，同时鼓励家长和幼儿积极参与规则制定的过程。这样制定的规则，幼儿更容易遵守。

3. 让幼儿在实践中学习掌握规则

规则制定后不能仅仅停留在口头或认知层面上，要想让幼儿理解并在行动中遵守规则，务必给幼儿创设情境去实践，在活动中遵守规则的要求，并能自觉维护规则。必要时，教师还可以做出示范。如果规则本身存在问题，教师还可以组织幼儿讨论，共同制定大家都认可的合理的规则。比如在图书角阅读活动中，幼儿需要在多次的实践练习中逐步掌握取书、看书、还书等一系列规则。每次阅读活动结束后教师组织幼儿总结自己的哪些行为遵守了规则，还有哪些需要改进的地方。幼儿通过实践才能理解规则制定的意义：如果不按照图书标识放回原处，下次再借或者其他小朋友借书时会找不到；阅读时大声喧闹不仅影响其他人的活动，而且由于不遵守阅读规则，会被其他小朋友疏远；阅读时不爱护图书，会造成图书破损，严重时影响阅读。正是在多次实践中，幼儿才能逐渐理解规则的含义，能自觉遵守并维护规则。

4. 坚持规则的一致性和一贯性

坚持规则的一致性，是指规则对所有幼儿一视同仁，在任何情况下都必须遵守，不能因人而异，只有这样才能让幼儿认识到规则对所有人的行为的约束性。

坚持规则的一贯性，是指规则制定后，在任何情况下都要遵守，不能朝令夕改，这样才能保证规则的严肃性。如果在某些情况下规则必须进行修改，一定要向幼儿说明原因。

（二）情感沟通法

情感沟通法是指通过激发或利用师幼之间或幼儿之间或幼儿与环境之间的情感，以引发或影响幼儿行为的方法。情感沟通法的基础是教师对幼儿的尊重、理解、接纳和爱，它可以辐射到幼儿班级日常的生活、学习、游戏和运动中，既能加强对班级幼儿的管理，也能丰富幼儿情感的发展。

1. 教师要观察并了解幼儿情感发展的特点

幼儿期情感发展具有不稳定性、情感外露、易受暗示和感染等特点，因此教师在班级管理过程中，要营造良好的情绪环境，帮助幼儿建立良好的师幼关系和同伴关系；采取积极的教育态度，多肯定和鼓励；还可以通过转移注意法、冷却法等方法帮助幼儿学会控制情绪。

此外，在日常生活和教育活动中，教师要注意观察不同幼儿的情绪与情感表现及表达方式，针对不同幼儿的情感发展特点，根据其情感需求，采取适当的方式，激发幼儿适宜地表达情感，影响和引导幼儿行为，有效管理幼儿及班级。

2. 经常对幼儿开展移情训练

移情是幼儿亲社会行为的重要方面，是推动幼儿社会行为发展的内在动因，可以帮助幼儿摆脱“自我中心”，学会设身处地地站在他人的角度思考问题，逐渐形成助人、利他、同情心等亲社会行为，是影响个人社会行为和社会交往的重要因素。移情训练通过讲故事、情景表演及日常交谈等形式，使幼儿能够理解、分享别人的情绪与情感体验，从而与他人产生共鸣。

教师应结合幼儿移情发展的特点，有意识地对幼儿进行移情训练，让幼儿养成关爱、分享、谦让、互助、尊重、同情心等优良品质，为幼儿社会性的良好发展奠定基础，为班级管理提供条件。

3. 教师保持和蔼可亲的个人形象

情感沟通法的基础是教师发自内心地对幼儿的尊重、理解、接纳和爱，因此，教师对待幼儿的态度以及在幼儿心目中的形象，是幼儿信任教师、服从教师管理的重要条件。在日常生活和教育活动中，教师要注意自己的言行举止，关心幼儿，为幼儿营造安全友爱、和谐温馨的氛围。

【拓展阅读】

如何让幼儿喜欢你

微笑和适当的肢体接触：面带笑容地迎接幼儿，在幼儿需要时轻轻地抱抱他们，就能拉近彼此间的距离，让幼儿感到温暖。

尊重和理解幼儿：保护幼儿的自尊心、自信心，能蹲下来倾听他们的心声，理解他们的想法。

帮助和支持幼儿：在幼儿遇到困难与挫折时，及时安慰，给予支持，让幼儿信赖你。

做幼儿平等的游戏伙伴：参与幼儿的游戏，与幼儿建立平等的关系，让幼儿感受到你就是他们的小伙伴。

当幼儿一来园就冲向你的怀里，当幼儿在家里提及你时满脸兴奋、滔滔不绝，当幼儿有烦恼时首先想到的就是你，当幼儿游戏时总是寻找你的身影，幼儿又怎能不喜欢你呢？

（三）角色扮演法

角色扮演法是指教师创设一定的情境，通过扮演角色与幼儿开展互动，以引起幼儿行为改进的方法。鉴于幼儿社会认知和移情水平发展较低，教师应积极创设适宜的情境，多与幼儿进行对话互动，引导幼儿多运用情境对话的语言感受别人的情绪，表达自己的情感。

在使用该方法时，首先，要注意角色的选择，一定要选择幼儿熟悉的角色，这样才能激发幼儿的兴趣，如在体会爸爸妈妈养育自己的辛苦、感恩爸爸妈妈的活动中，爸爸妈妈是幼儿最熟悉、最喜欢的角色，更容易代入角色。

其次，设置幼儿熟悉的、感兴趣的场景。如在感恩爸爸妈妈的活动中，可以设置幼儿熟悉的家庭场景，如做饭、洗衣服、睡觉、幼儿生病等，让幼儿回忆在这些场景中爸爸妈妈的做法，通过角色扮演体验爸爸妈妈对幼儿的关爱与辛苦付出。

最后，讨论分享，情感升华。通过讨论角色扮演的体验，引导幼儿分享积极的情感体验，并能反思自己的行为，发现日常生活中存在的问题，激发积极改正的愿望。

（四）榜样激励法

榜样激励法是指通过树立榜样并引导幼儿学习榜样以规范幼儿的行为，从而达到管理目的的方法。榜样的力量是无穷的，儿童又是好模仿的，因此在班级管理中，教师通过健康的具体形象和成功的行为做示范，可以引导和规范幼儿的行为。

1. 教师提高个人修养

教师是影响幼儿成长的重要他人，教师在幼儿心目中是至高无上的，是幼儿模仿的榜样。幼儿教师应该处处为人师表，用深厚的感情、文明的行为感染幼儿，时刻给予幼儿积极的影响。

2. 重视同伴榜样的选择

同伴中的榜样是教育幼儿的重要力量。在日常生活和教育活动中，教师应该注意观察幼儿的言行。如果小朋友摔倒了，其他小朋友跑过去马上扶起他；地上有垃圾，小朋友悄悄地把它捡起来扔进垃圾桶等行为，教师应该积极引导幼儿去做，并适时鼓励，在同伴中树立学习的榜样。

3. 合理利用文学、影视作品中的榜样形象

经典的文学、影视作品为幼儿所喜爱，这些作品中人物形象往往会成为幼儿学习模仿的对象，他们常常不厌其烦地模仿榜样的动作、表情、语言及行为方式。因此，教师要善于利用这些形象，为幼儿树立学习的榜样。

4. 对幼儿表现出的榜样行为给予及时肯定和表扬

当幼儿学习并表现出榜样的行为时，教师要及时肯定和表扬，以突出榜样的影响，强化幼儿的行为；反之，当幼儿做出不适宜的行为时，教师应该及时予以纠正，提供有影响力的榜样。

【思考与练习】

1. 幼儿园班级具有哪些特点？
2. 什么是幼儿园班级管理？具有哪些特点？
3. 幼儿园班级管理的内容有哪些？
4. 幼儿园班级管理需要遵循哪些原则？有哪些方法？

【案例分析】

案例一

入园的第一天，吃完饭后，老师对幼儿说："请宝贝们到图书角看书。"瑞瑞吃完饭后就安静地坐到图书角看书去了。

第二天，吃完饭，瑞瑞刚从书架上拿下一本书，老师就说："吃完饭的宝贝们，请你们把椅子搬到走廊，然后去寝室睡觉，瑞瑞，你拿书干什么？没听到老师的话吗？"瑞瑞只好放下书，搬着椅子走出了教室。

第三天吃完饭，瑞瑞记着老师的指示，搬着椅子就要走出去，老师看到了，大声叫道："瑞瑞，你搬椅子干什么？我没让你们搬椅子出去呀？"瑞瑞满脸困惑，嘟着嘴说："那吃完饭到底干什么呀？"

请分析该案例，谈谈案例中幼儿教师班级管理出现的问题是什么，如何解决这样的问题。

案例二

幼儿园里，小朋友每天出勤人数不定，厨房准备的饭菜有时候会多一些，但隔夜菜是不允许给孩子们吃的，多出来的菜只好倒掉。厨房里的刘阿姨发现连续几天都有剩菜，于是，在给幼儿分菜之前，她自己偷偷地盛出来一大盆，准备带回家。当后勤园长问她时，她说每天剩余的饭菜被倒掉，很可惜，还不如她自己拿回家吃。

你认为刘阿姨做得对吗？如果你是后勤园长，你准备怎么处理这件事？

案例：巧用小妙招
帮助宝宝爱睡觉

第二章

幼儿园班级保教工作管理过程

班级是幼儿园的基层组织，是实施幼儿园保教任务的基本单位。班级是最具体的生活环境，幼儿的大部分活动是在班级内进行的，因此，班级对幼儿的发展具有最直接的影响。

班级工作既是一种教育活动，又是一种管理活动。如果没有管理参与，教育活动的各种因素将是零散的，教育活动的进展将是无序的。为了提高班级教育工作的质量，必须加强班级管理工作。

【学习目标】

1. 理解幼儿园班级保教工作的特点。

2. 领会幼儿园班级保教工作计划制订的依据和原则，知道幼儿园班级保教工作计划的类型。

3. 掌握幼儿园班级保教工作计划制订的程序。

4. 掌握幼儿园班级保教工作实施的基本要求。

5. 把握幼儿园班级保教工作总结的内容。

第一节　幼儿园班级保教工作管理概述

一、幼儿园班级保教工作管理的含义

幼儿园班级保教工作是班级所有工作的中心，也是实现幼儿健康成长和园所保教目标的基础性工作。幼儿保育和教育教学是同步进行的，两者统一在教育目标的实现上，保教工作过程也是管理的过程。

班级保教工作管理主要包括园长对各班级的宏观管理和教师对本班级保教工作的管理，但主要指的是教师对本班保教工作的管理。班级保教工作管理包含了保教工作和管理工作，两者同步进行，统一于实现教育培养目标。通过班级管理，保教人员可以把班级环境中各种教育因素和条件综合组织起来，发挥主导作用，有效促进幼儿在班级生活和学习中快乐成长，较好地实现预期的教育培养目标。

幼儿园的教育是有目标、有组织、有计划地对幼儿实施影响的过程，幼儿园教育目标最终需要通过班级的保育教育工作得以实现，换言之，幼儿园教育目标要通过班级教师组织幼儿的生活和学习活动加以实现。班级的保教人员是幼儿园工作的主体和实施教育的主体，担负着对全班幼儿实施全面发展教育的职责。

二、幼儿园班级保教工作特点分析

（一）班级保教工作具有目的性、教育性

首先，班级保教工作具有更直接的目的性。它是按照社会的要求，以国家的教育方针、教育目标为依据，结合幼儿园的教育任务和工作目标，同时针对本班幼儿实际，将目标具体化，从而实施教育目标，使教育目标真正落实到本班幼儿身上。

同时，班级的一切工作、一切教育与管理手段都具有教育性，例如生活制度的制定和执行、常规的建立、活动的安排、环境的创设与利用等都对幼儿具有影响。因此，管理中应注重引导班级保教人员贯彻教育指导思想，提高素质修养，促进教育目标的实现。

（二）班级保教工作具有全面整体性

幼儿园的教育目标是促进幼儿身心和谐发展。保教工作并非仅限于丰富幼儿知识技能、发展幼儿智力，还要注重培养良好的品德行为，促进幼儿身体与心理健康发育，促进其德、智、体、美、劳全面和谐发展。班级保教人员不仅要教育好幼儿，还应给予幼儿细致的养护和照顾，培养幼儿对外界环境的适应性和自我保护能力。

从幼儿园教育的目标和特点分析，幼儿园教育包括生活、游戏、学习活动等，促进幼儿身心全面和谐发展。

同时，班级保教人员应树立综合整体的教育观点，在教育过程中，注意途径与方法的全面性，注意多种教育内容的有机结合，发挥教育的整体效能。在班级保教过程中，教师还应面向全体，要能照顾到全班儿童的整体水平，提出基本要求，同时又能针对每个幼儿的不同特点加以引导，使全班每个幼儿都能得到充分发展。

总之，幼儿园班级保教人员的工作是全方位、立体化的，将幼儿全面发展的教育理念贯穿于各种活动之中。

（三）班级保教工作具有集体性

班级保教工作是一种班级集体的保教方式，教师应注意创建良好的集体保教秩序。班级教师要培养幼儿集体荣誉感，以及幼儿之间的团结友爱等品质，使幼儿在集体环境中学习社会生活所必需的知识和技能，培养正确对待自己、他人和集体的态度与行为，培养良好的社会性。

班级保教人员作为统一的整体对幼儿实施影响，才能取得较好的教育效果。教师要共同制订班级教育计划，在保教过程中，密切协调配合，注意幼儿教育的一致性和一贯性，共同承担保教任务，保证班级保教质量。

（四）班级保教工作具有主导性

班级保教人员是保教活动的主体，教师既作为教育者，又作为班级保教工作的组织者和管理者，在保教过程中起主导作用，对幼儿和保教活动具有控制性。教师在保教活动中的主导作用只能加强，不能削弱，教师应增强教育意识，自觉地引导幼儿全面发展。

教师在保教活动中的主导性，表现在教师要组织和控制整个教育过程，包括确定教育目标、选择课程内容、设计教育方法、安排活动时间和步骤，使保教过程科学合理地推进，不断接近教育总目标；教师还要积极创设适宜的班级环境，主动指导家庭教育等，使幼儿按预定目标得到发展；在教师与幼儿互动的过程中，教师引导幼儿在与周围环境的相互作用中发展身心。

由于幼儿身心发展极不成熟，因此幼儿的发展离不开成人的教导和周围环境的影响，尤其是其自主行为的能力要通过教育培养才能实现。因而教师的主导作用就显得更为重要。教师要在认真观察、充分了解幼儿的基础上，选择适宜的教育内容和方法，通过直接与间接的指导方式，对幼儿进行良好的启蒙教育，将幼儿的发展需要与社会要求很好地统一起来。教师要注意通过多种适合幼儿年龄特点的教育方法，多为幼儿提供参与活动、操作、实践的机会。

（五）班级保教工作具有开放性

幼儿园工作从来不是仅仅发生在幼儿园内部的事情。班级保教工作要想取得预期效果，必须与幼儿家庭、社区密切联系。教师首先应了解家庭教育的意义与特点，主动与家长沟通，交换意见，不断改进工作，提高教养质量。

同时，幼儿园要注意通过家长工作，加强与所在地区、社区的联系，取得广泛的支持与协助，有效利用家庭及社区资源，开展好班级保教工作，促进家、园、社会一体化教育环境的形成，更好地实现教育培养目标。

【视野拓展】

生态系统理论

尤瑞·布朗芬布伦纳，人类发展生态系统理论的创始人，美国著名的人类学家和生态心理学家。他在1979年出版了《人类发展生态学》一书，提出了著名的人类发展生态学理论，指出了环境对于个体行为心理发展有着重要的影响。

在布朗芬布伦纳看来，个人的行为不仅受社会环境中的生活事件的直接影响，也受到发生在更大范围的社区、国家以及世界中的事件的间接影响。布朗芬布伦纳在他的理论模型中将人生活的环境以及与环境的交互作用称为“行为系统”，并把该系统分为四个层次：微系统、中间系统、外系统、宏系统。

1. 微系统

微系统是指与个体直接的、面对面的交流系统，是环境系统的最里层。这个环境是不断变化和发展的，对大多数婴儿来说，微系统仅限于家庭。随着婴儿的不断成长，活动范围不断扩展，幼儿园、学校和同伴关系不断纳入婴幼儿的微系统中来。对学生来说，学校是除家庭以外对其影响最大的微系统。

2. 中间系统

中间系统是指各个微系统之间的联系或相互关系，是环境系统的第二层。布朗芬布伦纳认为，如果微系统之间有较强的积极的联系，发展可能实现最优化。相反，微系统间非积极的联系会产生消极的后果。例如，儿童在家庭中与兄弟姐妹的相处模式会影响他在学校中与同学间的相处模式。如果在家庭中儿童处于被溺爱的地位，在玩具和食物的分配上总是优先，那么一旦在学校中享受不到这种待遇，则会产生极大的不平衡，就不易于与同学建立和谐亲密的关系，还会影响教师对其指导教育的方式。

3. 外系统

外系统是指两个或更多个环境之间的连接与关系，是环境系统的第三层。儿童生活在家庭里，但家庭不是与外界隔离的，父母对待儿童的方式会受到学校、教师的影响，也会受到社会和朋友的影响。例如，小明爸爸由于被解雇了，心情很不好，回家后训斥了正在做游戏的小明，导致父子关系不和谐。

4. 宏系统

宏系统是环境系统的最外层。宏系统实际上是一个广泛的意识形态方面的概念。它规定如何对待儿童，教给儿童什么内容以及儿童应该努力的目标。在不同的文化中，这些观念是不同的，但是这些观念存在于微系统、中间系统和外系统中，直接或间接地影响儿童知识经验的获得，例如中国传统文化影响了中国儿童的言行。

（六）班级保教工作具有创造性

儿童发展有一定的规律，幼儿教育也应遵循一定的规律和原则。然而，教育的规律并非僵化的教条或固定的模式、套路，因此幼儿园教育也没有固定的模式。在班级保教实践中，教师要结合当地的环境、人文因素、基础设施等条件，考虑本班实际及班上每个幼儿的特点，创造性地制订本班计划，选择和设计适合于本班幼儿的教育内容和方法。

首先，班级保教工作的创造性体现在教育形式的创造性。幼儿园保育教育的形式不限于单一的教学活动，而是涉及幼儿生活、游戏、学习、运动等多种形式，非正式教学所占比重更大。对于幼儿园而言，教育是在一日生活和游戏中进行的，因而幼儿园的教育工作难度更大，更富有挑战。在教育活动中，为幼儿提供感知、操作、实践的机会，让幼儿获取大量的直接经验，增长知识和能力，创设良好的适合于儿童发展的教育环境具有重要意义。教师应该注重一日保教活动中的各种问题并创造性地予以解决，随时抓住教育契机，因势利导，把教育工作的计划性与具体活动的灵活性很好地结合起来。

其次，班级保教工作的创造性还体现在活动实施过程中。教师要充分发挥积极能动性，根据本班幼儿的实际和特点，在保教实践中，不断探索教育活动的组织、方法的运用、活动材料的选择、教育环境的创设等，结合实际，逐步提高保教质量。

最后，幼儿园的教育培养目标要通过保教工作来实现，因而班级保教工作质量至关重要。班级保教质量的提高也是整个幼儿园管理活动成效的体现。

第二节　幼儿园班级保教工作计划的制订

幼儿园班级保教工作是有目的、有计划、有组织的，只有按照科学的管理程序来展开，才能提高工作效果。制订好班级保教工作计划是幼儿园班级保教工作的一个重要起始环节，也是班级教师开展班级工作的行动纲领。班级保教工作计划是班级管理工作的开端，体现着教师对班级保教工作的总体规划和工作思路，是班级保教工作开展的重要依据，可以保证班级保教工作有序进行，避免盲目性和被动性。

一、幼儿园班级保教工作计划制订的依据

在制订班级教养工作计划时，要以园所的计划为依据，结合本班幼儿特点及本班实际，确立本班幼儿培养目标和本班工作任务要求，提出实施的具体步骤和方法。班级保教工作计划应由班长组织本班保教人员，在共同分析本班幼儿发展实际情况和本班工作状况，学习领会教育方针，明确幼儿园现阶段工作的目标和任务之后，通过共同讨论、统一认识而制订出来。

（一）国家和地方相关的教育方针、政策、法规等

幼儿园班级保教计划的制订，首先要依据国家和地方各级教育行政部门制定的教育方针、政策和法规，如《幼儿园教育指导纲要》《3—6岁儿童学习与发展指南》《幼儿园工作规程》等，这是制订幼儿园班级保教工作计划必须考虑的因素。要领会国家教育方针，领会政策、法规等的精神，明确托幼机构现阶段的工作目标和任务，在此基础上制订保教工作计划。

（二）园所的保教工作计划

班级保教工作计划要依据园所总体保教工作计划来制订。一般来说，园所工作计划是在贯彻全局性或具有长期指导作用的有关方针政策、上级教育部门对某一个时期工作的具体指导和要求以及结合本园实际的基础上制定出来的。它既保证了幼儿园工作的方向，执行上级教育行政部门的指导，又具有该幼儿园的特点，对幼儿园班级工作的开展具有指导意义。园所工作计划中的目标、任务是对全园所有班级而言的。因此，在制订班级工作目标和内容时，要与园所的保教工作计划保持一致，还要有针对性地对重点任务进行深入、细致的思考。

（三）本班实际情况

班级的实际情况包括两个方面：第一个方面是指上一个计划的实施情况，即原来这个班级做了什么，做到什么程度，有哪些好的经验，还存在什么问题。这些内容一般反映在班级工作总结中。因此，上一学期的班级工作总结应是下一学期班级工作计划的依据。如上学期结束，20% 的幼儿的阅读及倾听能力仍未完全达成目标，因此，本学期班级幼儿的阅读与倾听能力的培养仍是班级工作的主要目标。第二个方面是指该班级幼儿及班级组织状况，即制订计划时本班幼儿的发展情况，以及班级中教师队伍的现有水平、班级财物等的分配与使用等情况。这些需要教师分析、归纳和总结。以上两方面是制订幼儿园班级保教工作计划的现实基础，也是最重要的立足点。

【视野拓展】

×××幼儿园班级保教工作计划

一、班级情况

班里现有幼儿 34 名（新生 3 名），男孩 18 名，女孩 16 名，都是独生子女。由于父母工作较忙，大部分孩子由老人接送，这给家长工作的有效开展带来了许多不便。但幼儿园通过电话联系、上门家访等方式，取得了家长的支持。经过两年的幼儿园生活，幼儿的语言表达能力逐步得到了提高，但阅读及倾听能力的培养仍须加强。在绘画方面，幼儿的创造性的表现仍须进一步引导。幼儿的动手能力、手眼协调性等有待进一步提高。

二、幼儿表现

1. 优势表现

（1）生活习惯良好，有基本的生活自理能力。绝大多数幼儿能在老师不提醒的情况下穿好衣裤。

（2）本班幼儿普遍性格外向，思维活跃，语言表达能力良好，能清楚地说出自己想说的事。

（3）能积极、主动、较长时间地参加科学活动，有好奇心和求知欲。

（4）能积极与人交往，与同伴互助、合作和分享，有同情心。

（5）对环境、生活和艺术中的美，喜爱并有初步的感受力。

2. 弱势情况

（1）有部分幼儿是过敏性体质，体质较弱，易受感染，须增强体质。

（2）有表达的意愿，但胆子较小，怯于在集体面前大胆表达自己的想法和意愿。

（3）部分幼儿规则意识较弱，不能控制自己的情绪和行为，时常影响他人。

（4）以自我为中心，还不能很好地和小朋友相处，对班级物品不够爱惜，而且物归原处的意识还不强。

（5）生活及学习习惯还有待加强。在生活自理能力方面，如独立进餐、良好的进餐习惯、午睡等，都还存在着个别差异。

（6）上课主动举手回答问题不够，倾听习惯较差，上课插嘴现象严重。

三、家长情况

（1）有部分家长赞成自然、自由发展，给孩子快乐的童年。

（2）积极配合幼儿园的工作，帮助老师一起展开每一个主题。

（3）个别家长不能正确评价自己的孩子，超乎幼儿年龄特点进行教育。

二、幼儿园班级保教工作计划制订遵循的原则

（一）科学性原则

科学性原则是指班级工作计划的制订要依据科学的教育理念，注重保教结合，且适合该年龄段幼儿的发展水平。目标过高或过低都不利于幼儿的健康发展。班级工作的最终目标是促进幼儿的全面发展，提高班级保教工作水平。只重视某一方面（如知识或技能），忽视别的方面（如情感的培养或习惯的养成），都不是全面发展的教育，也不是科学的教育。

（二）整体性原则

整体性原则是指幼儿园班级工作是一个系统工程，综合了班级的各种因素。同时，幼儿园班级又是幼儿园这个系统中的一个子系统，它与幼儿园这个系统在发展方向、培养目标等方面应保持一致。因此，制订班级工作计划应贯彻整体性原则。

首先，要注重组成班级各要素之间的有机组合。人、财、物、时间、空间、信息是组成班级的要素，这些要素之间应该有机整合，不能有所偏颇，如果只强调人的创造潜能、调动人的积极性，而忽视了财力、物力的支持，再能干、再肯干的人也难成大事。

其次，要注重与幼儿园计划保持一致。幼儿园的工作计划是班级工作计划制订的依据，幼儿园工作计划的目标必须是全园每位职工为之奋斗的目标。离开幼儿园的实际，制订与之相背离的班级工作计划，是难以实现的。因此在制订班级工作计划时要坚持整体性原则。

（三）可行性原则

可行性原则是指计划不能太笼统，应明确具体，易于实行，而且要明确计划完成的时间和负责人。在分析班级情况之后，再提出新学期的教育目标，但具体通过什么方法或措施达到目标，则需要相应地列出具体措施，这样才算是完整的班级工作计划。措施必须是能够实施的，这就需要教师有预见性。班级工作经验丰富的教师，计划往往制订得比较切合实际，措施的可操作性也强；反之，缺乏工作经验的教师，计划的制订有可能不太合理，操作起来难度也大。因此，教师是制订班级工作计划的关键。

三、幼儿园班级保教工作计划的类型

幼儿园班级保教工作计划不是单一维度的，应按照时间序列，建立与教育目标整合一致的保教计划体系，长计划，短安排，分层次，系列化，逐层落实。常用的班级教育计划主要有四类，即学期计划、月计划、周计划与每日计划。

（一）学期计划

制订学期班务计划必须在领会国家的幼教方针政策以及园所目标任务的基础上，分析总结上一学期工作中的问题，根据不同年龄幼儿发展的一般特点，同时结合本班幼儿的实际情况，提出本学期班级总的教育目标，并对保教内容的各个方面提出要求和具体措施，为促进幼儿身心发展创造条件。通常在学期计划中要规定出每月应完成的任务，长计划，短安排。因此，学期计划注重目标设计。

由此可见，班级学期计划分为三大部分：一是班级情况分析，二是班级学期目标，三是具体要求和措施。班级情况分析要在对班级幼儿上学期的总体发展状况以及本学期基本表现的基础上，对幼儿的具体情况做出分析，力求做到有数据、有层次；根据年龄班的目标，结合本班的情况，制订出班级学期目标，将学期目标分解到各月，或作为各月的预定目标；将总目标分解为各方面工作的具体要求及措施，同时指出本学期的重要工作安排。

【视野拓展】

范例一：小班班级保教工作计划

一、指导思想

遵循以幼儿发展为本的理念，根据本班幼儿的实际情况，结合园务工作计划，从培养幼儿最基本的游戏常规、生活和行为习惯以及学习习惯入手，努力把本班幼儿培养成活泼开朗、乐于交往、友好相处、礼貌谦让、爱学习的孩子。

二、本学期目标

1. 重点目标

（1）培养幼儿最基本的生活自理能力和行为习惯，引导幼儿了解一些安全常识，学习保护自己，逐步适应集体生活，体验与老师、同伴一起生活的快乐。

（2）初步学会使用普通话与他人交谈，愿意和老师、同伴交流。

（3）学习和初步掌握一些简单的基本动作，对运动有初步的兴趣。

（4）初步培养幼儿倾听的习惯，在老师的引导下，初步尝试探索活动。

（5）喜欢玩游戏，初步懂得要遵守游戏规则。

2. 基本目标

（1）较好地适应幼儿园的环境，逐渐喜欢幼儿园。

（2）初步能独立吃完自己的饭菜，正确洗手，愿意做力所能及的事。

（3）初步养成较好的饮食习惯、个人卫生习惯和睡眠习惯，初步懂得遵守各项常规。

（4）知道说话、待人接物要有礼貌，不说粗话、脏话，会说一些日常礼貌用语。愿意与同伴友好相处，体会与老师、同伴共处的快乐。

（5）初步了解自己的身体，在老师的引导下，初步了解一些安全常识，学着保护自己。

（6）爱护玩具和物品，学着收拾和整理。

3. 措施

（1）老师热情接待幼儿，呵护每一位幼儿，使幼儿尽快适应幼儿园的集体生活。

（2）在一日生活中经常提醒幼儿养成良好的生活习惯，如，饭前便后要自觉洗手，用自己的小毛巾擦手，用自己的小杯子喝水，吃饭时不掉饭菜等。

（3）鼓励幼儿坚持自己的事自己做，不依赖别人，如，自己吃饭、穿鞋、午睡等。

（4）利用接送时间，鼓励幼儿与老师、同伴主动打招呼。

范例二：大班学期计划

一、班级情况分析

班里现有幼儿36名，全班幼儿的各项能力都有所提高，体质有所增强。全班幼儿都愿意上幼儿园，适应集体生活，喜欢和班上的老师、小朋友一起学习。其中，30名幼儿在老师的提醒下能遵守班上各项常规，能和小朋友友好相处，不与同伴争夺玩具，愿意和他人交谈；32名幼儿会用较为清楚连贯的语言大胆地表达自己的愿望和请求；34名幼儿能积极地参加数学、语言、音乐、舞蹈、美术等活动；34名幼儿有较好的生活卫生习惯，有初步的生活自理能力；31名幼儿能手眼比较协调地操作材料和工具，较熟练地使用运动器械并注意安全；35名幼儿能和同伴交往，接受他人邀请共同游戏。但由于年龄的差异和能力的强弱，个别幼儿的动作发展不够理想，不积极思考，完成任务速度慢；少数幼儿有打人、争抢东西的现象。

本学期要组织好计划活动的每个过渡环节，进一步加强班级的常规管理，培养幼儿良好的生活和学习习惯。在思维的创造性、学习的积极性、完成任务的速度等方面加强训练，为升入小学打下良好的基础。

二、指导思想

1.启动入学准备工程

为使适龄儿童顺利、自然地适应小学的学习生活，在幼儿进入大班后，要指导幼儿在心理和行动上做好入学准备。在思想上，克服以往漫无目的的玩耍习惯，开始关注有目的、有系统的学习；在生活上，克服依赖性，培养独立性，提高自理能力；在学习上，克服随意、被动倾向，朝自觉、主动的方面发展。

2.加强“软”“硬”件建设，培养幼儿通过多渠道接收处理信息的能力

要不断提高教师素质，更新教育观念，接受新的教育信息，提高“软”件质量。同时，加强“硬”件建设，改善教学设备，丰富教学手段，即充分利用当今先进的现代科技手段和设备，加强与社会的联系，充分调动幼儿多种感官，让幼儿通过多种渠道接收处理信息。

3. 把大班幼儿的能力培养作为重点

能力培养是大班教育工作的重要内容，是幼儿顺利适应小学学习生活的保证，是幼儿将来走向社会、适应社会必备的条件。

三、游戏目标及重点

1. 角色游戏

（1）丰富生活经验

①能用动作和语言去模仿，积极体验角色的情感和态度。

②创设条件，丰富幼儿的知识经验、感性经验和游戏语言。

③掌握一些进行角色游戏的基本技能。

（2）展开主题

娃娃家、鲜花店、快餐店、保龄球、连锁超市、医院、美发厅等。

（3）提供材料

①鼓励幼儿从家中带来废旧的纸盒、易拉罐、瓶等小物品。

②购买一些成品玩具提供给幼儿，如保龄球、炊具、餐具。

③教师制作部分半成品提供给幼儿。

（4）幼儿能力

①幼儿自选主题，充当角色，并在游戏中感受快乐。

②幼儿能使用礼貌语言与其他幼儿交往。

③游戏结束后，能有条有理地收拾玩具。

④能处理同伴间出现的纠纷。

2. 结构游戏

（1）丰富生活经验

①丰富和加深幼儿对建筑物及其他物体外形特征的印象和表象。

②能够掌握结构游戏中构造的技能技巧。

（2）展开主题

①运用插塑、胶粒、玩具等构造比较细致的物体。

②运用积木、大型积木进行建筑物的构造。

（3）提供材料

插塑、胶粒、小积木、大积木等。

（4）幼儿能力

①能与同伴合作游戏，不争抢玩具，会处理合作时出现的问题。

②能较逼真地建构物体。

③爱护玩具，游戏玩完后主动收拾玩具。

3. 其他游戏

（1）喜欢玩情节较复杂的表演游戏，能大方地扮演角色。

（2）在智力游戏中，鼓励幼儿仔细观察、分析、比较，养成爱动脑筋的习惯。

（3）教幼儿玩 2 ~ 3 个传统民间游戏。

四、家长工作

（1）开学初期，主动向家长了解幼儿假期情况，并保持联系。

（2）认真准备半日开放活动及元旦庆祝会等，向家长汇报工作。

（3）及时与家长联系，收集家长的意见和建议，保持家园一致教育。

（4）主动帮助家长解决困难，提高服务质量。

（二）月计划

根据学期教育工作计划，逐月制订班级工作计划。每月计划的制订要注意在总结上月计划执行情况的基础上，提出下月工作重点及具体要求和措施，使每月教育工作成为实现学期工作目标的一个实际步骤。

月计划注重内容，强调安排科学、合理、适宜的活动内容，这样才能保证学期计划能够有效落实。

【视野拓展】

中班11月份工作计划

一、教育重点

（1）围绕“一起来分享”的活动主题，开展相关活动。

（2）启发幼儿乐于分享自己物品，乐于与好朋友交流。

（3）做好家园共育工作，尽量征得家长对主题活动的支持。

（4）通过各种形式的艺术活动，提高幼儿感受美、表现美的能力，发展幼儿的表现力。

（5）感受季节变化带来的魅力，知道季节特征。

二、早操

（1）精神饱满，队列、队形整齐，声音响亮。

（2）动作规范且有力度，拿放器械快速整齐，幼儿积极愉快，参与度高。

（3）教师评价及时，幼儿撤离迅速。

三、游戏活动

（1）游戏：抛球拾花乐趣多、逛逛汽车城、笑一笑。

（2）区域活动：美工区、超市、益智区、阅读区。

（3）户外活动：大型玩具——滑梯、秋千、平衡木、荡桥、攀登架等。器械——跳绳、呼啦圈、小球、沙包、高跷、保龄球等。体育游戏——抛球拾花乐趣多、小花猫练投弹、侦察兵、滚球接力赛、花儿与蜜蜂、我和小球做游戏。

四、生活活动

（1）安全教育：教育幼儿未经过老师和父母的同意，自己不能跟陌生人说话，如果有自己不认识的人来接自己回家，先去告诉老师或打电话给父母问清情况，提高幼儿的安全防范意识。

（2）卫生习惯：讲卫生，保护环境，提醒幼儿不随地吐痰，不乱扔果皮、杂物。

（3）自理能力：绘画、手工制作等活动之后，指导幼儿整理好所用材料，将物品放回原处，保持整洁。

五、情感态度

（1）借助升旗活动，对幼儿进行爱国主义教育，激发幼儿的爱国情感。

（2）教育幼儿有责任心，诚实，守信，不说谎，做事持之以恒，不中途放弃。

（3）培养幼儿有感恩的心。

六、家长工作

（1）请家长主动与教师交流幼儿在园情况。

（2）关注幼儿健康，适当进行体育锻炼。

（3）认真填写当月的成长记录。

（三）周计划与每日计划

月计划要通过每周保教工作的计划实施得到落实，因此应制定出每周完成计划的进度，进一步明确工作要求、内容和措施。周计划可根据工作的轻重缓急和先后主次提出一两项主要的工作或教育重点，把经常性工作与重点工作结合起来。周计划还须具体化为每日教育活动安排，明确周一到周五的活动内容。一般可根据全天保教工作的时间程序规定每天具体活动的内容，提出目的要求、措施和方法，见表 2-1 和表 2-2。

表 2-1　班级一周活动安排表

第　　周　　月　　日——　　月　　日　　　　班级

项目		星期一	星期二	星期三	星期四	星期五	双休日
来园							
晨间活动							
早操							
教育活动							
游戏	上午						
	下午						
午餐、午睡							
户外、自由活动							
一周工作重点：							

表 2-2　×××幼儿园中班十月第三周周计划　10 月 17 日—10 月 21 日

<table>
<tr><td colspan="6">本周重点工作：
1. 结合班级的主题活动，积极创建班级的海洋馆，制作海洋生物模型 / 玩偶 / 图片。
2. 愿意参与户外体育活动，能够积极大胆地锻炼身体。
3. 参与班级的区域活动，通过不断的探索，获得技能的提升。</td></tr>
<tr><td colspan="6">生活活动重点指导：
1. 自己主动在洗手之后擦手。
2. 根据自己的需要，主动多饮水。</td></tr>
<tr><td>项目</td><td>星期一</td><td>星期二</td><td>星期三</td><td>星期四</td><td>星期五</td></tr>
<tr><td>教学活动</td><td>数学活动：
相邻数</td><td>语言活动：
秋天</td><td>主题活动：
制作我喜欢的海洋生物模型 / 玩偶 / 图片</td><td>歌曲活动：
粉刷匠</td><td>主题活动：
我是彩虹鱼</td></tr>
<tr><td>区域活动</td><td colspan="5">1. 重点指导科学区：收集不同的树叶，制作树叶标本。
2. 重点指导益智区：掌握串珠的玩法，能够有规律地进行活动。
3. 重点指导美工区：利用废旧材料，尝试进行海洋生物模型 / 玩偶 / 图片的制作。</td></tr>
<tr><td>户外活动</td><td colspan="5">体育游戏一：我会这样走。
建议：引导幼儿边说儿歌边按照节奏走。
体育游戏二：夹球走。
材料：皮球。
建议：教师重点引导幼儿体验多种行走姿势的乐趣。
体育游戏三：顶包竞走。
建议：教师可以变化游戏玩法，如单手托物、双手托物、脚托物、肘托物。</td></tr>
<tr><td>家园共育</td><td colspan="5">1. 请家长多带幼儿到户外接触大自然，发现秋天大自然的变化。
2. 搜集废旧材料，和幼儿园一起创建班级的海洋馆。
3. 及时与家长进行沟通，了解幼儿在家的情况。</td></tr>
</table>

【视野拓展】

成功的一日活动流程——生命中的每一天

幼儿园的一日活动流程能否成功，关键在于能否把长时间活跃的活动与短时间安静的活动交替安排，能否把教师主导的短时间活动与幼儿主导的长时间活动交替安排。幼儿天性活泼，只有通过探索和发现才能学得更好。强迫幼儿大段时间坐着参与安静的活动，会让他们感到压力，进而导致他们出现一些问题行为；同时，也减少了他们开展积极的学习活动的时间。

下面列举的例子能帮助你为幼儿制订切实可行的一日活动流程表。你可以做出调整，以便更适合你的教育目标、班级设施、用餐时间、户外时间、空间限制以及幼儿的需求。

在许多半日制幼儿园里，幼儿每天在园的时间不到4小时。所以，你可以根据需要调整。但是，不要缩短区角活动时间和户外活动时间，可以缩短其他环节的时间，见表2-3和表2-4。

表2-3　半日制幼儿园一日活动流程

8: 30 — 8: 45 幼儿自选易于整理的活动参与，如拼图、绘画、阅读、桌面游戏等
8: 45 — 9: 00 圆圈活动
9: 00 — 10: 00 区角活动
10: 00 — 10: 15 整理、洗手、如厕
10: 15 — 10: 30 点心时间
10: 30 — 10: 50 小组活动
10: 50 — 11: 40 户外运动
11: 40 — 11: 55 集体活动（朗读、听音乐、讨论）
11: 55 — 12: 20 区角活动和整理
12: 20 — 12: 30 圆圈活动和解散

表2-4　全日制幼儿园一日活动流程

7: 00 — 8: 35 区角活动（幼儿自选各种活动玩）
8: 35 — 8: 45 整理活动
8: 45 — 9: 00 圆圈活动
9: 00 — 9: 05 洗手和如厕
9: 05 — 9: 25 早餐
9: 25 — 10: 25 户外活动（包含创造性律动活动和舞蹈）
10: 25 — 11: 30 区角活动（包括项目活动）
11: 30 — 11: 40 整理活动
11: 40 — 12: 00 小组活动
12: 00 — 12: 05 洗手和如厕
12: 05 — 12: 25 午餐
12: 25 — 12: 30 刷牙
12: 30 — 12: 45 集体活动（包括动作游戏、读故事、唱歌）
12: 45 — 13: 00 睡前瑜伽或者睡前故事（幼儿躺在小床或垫子上）
13: 00 — 15: 00 午睡时间
15: 00 — 15: 15 集体活动
15: 15 — 15: 30 点心时间

（续表）

15: 30 — 16: 15 户外活动 16: 15 — 17: 00 区角活动 17: 00 — 17: 15 圆圈活动 17: 15 — 18: 00 区角活动和整理

四、幼儿园班级保教工作计划制订的程序

（一）调查分析保教工作现状

首先，幼儿园班级保教工作计划制订前，需要调查分析本班级保教工作现状。教师在制订计划之前通过多种途径，对幼儿园班级前一阶段的保教质量和工作状况进行比较全面、系统的调查，然后进行深入、细致的分析，主要内容包括已经取得的成绩和实际存在的问题。最后，根据本班幼儿发展的情况、教师发展的情况、保教工作完成的情况、家园共育等，制订出切实可行的保教工作计划。

（二）明确保教工作目标

在分析班级保教工作现状的基础上提出各项保教工作的具体目标。保教工作的内容主要包括幼儿发展、保教工作日常管理、家园社区等几个方面。每一项工作在学期中都要有一个比较明确的近期目标，目标要具有可操作性，与全园各项工作目标保持一致。保教工作的任务就是要全面提高保教质量，所以任务要从多个方面提出。

（三）提出具体措施

如何达成目标也是制订班级保教工作计划时需要注意的，因此要根据近期目标和重点任务，提出实现目标的具体可行的措施，运用多种形式和途径，保证保教工作任务的完成。

（四）列出更细致的工作安排

学期计划需要落实到每个月的工作计划中，因此根据每个月的日常工作和重点工作，将前面所提到的措施细分到每一个月中，月计划的内容与措施要细致到每一周，以保证总目标和各项保教工作的近期目标在每个月份、每周中具体落实。

（五）幼儿园班级保教工作计划的审查

班级保教工作计划审查是园长或保教主任的重要管理内容。执行计划之前，需要对其进行审查，给予具体指导，发现问题并及时纠正。

计划的审查应该形成制度，做到规范化、常态化。一般，学期计划应在学期开始之前或开学初进行审查；月计划也应该在下月开始之前或之初进行审查。这样，便于及时修改，使班级保教人员便于按照正确的计划实施。

班级保教工作计划的审查需要注意以下几个方面：

第一，计划是否符合我国教育方针和正确的教育思想，是否体现了保教结合的原则，是否注重不断改革与创新，以提高教养质量。

第二，计划是否能体现并贯彻全园计划的精神。

第三，计划是否能够根据上一阶段的不足之处提出本阶段的任务要求，体现出连续性和渐进发展性。

第四，计划是否分析了本班幼儿的具体情况，所提目标是否符合其年龄特点和实际需要。

第五，计划是否包括一日生活的全部活动，规定每月或周的重点培养要求以及有关个别教育的内容，是否考虑到了与家庭的联系和配合。

第六，计划是否提出了完成任务的具体措施和方法，并对所采取的活动形式及完成计划的日期做出了明确的规定。

第三节 幼儿园班级保教工作的组织与实施

一、幼儿园班级保教工作组织与实施的必要性

再完善的计划如果不执行，也是毫无用处的。若要将班级保教工作管理计划落到实处，就必须认真组织、实施。组织是指安排分散的人或事物，使之具有一定的系统性或整体性；实施就是按照计划进行实际操作和行动。幼儿园班级保教工作的实施是指将班级中的人、财、物、时间、空间等要素进行合理安排，使之具有一定的系统性和整体性，并加以实行。只有将班级各要素进行有机整合，才能最大限度地发挥班级管理的职能和效用。

班级保教人员是组织与实施班级管理计划的组织者、指挥者和行动者，班级幼儿是组织与实施班级管理计划的主动参与者，是计划实施的对象，是活动的主人。家庭、社区也是计划组织与实施的积极参与者。因此，对幼儿园班级管理计划的组织与实施，是班级保教人员、班级幼儿相互配合、积极互动的过程，也是班级与家庭、社区相互配合、积极互动的过程。其中，班级保教人员起组织、领导和参与的作用。

组织与实施班级管理工作，在幼儿园班级管理过程中具有特别重要的意义。

第一，组织与实施阶段是幼儿园班级管理过程的中心环节，也是落实班级管理计划的中心环节。幼儿园班级管理是对班级一切工作和活动的管理，如果没有组织与实施，就没有班级管理工作，也就无从谈班级管理。因此，组织与实施是开展班级管理工作的必经过程。同时，班级管理工作的质量关键取决于组织与实施的质量。班级管理的工作和活动都应纳入班级管理计划之中，这些工作和活动都是有目的、有计划、有步骤地进行的，应合理分配和布局，做到科学组织，有效实施。做到了这一点，班级管理工作就会顺利开展，并且产生良好的效果。

第二，幼儿园班级管理的组织与实施工作是幼儿园班级管理的基本工作。幼儿园的班级管理，实质上就是班级保教人员对班级一切事务的组织与实施，是保教人员每天必须做的工作。

二、幼儿园班级保教工作实施的基本要求

（一）教师之间分工合作各尽其责

目前我国幼儿园班级师资配备形式多样，根据《幼儿园教职工配备标准（暂行）》规定，当前全日制幼儿园普遍采用的形式为每班配备两名专任教师和一名保育员，或配备三名专任教

师。两名（或三名）教师由幼儿园指定或两人协商，确定其中一人为班级负责人，称为主班老师、班长或班主任。配备三名专任教师的班级，则由三名教师轮流分别担任教师和保育员的角色，这样能更好地贯彻保教结合的原则。

《幼儿园工作规程》中明确规定了教师与保育员的主要职责，有的幼儿园还非常详细地规定了三位教师一日工作岗位的细则。在一天的工作时间段内，班上三位教师要分工明确，各司其职，完成好相关工作。同时，三位教师为同一班级工作，要互相配合、互相支持，分工合作，为做好班级管理工作而共同负责，这也是保证班级保教工作计划得以实施的关键。

（二）合理规划幼儿班级活动空间

幼儿班级活动的空间主要包括户外活动场地、活动室、寝室、走廊等。如何合理利用班级活动空间，最大限度地发挥它的利用效益和教育意义，需要班级教师精心设计，合理调配。

在班级活动空间规划上，要注意以下几点：

第一，户外活动场地的规划要考虑季节、天气的变化等因素，如夏天有遮阴的设备，冬天有阳光照射的地方，雨雪天气利用过道、走廊等。

第二，合理规划室内活动空间。例如，区域数量充足，空间大小适宜，考虑采光、温度、色彩、卫生等因素；注意动区和静区分离，开放与私密隔开等，材料摆放整齐、规则、有序。

第三，有效利用闲置空间。如寝室除了每天供幼儿睡眠外，还可以考虑游戏时间，在寝室设置阅读区、建构区等，还可以充分利用走廊、楼梯拐角等设置表演区、角色区、作品展览区。

（三）严格班级物品的管理

人、财、物、时间、空间是班级管理的基本要素。“物”泛指班上的所有物品。班级物品摆放合理，能为幼儿营造整齐有序的环境，有利于幼儿的生活和活动，也便于教师的使用。班级物品可以划分为幼儿生活物品、幼儿学习物品、教师教学物品。班级物品使用要注意以下几个方面。

1. 建立班级物品清单

班级物品清单可以作为交接、检查的依据。清单可以包括以下几项内容：类别（幼儿生活用品、幼儿学习用品、教师教学用品）、物品名称、物品数量、型号、责任人等，还可以添加备注，在使用的过程中写明使用物品的具体信息等情况。

2. 合理规划班级物品摆放的位置

需要幼儿自己取放的玩具、游戏材料和学习用品要与幼儿的身高相匹配，并且放在幼儿的视线之内安全的地方。物品摆放的位置受到空间限制和老师的审美观的影响，但总体上不能影响幼儿的活动，最大限度地把空间留给孩子，还要注意与幼儿园内其他班级相协调。

3. 班级物品应有专人保管

班级是一个整体，班级三位老师应共同参与班级物品的管理。保育员担负的卫生、幼儿生活照料的工作较多，则可把幼儿生活用品和洗洁用品归保育员管理。两位老师特别是主班老师，可管理教师的教学用品和幼儿学习用品。分工时，按照民主的原则，尊重个人意愿，在实际工作中，三个人共同负责，一起管理好班级。

（四）合理安排幼儿一日生活

班级保教工作的组织与实施最终要通过幼儿的一日生活来体现，即我们要合理安排幼儿的一日生活，提高幼儿一日生活的质量。

1. 作息时间安排要与幼儿的年龄特点相适宜

安排幼儿活动时要考虑幼儿的发展特点，如小班幼儿注意力集中的时间短暂，每节课的时间安排不宜太长，午睡、餐点、上厕所等生活活动的时间可适当延长；相反，大班幼儿的教学活动时间则要适当延长，其他活动可缩短，以便为升学做好准备。另外，还需要考虑幼儿的个性特点，如果班上活泼好动的幼儿特别多，就要适当延长动态活动时间。

2. 活动的安排要动静结合

幼儿一日活动的组织应动静交替，注重幼儿直接感知、实际操作和亲身体验，保证幼儿有愉快的、有益的自由活动时间。幼儿活泼好动，但身体的发育还不完善，容易疲劳，因此，在一日活动安排中要将动态活动与静态活动结合起来，两种活动交替进行，进行运动量大的活动后安排安静的活动。活动性质和形式的变化是一种休息的方式，变化不同性质的活动还能激发幼儿的兴趣。对于幼儿来说，要加大动态活动的比重，让幼儿多在户外充分活动身体，有益于他们身体的发育和心理的健康发展。

3. 室内外活动要交替进行

室内活动和户外活动应交替开展。幼儿身心发展不完善，不宜长时间在室内活动，而需要在户外活动中呼吸新鲜空气，舒展身体，消耗多余的精力等。同时幼儿又很容易疲劳，户外活动不宜运动量过大，运动时间不宜过长，建议 2 小时为宜。根据地域、季节、气候的不同，可以适当调整室内外活动时间。

4. 教师主导的活动与幼儿自选的活动要平衡

教师应注重幼儿的个体差异及发展的自主性，教师主导或集体进行的活动不宜过多。要让幼儿有依据自己的兴趣选择活动类型以及伙伴的机会，户外活动、分组教学、区域游戏等活动交替有序进行。幼儿自选活动时自然地结成一定的兴趣小组，可以培养其自主判断及独立做决定的能力。教师主导的活动（如集体教学、生活活动等）通常要求幼儿遵照成人的指示统一行动，带有一定的强制性意味。两种活动取得平衡是理想的状态。

三、幼儿园班级保教工作实施过程中的检查与调整

在实际的班级保教活动中，要严格按照制订好的班级保教工作计划进行，还要根据实际情况灵活变换。

为保证班级保教工作计划的贯彻实施，园领导必须深入班级，指导计划的执行，督促检查，同时要引导保教人员自我检查计划的实施及效果。

1. 教师自查

教师在根据班级保教工作计划开展工作的过程中，要注意对计划的执行情况及工作效果加以记录，自觉检查工作效果，找出存在的问题与不足，并分析原因，提出改进建议，为今后计划的制订提供依据，也可以采用灵活记录方式（如“教养工作日记”“教育笔记”等）进行记录，可及时记下自己感兴趣且有意义的事件，或分类做记录，每类活动各备一本记录。

2. 领导的检查与指导

园长或保教主任应检查并了解班级保教工作计划的执行情况，掌握工作进展，加强督促和指导，帮助教师端正教育思想，改进教育方法，发现问题及时解决。检查时要注意多种方式综合运用。领导检查记录的内容一般包括被检查教师的姓名、班级、日期和具体时间，活动内容记录，分析与评价以及改进建议等，可以根据需要设计成不同的记录格式。

第四节 幼儿园班级保教工作的总结与评价

制订计划、组织实施、检查调整、总结评价是管理工作的基本环节。幼儿园班级管理同样遵循这一过程，不仅在管理工作的开始有计划，而且在阶段性管理工作结束时还应对该阶段工作进行总结和评价。

幼儿园班级管理工作的总结评价是指对班级管理工作计划的完成情况进行全面的审查与评估，如果发现问题和不足，应及时研究和反省。

在管理工作的四个基本环节中，总结评价起着检测、判断、矫正、反馈工作方向的作用，具有指导、修正、改革工作方向的功能，能促使班级管理工作沿着科学化、合理化的道路发展。如果缺少了总结评价这一环节，班级管理就会变得不完整，出现经验主义或无目标的工作方式，教师对自己的工作就无法做出正确、科学的判断。通过对任务完成情况的分析，班级工作人员能清楚看到自己的优势和不足，同时也为下一阶段的管理工作指明方向。

一、幼儿园班级保教工作的总结

（一）班级保教工作总结的意义

首先，通过工作总结，能够为班级教师下一阶段的管理工作指明方向。班级管理工作的计划和开展是以上一阶段的班级管理总结为基础的，上一阶段没有完成的目标、工作中存在的不足等都是本阶段班级管理工作的重点，班级教师应力求改进，并向更高的目标前进。因此，进行班级管理工作的总结，有利于指导教师今后的实践。

其次，工作总结可以促进理论与实践的结合。班级管理工作总结有利于帮助教师对教育实践和教育现象做出比较科学的分析，逐步把教育的实际经验提高到一定的理论高度来考虑，从而提高教学研究能力。

最后，通过工作总结，为班级之间的相互交流提供资源，有利于教师之间相互借鉴，取长补短。班级管理工作总结作为一种文本资源，有利于幼儿园班级之间相互交流。在交流过程中，教师之间相互学习、借鉴经验和总结教训。

（二）班级保教工作总结的内容

1. 班级管理工作任务的完成情况

班级管理工作任务的完成情况是评价班级管理质量的重要依据，主要是陈述在班级管理计划所确定的目标中，哪些完成了，哪些离目标还有差距，并分析没有完成的原因。一般从工作量、计划的难度、工作人员的能力水平和协作能力等方面来分析没有完成预定目标的原因。通过对任务完成情况的分析，班级工作人员能清楚地看到自己的优势和不足，同时也为下一阶段的管理工作指明方向。

2. 班级保教质量

班级保教质量是班级管理工作的核心，主要可从以下几个方面进行评估。

（1）幼儿健康状况。主要包括幼儿一学期或一周的出勤率、幼儿发生疾病的频率和人数，以及定期体检状况（身高、体重、视力、骨骼、牙齿等情况）。

（2）教育工作状况。主要包括教师与幼儿两个方面。从教师的角度来看，教育工作状况包括各科教学计划的完成情况，或其他教学活动的开展情况等；从幼儿的角度来看，教育工作状况包括全体幼儿在健康、社会、语言、科学、艺术五大领域中取得的进步和良好习惯的养成状况等，也包括个别幼儿的特殊状况等。

（3）家长工作。包括与家长进行交流的情况，家访的次数，家长会、家长开放日、亲子活动开展的次数和质量，对家园联系册、家长委员会中家长意见的分析和处理等。

3. 班级工作人员的工作态度和协作精神

班级工作人员的工作态度和协作精神是影响班级管理质量的重要因素，一个团结协作、具有凝聚力的管理团队必将带来高效率、高质量的管理效果。班级管理总结中需要阐述班级中的三位教师在本阶段为达到共同的管理目标是怎样团结一致克服困难的，有哪些值得学习的事迹；教师是如何做好本职工作的；对于幼儿和班集体，教师做了哪些突出的工作等。如果教师在分工合作等问题上产生了歧义，导致班级工作的失误或延误，也要实事求是地描述，以利于下一阶段班级工作的顺利开展。

一般来说，班级管理总结除了包括以上几项内容以外，还会在最后对班级管理工作中存在的不足进行总结，指出今后工作的重点及预采取的具体措施，为下一阶段班级管理计划的制订提供方向和依据。

二、幼儿园班级保教工作的评价

（一）班级保教工作评价的方法

评价方法是保证评价工作顺利进行的重要因素。在幼儿园管理中，常用的评价方法一般也适用于班级管理，如自我评价和他人评价、量化评价和定性评价。但无论哪一种方法，都要遵照《幼儿园教育指导纲要（试行）》提出的“在日常活动与教育教学过程中采用自然的方法进行”评价原则。

1. 自我评价和他人评价

班级管理工作评价的方法按照评价主体可分为自我评价和他人评价。自我评价，即评价者对自己的工作所做出的评价，如班级管理工作的自我打分，班级工作总结和反思等。自我评价简单方便，可随时进行，但主观性较强。他人评价就是园长、保教主任、其他班级教师、上级领导等对班级管理工作的评价。他人评价相对复杂一些，但更客观。两种方法各有利弊，在实际工作中应配合使用。

2. 量化评价和定性评价

班级管理工作评价的方法按照是否采用数据分析统计可分为量化评价和定性评价。量化评价也称为定量法，是指在评价过程中采用统计方法进行评价，如身高、体重的评估，它们有一个常量，评估对象本身也可以用数值表示。定性评价是指在评价过程中以事实为根据，对事物价值进行综合判断，给出一个评价范围，如等级法、级差法、评语法等。两种方法同样各有利弊，往往配合使用。

（二）班级保教工作评价的实施

对幼儿园班级管理工作的评价主要分为以下三个阶段。

1. 评价准备阶段

在对班级管理工作进行评价时，需要做好充分的准备工作，如制定评价内容，确定评价人员并进行相关培训，依据评价内容选择评价工具，设计并制定评价方案等，尤其要制定科学合理的评价标准。评价标准具有导向性，要以正确的教育观、质量观、价值观为指导，不能脱离班级教育的实际，更不能违背幼儿教育的规律。

2. 评价实施阶段

（1）明确评价目的。班级工作评价的根本目的是提高班级管理的质量，切忌为完成任务而评价或为评价而评价。

（2）运用多种方法。为了保障评价的客观、真实，评价过程中要善于运用多种方法收集、处理材料。例如：可以进行实地观察的现场观测法，在自然状态下搜集有关信息、资料；可以运用访谈法、问卷调查法、个案研究法等。

（3）重视资料分析。对于评价过程中搜集到的事实材料，相关人员要认真进行统计、分析、归类、研讨等，对所得的结果进行正确的解释和分析，阐明该项工作的成绩和不足，并依据分析和判断提出改进的意见和建议，在此基础上写出评价结论。

3. 评价总结阶段

总结阶段是对班级管理工作评价的重要阶段，主要包括整理评价资料，撰写评价总结，建立评价档案等。对评价资料的搜集与归类存放，往往是班级教师容易忽视的工作。然而，培养教师妥善保存与合理使用评价资料，有助于提升班级教师的研究意识和研究能力。例如，不同年龄班“幼儿阅读兴趣”培养策略，正是班级教师经过小班、中班、大班幼儿阅读兴趣培养过程中的资料积累，进行比较、分析、综合、提炼、总结之后得出的。

【思考与练习】

1. 幼儿园保教工作有哪些特点？
2. 简述幼儿园班级保教工作管理过程。
3. 幼儿园班级保教工作计划制订的依据是什么？
4. 幼儿园班级保教工作实施的基本要求是什么？
5. 幼儿园班级保教工作总结的内容有哪些？
6. 幼儿园班级保教工作评价有哪几个阶段？

【案例分析】

吃完加餐后，离户外活动还有一段时间，大班的王老师边给小朋友塞汗巾边说：“好了，安静了，请你们坐下来。”有一部分小朋友听到了，但还有一部分在教室里打闹。带班老师再一次请小朋友回到座位上安静等待：“请塞完汗巾的小朋友坐到座位上，我点到名字的小朋友来贴小红花。”这时，红红在跟旁边的女孩聊天。王老师说：“红红，你什么时候闭上嘴巴，我什么时候请你贴小红花。”红红立马回答：“李老师给我贴了。”王老师指着红红说：“请闭上你的嘴巴！”王老师看了看其他小朋友，再一次说道：“塞完的请安静地坐下来，没塞完的过来塞汗巾。”王老师看到明明在抠鼻子之后立马说：“明明！不要再抠鼻子了！要不然，一会儿该流鼻血了。”一分钟过后，全部小朋友都塞完了汗巾，老师组织一部分小朋友去贴小红花，其余小朋友等待。贴完小红花后，老师看了看时间，继续让小朋友在座位上等待。两分钟后配班李老师回到了教室，在与其他老师交流几句后，拍着手问：“不是让你们安静等待吗？”小朋友立马安静了，其他老师继续交流。

请结合所学知识，分析该案例中老师在班级管理中存在的问题。如果你是王老师，你会怎么做呢?

第三章
幼儿园班级一日常规管理

《幼儿园教育指导纲要》提出，幼儿园要科学、合理地安排和组织一日生活，建立良好的常规，避免不必要的管理行为，逐步引导幼儿学习自我管理。由此可见，常规管理是幼儿园班级管理的重要内容，是幼儿教师带班过程的重要任务。

对于幼儿来说，良好的一日常规能为他们提供温馨、安定的生活环境，帮助他们尽快适应幼儿园的集体生活，使他们获得安全感和归属感，从而积极参与集体活动，主动探索周围环境，促进身心健康发展。同时，有序稳定的班级常规能帮助幼儿形成良好的规则意识，让他们明白什么时间做什么事情，什么事情能做，什么事情不能做，遵守规则，注意自己的言行，进而形成自律意识，实现自我管理，培养良好的行为习惯。

对于幼儿教师来说，班级常规管理是一项重要而艰巨的工作，是带班过程的重要组成部分，常规的好坏影响着教育教学活动的开展。良好的班级常规有助于幼儿适应集体活动，形成良好的习惯，从而减轻教师的带班负担；良好的班级常规也是幼儿教师带班能力和控班水平的直接体现，是教师专业发展的重要方面。

针对幼儿园班级一日常规管理，我们需要明确幼儿园一日活动的内容及特点，知晓一日活动各环节的常规管理内容及实施要求，明确如何建设班级一日常规。这些将在本章内容中一一揭晓。

【学习目标】

1. 理解幼儿园班级一日常规管理的内涵及意义。
2. 能概述幼儿园班级一日生活常规管理的内容与实施要点。
3. 能概述幼儿园班级其他活动常规管理的内容与实施要点。
4. 掌握幼儿园班级一日常规建立的途径和关键。

第一节 幼儿园班级一日常规管理概述

一、幼儿园一日活动

幼儿园一日活动是指幼儿园一天开展的所有活动，它是一个完整而有意义的整体。一日活动主要包括来园、晨间锻炼、游戏、学习、进餐、盥洗、如厕、睡眠、户外活动和离园。幼儿园一日活动主要有四类，即生活活动、运动、学习活动、游戏活动，它们既综合指向课程目标与内容，又保持各自的特点。幼儿园一日活动有以下特点。

1. 幼儿园一日活动皆课程

幼儿园课程主要以一日活动的形式组织、实施。一日活动既是满足幼儿生理发展需求的过程，也是教师教育和引导幼儿心理发展的有效途径。教师应充分认识幼儿园一日活动的价值，合理组织、安排一日活动，让幼儿在一日活动的开展中通过一日常规的培养，形成良好的行为习惯，逐步理解并遵守日常生活中基本的社会行为规则。陶行知先生提出“生活即教育，教育即生活”，认为一切课程都是生活，一切生活都是课程。幼儿园要合理安排一日活动，创设与幼儿发展相适应的环境，将各类教育内容渗透在一日活动中，使一日活动生活化、趣味化、多样化，提高幼儿园一日活动的有效性。

2. 幼儿园一日活动是一个有机而连贯的整体

幼儿园一日活动是一个有机而连贯的整体，体现在内容结构、时间安排和组织过程中。一日活动的内容丰富多样，包含了生活、学习、游戏和运动；时间安排上遵从幼儿身体活动和生物钟的特点，体现了科学性和连贯性；组织形式上兼顾集体活动与个别活动，运动量较大的活动与静止的活动交替进行，体现了灵活性。一日活动各项内容的组织和安排紧紧围绕幼儿园教育目标，符合幼儿身心发展特点，是一个有机的整体。

科学的一日活动时间安排表不仅能使幼儿在园的一天有条不紊，富有节奏，而且对幼儿的独立性、自主性、自理能力、生活习惯和行为习惯的培养都能产生很大影响。表 3-1 中的一日活动安排合理，内容丰富，时间安排上稳定有序、层层推进，组织形式上灵活多样、动静交替，体现了一日活动的有机连贯性。

表 3-1　上海市某幼儿园一日活动安排表（中班）

时间	内容
8: 00—8: 30	来园（晨检）
8: 30—9: 00	区角游戏
9: 00—10: 00	学习活动、自由活动
10: 00—11: 00	户外活动
11: 00—12: 00	午饭，散步
12: 00—14: 30	午睡
14: 30—15: 00	穿衣、盥洗、点心
15: 00—16: 00	游戏活动
16: 00—	离园活动

3. 幼儿园一日活动的开展遵循保教结合的原则

保教结合即教中有保，保中有教，保与教同时进行，不可分割。保教结合渗透在一日活动各环节中。如在幼儿盥洗环节，保教人员为幼儿创设干净、整洁的盥洗环境，提供盥洗用的肥皂和毛巾，这是保育的过程。另外，保教人员教幼儿盥洗的方法，教育幼儿盥洗时要遵守盥洗室的规则，人多排队，节约用水等，培养幼儿良好的行为习惯，这些就有教育的因素。教师开展的教学活动也蕴含了保育。如教师准备的教学用具要安全、干净、无毒，教学过程中还要做好幼儿的保育护理等。因此，一日活动各环节均体现了保教结合的原则。

二、幼儿园班级一日常规

所谓“常规”，就是日常行为的规范或规定。幼儿园班级一日常规是幼儿在园一日活动各环节中需要遵守的基本行为规范，具体是指幼儿园对于幼儿什么时候应进行什么活动、活动中应遵守什么要求、哪些事情应该做、哪些事情不应该做，活动要采取什么方式等方面的要求。一日常规涉及方方面面，种类繁多，现从常规涉及的范围和活动类型两个维度来介绍。

从范围上来说，一日常规涉及广泛，包括从来园到离园一日活动时间和顺序的安排、幼儿园各个活动场所和空间的安排、各活动环节具体的要求和规定。活动时间和活动顺序的安排，体现在幼儿园一日活动作息时间表上。幼儿园根据幼儿年龄特点和季节的变化，以及幼儿园客观环境等条件，制定适合不同年龄幼儿的科学的一日活动作息时间表，活动内容呈现出稳定性、顺序性的特点，这是一日常规基本的体现。在空间安排上，幼儿园根据自身条件，划定出不同的活动室，教师也会在各班级活动室内划定出不同的活动区域，幼儿要遵守不同活动室或活动区域的常规。一日活动各环节有不同的要求和行为规范，同样需要幼儿遵守。

从涉及的活动类型上来看，一日常规主要表现在生活活动、运动活动、学习活动和游戏活动中，每种活动类型的侧重点不同，常规要求也各不相同。

生活活动常规主要指在生活自理、交往礼仪、自我保护、环境卫生、生活规则等方面需要遵守的规则和行为规范。生活活动常规旨在让幼儿在真实的生活情境中自主、自觉地发展各种生活自理能力，形成健康的生活习惯和交往行为。

运动活动常规主要指幼儿在体操、器械运动、自然因素锻炼等活动中需要遵守的规则和行为规范，旨在提高幼儿身体素质、动作协调能力和适应环境的能力，保障幼儿运动活动的安全性，为幼儿健康的体质奠定基础。

学习活动常规主要指幼儿在集体的、小组的、个别的等学习活动中需要遵守的规则和行为规范，旨在培养幼儿倾听、观察、发言、合作、探索、分享交流的习惯和能力，使幼儿在认知能力和态度上不断进步，培养良好的学习习惯，为后续学习打下基础。

游戏活动常规指幼儿在各类自发、自主、自由的游戏活动中遵守的规则和行为规范，旨在培养幼儿的想象力、创造力、交往合作能力和自理能力，促进幼儿情感、个性、社会性健康地发展，初步培养遵守社会规则能力。

三、幼儿园班级一日常规管理的意义

幼儿从家庭走出来，进入幼儿园这个集体中，体现了从自然人到社会人的转变。幼儿园作为一个集体，拥有一定的社会性，幼儿在集体中就要遵守集体生活的规则。幼儿园的规则对幼儿来说大多体现在班级一日常规中，遵守班级一日常规就是在适应幼儿园的集体生活。幼儿园班级一日常规的好坏影响着幼儿的生活、学习、行为习惯和思想道德的培养，为幼儿未来的人生打下基础。同时，班级一日常规的好坏也影响着教师能否顺利开展各项活动。一日常规管理的意义具体如下。

（一）帮助幼儿建立归属感，适应幼儿园集体生活

幼儿从家庭进入幼儿园，所感受到的变化是极大的。对他们来说，幼儿园中的一切都是陌生的。环境的变化、人物的不熟悉、生活习惯的改变，会让很多幼儿一时很难适应，于是表现出了入园焦虑。他们哭闹不安，思念家人，这样的状态会影响其进餐、睡眠、游戏、学习等，严重的还会影响他们的身心健康。对于幼儿尽快适应幼儿园的集体生活，减轻入园焦虑，稳定有序的班级常规发挥了很大的作用。幼儿正式进入班级后，教师会分组，带领他们做游戏、开展运动等，使幼儿在愉快、欢乐的氛围中体会幼儿园的美好。另外，教师会教幼儿洗手、如厕、饮水、进餐、穿脱衣服的方法，使他们尽快适应集体生活和幼儿园环境，并能够在这个集体中体验快乐，感到温暖、心情愉快，产生安全感和归属感。

（二）保证幼儿在园安全，有助于幼儿健康成长

幼儿身体各个器官的生理机能尚未发育成熟，各个组织都比较柔嫩，身体素质不高，自我保护意识缺乏，稳定、有序的班级常规不仅能有助于各项活动顺利开展，还能保证幼儿的安全和健康。如在饮水环节，教师会组织幼儿分组、分批次进行，防止幼儿因为碰撞将水洒在地上，进而造成幼儿滑倒；在运动环节，教师应叮嘱幼儿运动时注意间距，不推撞他人，不争抢玩具，注意人身安全；幼儿上下楼时，教师应组织幼儿沿楼梯靠右行走，不嬉戏，不打闹，避免踩踏事件发生，从而保证幼儿的安全；在进餐环节，教师要求幼儿吃饭时要专心，嘴里有饭时不说话，能有效防止因食物进入气管等而导致的窒息危险。班级常规能为幼儿提供安全的生活环境、安全的生活、良好的学习秩序，从而保证他们的人身安全，使其健康成长。

（三）有助于形成生活行为习惯，培养自律和自我管理能力

巴金说过，孩子的成功教育从好习惯的培养开始。习惯的力量是巨大的，人一旦养成一个好习惯，将会终身受益。幼儿期是培养习惯的最佳时期，良好的班级常规有助于幼儿形成生活和行为习惯。幼儿从入小班开始，在老师的指导下开始学习生活自理能力，如独自进餐、午睡、盥洗、饮水、如厕，养成基本的生活和行为习惯，如饭前便后要洗手，人多要排队，睡前脱下

的衣裤折叠好，与同伴礼貌交往，玩过的玩具收拾好，这些能力和习惯对幼儿的一生起着重要的影响。幼儿拥有了一定的生活自理能力之后，教师通过引导幼儿参与规则的制定和执行，调动幼儿的积极性和主动性，常规管理又可以培养幼儿自律能力和自我管理能力。

（四）有助于维持班级秩序，使教育教学活动顺利开展

一个班级建立了细致、稳定的常规，形成了一个有序的生活和学习环境，既有利于幼儿身心健康发展，也有助于教师顺利开展教育教学活动。如果班级常规不佳，幼儿未能形成良好的生活、学习和行为习惯，那么就会有很多安全隐患，如幼儿之间因争抢玩具、打闹，在活动室奔跑、打闹、碰撞、摔跤等，教师就需要花费大量的精力来约束这些行为。如果幼儿没有良好的学习习惯，教师在集体教学活动的开展中就要花费很多精力来维持秩序。如果在游戏活动中常规管理欠缺，幼儿会出现嬉戏打闹、玩具乱扔等情况，这些都将给教师的工作增加负担。

【视野拓展】

1978 年，75 位诺贝尔奖获得者在巴黎聚会。人们对于诺贝尔奖获得者非常崇敬，有个记者问诺贝尔物理学奖获得主彼得·列奥尼多维奇·卡皮查：“在您的一生里，您认为最重要的东西是在哪所大学、哪所实验室里学到的呢？”卡皮查回答：“是在幼儿园。”记者感到非常惊奇，又问道：“为什么是在幼儿园呢？您认为您在幼儿园里学到了什么呢？”卡皮查微笑着回答：“在幼儿园里，我学会了很多。例如，把自己的东西分一半给小伙伴们；不是自己的东西不要拿；东西要放整齐；饭前要洗手；午饭后要休息；做了错事要表示歉意；学习要多思考，要仔细观察大自然。我认为，我学到的全部东西就是这些。”所有在场的人对卡皮查的回答报以热烈的掌声。事实上，大多数科学家认为，他们终生所学到的最主要的东西就是幼儿园老师教给他们的良好习惯。

第二节　幼儿园班级生活常规要求与实施

幼儿园班级生活常规涉及幼儿一天基本的生活需要，占据一日活动二分之一以上的时间，主要包括来园、进餐、午睡、饮水、盥洗、如厕、离园等环节，这些环节中包含了生活自理、交往礼仪、自我保护、环境卫生等常规的培养。

幼儿由于缺乏独立生活、交往和自我保护的能力，他们既需要老师的悉心照顾，又需要在老师的指导下反复训练，以养成良好的生活习惯，建立良好的生活秩序。生活常规有助于幼儿获得安全感、信赖感，能使幼儿愉快地度过每一天，提高幼儿的集体适应能力和生活自理能力。建立良好的生活常规是班级一日常规中非常重要的部分。《幼儿园教育指导纲要》提出：“与家长配合，根据幼儿的需要建立科学的生活常规。培养幼儿良好的饮食、睡眠、盥洗、排泄等生活习惯和生活自理能力。”由此可见生活常规在班级常规建设与管理中的重要性。生活常规管理不仅影响幼儿生活习惯、行为习惯，还会影响整个班级的生活质量，影响教师能否顺利开展其他教育教学活动。教师必须认识到生活常规的重要性，掌握实施要点，认真做好生活常规管理。

一、来园

幼儿园晨检记录表

（一）幼儿行为要求

1. 小班

（1）愿意上幼儿园，在护导老师的提醒和帮助下，完成入园后的洗手，能配合保健老师做晨检。

（2）在老师的引导下，向老师、同伴问好，与家长道再见。

（3）在老师的提醒和帮助下，学习将衣物叠好，放到指定地点。

（4）在老师的引导下，自己选择活动和材料，知道要爱护玩具，轻拿轻放。

（5）活动后，在老师的提醒下能够将玩具、材料放回原处。

2. 中班

（1）愉快地上幼儿园，能主动在入园后洗手，能主动接受保健老师的晨检。

（2）能主动向熟悉的老师、同伴问好，与家长道再见。

（3）能主动将个人物品摆放到指定位置。

（4）能主动参与教室环境、照顾动植物的劳动，学做值日生。

（5）能自主选择活动内容和材料，爱护玩具、材料。

（6）活动后，能够自觉将玩具、材料放回原处，参与收拾整理。

3. 大班

（1）愉快地上幼儿园，能在入园后自觉洗手，能愉快地接受保健老师的晨检。

（2）能主动和遇到的老师问好，和班内同伴问好，与家长道再见。

（3）能自觉将个人物品整齐地摆放到指定位置。

（4）能主动承担值日生，参与教室环境卫生和照顾动植物的工作。

（5）能积极主动地选择活动的内容和材料，爱护各类玩具、材料。

（6）活动结束后，能自觉将玩具、材料放回原处，并收拾整齐。

（7）主动协助教师摆放桌椅，参与班级管理。

（二）教师常规管理实施要点

1. 小班

（1）做好各项准备工作，迎接幼儿来园。

（2）热情接待家长与幼儿，观察幼儿的情绪及身体状况，对情绪不稳定的幼儿给予必要的心理抚慰。

（3）引导幼儿有礼貌地向老师、小朋友问好，和家长道再见。

（4）引导幼儿摆放衣物，给予必要的指导和帮助。

（5）引导幼儿选择活动，提醒幼儿要爱护玩具、材料，与同伴共同游戏。

（6）与幼儿聊天，了解幼儿的需要和想法。

（7）提醒幼儿活动结束后将玩具放回原处，根据标识整理玩具。

（8）牢记家长关照的特殊事务。

2. 中班

（1）做好各项准备工作，迎接幼儿来园。

（2）热情接待家长与幼儿，观察幼儿的情绪及身体状况。

（3）提醒幼儿有礼貌地向老师、小朋友问好，和家长道再见。

（4）提醒幼儿主动将个人物品摆放至指定地点。

（5）观察幼儿活动情况，提醒幼儿爱护玩具、材料。

（6）提醒幼儿活动结束后将玩具放回原处，收拾整齐。

（7）建立值日生制度，安排幼儿轮流担任值日生，培养劳动能力和责任意识。

（8）牢记家长关照的特殊事务。

3. 大班

（1）做好各项准备工作，迎接幼儿来园。

（2）热情接待家长与幼儿，观察幼儿的情绪及身体状况。

（3）观察幼儿是否有礼貌地向老师、小朋友问好，和家长道再见。

（4）观察幼儿是否主动将个人物品摆放至指定地点。

（5）观察幼儿参与活动的情况，提醒幼儿遵守活动规则，遇到问题时协商解决。

（6）提醒幼儿活动结束后将玩具放回原处，收拾整齐。

（7）建立值日生制度，提醒幼儿轮流担任值日生，培养劳动能力和责任意识。

（8）牢记家长关照的特殊事务。

（三）来园环节环境和材料的准备

（1）检查、整理教室物品，确保安全。

（2）准备区角活动的玩具和材料，摆放整齐。对于摆放玩具的橱柜，贴好相应的标签，方便幼儿收拾、整理。

（3）创设室内环境，如温馨小贴士、心情墙、天气预报、新闻角、值日生角等，便于及时观察幼儿情况，帮助幼儿形成来园环节的行为习惯。

【视野拓展】

重视幼儿的劳动教育

幼儿教育家陈鹤琴先生说过，幼儿劳动习惯的形成，有助于培养他们的责任感，自信心以及自己处理问题的能力，对幼儿今后生活也有深远的意义。2020 年 3 月，中共中央、国务院印发的《关于全面加强新时代大中小学劳动教育的意见》就加强大中小学劳动教育进行了全面部署。幼儿园教育阶段，劳动教育是重要的组成部分，它不仅能促进幼儿身体骨骼肌肉的发育，提升幼儿的生活自理能力，还能影响他们的个性和社会性发展。

幼儿园应将劳动教育理念引入教育体系，让幼儿通过劳动，提高生活自理能力，并在劳动中树立良好的个性品质。保教人员可以在一日活动各环节中渗透劳动教育，尤其从来园环节开始，有意安排幼儿做些劳动，有目的、有计划地培养幼儿的劳动能力、劳动习惯和爱劳动的品质。

二、进餐

（一）幼儿行为要求

1. 小班

（1）在老师的帮助和指导下，有序如厕，学习正确洗手，做好进餐前的准备。

（2）在老师的提醒下，手洗净后不再触摸桌椅等物品，保持手的整洁。

（3）在老师的指导和帮助下，学习正确的进餐坐姿，身体靠近桌子，一手扶碗，一手拿勺，正确使用调羹。

（4）培养进餐习惯，进餐时安静、专心、不大声讲话；一口饭、一口菜，细嚼慢咽，最后喝汤。

（5）不挑食，不浪费。

（6）餐后将餐具轻轻放到空桶里，漱口完后把水杯放回指定的地点，用餐巾或毛巾擦干嘴巴和小手，逐步学习将毛巾叠整齐并放好。

（7）先用完餐的幼儿在教师的指导下开展活动。

2. 中班

（1）在老师的提醒下，有序如厕，正确洗手，知道节约用水。

（2）值日生在老师的指导下分发餐具。

（3）在老师的提醒下，保持正确的进餐坐姿，学习使用筷子。

（4）保持良好的进餐习惯，进餐时安静、专心、不大声说话；一口饭、一口菜，细嚼慢咽，最后喝汤。

（5）不挑食，不浪费。

（6）学习餐后清理桌面，把骨头、菜渣倒入垃圾桶，果皮、果核收拾干净，用抹布抹净桌面。

（7）餐后将餐具轻轻放到空桶里，漱口完后把水杯放回指定的地点，用餐巾或毛巾擦干嘴巴和小手，将毛巾叠整齐并放好。

（8）先用完餐的幼儿在教师的指导下开展活动，不影响他人进餐。

（9）值日生在教师的指导下进行餐后环境的清洁工作。

3. 大班

（1）自主、有序如厕，正确洗手，节约用水。

（2）值日生协助老师分发餐具。

（3）能自己到餐车前取饭。

（4）保持良好的进餐习惯，安静进餐，不挑食，不浪费，能自己盛饭。

（5）餐后能主动清理桌面，把骨头、菜渣倒入垃圾桶，果皮、果核收拾干净，用抹布抹净桌面。

（6）餐后能将餐具轻轻放到空桶里，主动漱口、擦嘴，将毛巾叠整齐、放好。

（7）先用完餐的幼儿能自觉开展活动，不影响他人进餐。

（8）值日生主动进行餐后环境的清洁工作。

（二）教师常规管理实施要点

1. 小班

（1）进餐前半小时安排幼儿安静地活动。

（2）带领幼儿熟悉当天菜肴，介绍饭菜名称及营养价值。

（3）组织洗净手的幼儿进餐。观察幼儿独立进餐的情况，左手扶碗，右手拿匙，并给予必要的指导和帮助。

（4）提醒幼儿专心吃饭，一口饭一口菜，交替用餐，细嚼慢咽，不吃汤泡饭，不挑食。

（5）根据每个幼儿的食量为幼儿添饭，保证幼儿吃饱、吃好。

（6）观察肥胖幼儿、体弱幼儿的进餐情况，帮助年龄小或能力弱的幼儿去壳或拆骨。

（7）让幼儿吃完自己的饭菜，咽下最后一口食物后离开餐桌。

（8）指导幼儿漱口，用毛巾擦嘴，叠放毛巾。

（9）安排先用完餐的幼儿安静活动，待所有幼儿用餐过后，组织他们散步。

2. 中班

（1）进餐前半小时安排幼儿安静地活动，安排值日生发放餐具。

（2）带领幼儿熟悉当天菜肴，请幼儿介绍饭菜名称及营养价值。

（3）组织洗净手的幼儿进餐。指导幼儿使用筷子独立进餐，并给予必要的指导和帮助。

（4）提醒幼儿专心吃饭，一口饭一口菜，交替用餐，细嚼慢咽，不吃汤泡饭，不挑食，保持衣服、地面、桌面干净。

（5）根据每个幼儿的食量为幼儿添饭，保证幼儿吃饱、吃好。

（6）观察肥胖幼儿、体弱幼儿的进餐情况，给予相应的指导。

（7）让幼儿吃完自己的饭菜，咽下最后一口食物后离开餐桌。

（8）餐后指导幼儿参与餐具、桌面、桌椅的清洁与整理工作；观察幼儿漱口、用毛巾擦嘴、叠放毛巾等情况，给予必要的指导。

（9）提醒先用完餐的幼儿安静活动，餐后组织幼儿散步。

（10）鼓励及指导中班幼儿进行值日生活动，做力所能及的事。

3. 大班

（1）进餐前半小时安排幼儿安静地活动，提醒值日生发放餐具。

（2）带领幼儿熟悉当天菜肴，请幼儿介绍饭菜名称及营养价值。

（3）提醒幼儿自己取饭，进餐过程中根据自己的情况自主加饭。

（4）观察幼儿使用筷子独立进餐情况，提醒幼儿保持良好的进餐习惯，细嚼慢咽，不挑食，保持衣服、地面、桌面干净。

（5）观察肥胖幼儿、体弱幼儿的进餐情况，给予相应的指导。

（6）提醒幼儿吃完自己的饭菜，咽下最后一口食物后离开餐桌。

（7）餐后指导幼儿参与餐具、桌面、桌椅的清洁与整理工作；观察幼儿漱口、用毛巾擦嘴、叠放毛巾等情况。

（8）提醒先用完餐的幼儿安静活动，餐后组织幼儿散步。

（9）鼓励大班幼儿进行值日生活动，做力所能及的事。

（三）进餐环节环境和材料的准备

（1）餐前30分钟，选择安静的活动，避免幼儿过度兴奋或出汗，可以播放舒缓的音乐、讲述故事，也可进行餐前谈话等，让幼儿逐步平静下来。

（2）提供关于食物或者进餐习惯的图片或图书，介绍各类食物及营养价值，培养良好的进餐习惯，进行餐前教育。

（3）制作有关进餐习惯的图片，进行室内墙面环境布置，对幼儿进行潜移默化的熏陶。

【视野拓展】

小班的午餐

午饭时间到了，小朋友们围坐在餐桌旁，开始吃饭了。只见天天小朋友在“数米粒”，一粒一粒地往嘴巴里送饭。张老师走到他身旁，问他为什么不大口吃饭。他说：“老师，我手酸，你喂我吃吧。”听了他的回答，张老师有些哭笑不得，这是什么理由啊，吃饭想让老师喂就借口说“手酸”！张老师明明知道他的意图，但不想直接揭穿他，对他说：“我喂你吃一口，然后你就自己吃，怎么样？”他看了看张老师，爽快地答应了。张老师也如约喂了他一口。但过了一会儿，张老师再去看他时，他又恢复了原来的样子，依旧在“数米粒”。

旁边的畅畅走来走去，不愿坐下来吃饭，边走边说：“妈妈怎么还不来接我啊？”看到他没有自己吃饭的意思，张老师走过去对他说：“畅畅，妈妈还在上班，下班后来接你，你先吃午饭吧。”他对张老师说：“老师，你来一口一口地喂我吃啊！”张老师让他坐下来，开始一口一口地喂他吃饭。每次他只吃一小口，多一点，就要吐出来，一顿饭吃了很久，别的小朋友都吃完了，他还在吃。

班级中像天天和畅畅这样不能独立进餐的幼儿还有很多，每天午饭都是张老师最为忙碌、头疼的时刻。为了改善这一现状，张老师采取了一系列措施，家园配合，提升幼儿独自进餐的能力，培养良好的进餐习惯。

1. 在情感关怀下渗透生活自理能力的培养。针对小班幼儿入园不久、情绪不稳定的特点，可以先对他们进行情感补偿，让他们获得安全的情感体验，认识到老师和妈妈一样疼爱他，从而稳定其情绪。在他们不哭闹的时候进行生活自理能力的培养。

2. 对于幼儿的点滴进步及时表扬、鼓励。例如，当幼儿拿起小勺主动吃饭的时候，老师及时鼓励他，当幼儿小便过后直接要求老师帮他提裤子时，教师可以鼓励他："你可以自己提提看。"他提好裤子之后，及时表扬，当然很多时候还需要教师再帮他整理一下裤子，但是在教师的鼓励和表扬下，幼儿的自信心慢慢培养了起来。

3. 建议家长在照顾孩子时把握好分寸，不过度包办，与幼儿园教育保持一致。家长往往担心孩子吃不好，穿不暖，给予过多的保护，或者不忍心看着孩子哭闹，从而一味迁就孩子的无理要求。建议家长放手让孩子自己去做力所能及的事情，如自己穿脱衣裤，自己的玩具自己整理等，这样可以培养孩子的生活自理能力，并养成一定的行为习惯。

分析：进餐难、生活自理能力弱，缺乏良好的进餐习惯，是小班幼儿普遍存在的问题。帮助这些幼儿培养生活自理能力，形成良好的进餐习惯，是小班带班老师班级常规管理中的重要内容。上述案例中教师从情感关怀、鼓励表扬、家园合作等方面入手，逐渐培养幼儿的自信心，形成一定的进餐能力和习惯。进餐常规的管理需要日复一日地坚持，需要教师的爱心和智慧，需要家长和教师共同付出。

三、盥洗、饮水与如厕

（一）幼儿行为要求

1. 小班

（1）能在教师指导下，及时喝水。口渴时，能主动要求饮水。

（2）能根据标志正确拿取自己的水杯，喝多少接多少，不浪费水。

（3）人多时能排队接水，不端着水杯到处走动，喝完水之后能把水杯放回原处。

（4）在教师指导下，餐前、便后和手脏时，能用肥皂、流动水正确地洗手；洗手过程中不玩水、不玩肥皂或者洗手液，能及时关闭水龙头。

（5）进餐前，尽量不接触桌、椅、衣服等。

（6）安静、有序、正确如厕，人多时能够排队，学习使用卫生纸，如厕后要冲水。

（7）遵守饮水、盥洗、如厕的规则。

2. 中班

（1）口渴时主动喝水。

（2）能正确取放水杯，喝多少接多少，不浪费水。

（3）人多时能有序喝水，喝水时不打闹、不嬉戏。

（4）餐前、便后和手脏时，能主动用肥皂、流动水正确地洗手；及时关闭水龙头，有节约用水的意识。

（5）进餐前不接触桌、椅、衣服等。

（6）会安静、有序、正确如厕，人多时能够排队，会使用卫生纸，如厕后能及时冲水。

（7）能遵守饮水、盥洗、如厕的规则，互帮互助、互相谦让。

（8）中班幼儿学做值日生。

3. 大班

（1）口渴时及时喝水。

（2）能熟练使用水杯接水，自觉节约用水。

（3）能安静、有序地喝水，有良好的饮水习惯。

（4）勤洗手，正确地洗手，节约用水。

（5）洗手后，能保持小手的干净，不接触桌、椅、衣服等。

（6）能安静、有序、正确如厕，人多时能够排队，会使用便纸，如厕后能及时冲水。

（7）能遵守规则，互帮互助、互相谦让，礼貌交往。

（8）大班幼儿学做值日生。

（二）教师常规管理实施要点

1. 小班

（1）向幼儿介绍多喝水的好处，根据季节、天气、活动量，及时提醒幼儿喝水。

（2）关注不爱喝水的幼儿，督促他多喝水。

（3）采取多种方式帮助幼儿建立有序饮水的常规，养成良好的饮水习惯。

（4）创设盥洗室环境，引导幼儿学习盥洗方法，遵守盥洗规则。

（5）组织幼儿勤洗手，指导幼儿掌握正确的洗手方法，培养幼儿独立洗手的能力。

（6）灵活组织幼儿如厕，培养幼儿独立如厕的能力，帮助幼儿如厕后做好腹部保暖。

2. 中班

（1）根据季节、天气和运动量，提醒幼儿及时喝水。

（2）观察幼儿的饮水习惯和遵守规则的情况。

（3）关注不爱喝水的幼儿，提醒他多喝水。

（4）创设盥洗室环境，提醒幼儿使用正确的盥洗方法，遵守盥洗规则。

（5）提醒幼儿勤洗手，观察幼儿的洗手方法，培养良好的洗手习惯。

（6）灵活组织幼儿如厕，指导幼儿如厕后做好腹部保暖。

3. 大班

（1）根据季节、天气和运动量，提醒幼儿及时喝水。

（2）观察幼儿主动喝水的情况。关注不爱喝水的幼儿，提醒他多喝水。

（3）和幼儿共同制定饮水规则，养成良好的饮水习惯。

（4）和幼儿共同创设盥洗室环境，观察幼儿的盥洗过程，提醒幼儿遵守盥洗规则。

（5）提醒幼儿勤洗手，观察幼儿的洗手方法，培养他良好的洗手习惯。

（6）灵活组织幼儿如厕，提醒幼儿如厕后做好腹部保暖。

（三）饮水、盥洗与如厕环节的环境和材料准备

（1）做好饮水的准备工作，准备充足的温开水、水杯。

（2）做好盥洗前准备工作，放好毛巾、肥皂或洗手液，创设一个舒适的盥洗环境。

（3）设置幼儿易于识别的安全、健康、生活等规则提示（小班可用图片提示，中、大班由教师组织孩子一起讨论并制作规则提示，可用文字与图片提示）。

【视野拓展】

随着天气转暖，户外活动中孩子们常常玩得满头大汗，等活动一结束，很多孩子就迫不及待地涌向饮水机。空间本来就不是很大，你挤我，我挤你，还有孩子大叫："老师，人太多了。""哲哲踩我的脚。""铭铭撞到我了，我的水全洒了。"王老师急忙来维持秩序，要求孩子们排队饮水，孩子们这才慢慢有序起来。

为了改善这一现象，王老师在运动后的休息时间向孩子们提出这个问题，请大家一起想想办法。铭铭说："分组去喝水。"哲哲说："户外运动的时候渴了就要喝水。"季季说："值日生在大家喝水的时候要维持秩序，让大家排好队。"亮亮说："我们做一个喝水的温馨提示吧？"亮亮的提议得到了多数孩子的赞同，大家立刻行动起来。王老师找来笔和纸，请他们自己先讨论喝水需要遵守的规则，然后再画下来，贴到水桶旁边的墙壁上。第二天，王老师发现运动回来后一直混乱的喝水局面真的改善不少！

分析：由于大班幼儿运动兴趣高涨，在户外活动中时常想不起来喝水，加上天气转暖，孩子们运动中体力消耗较大，出汗较多，当活动结束后口渴，所以就会出现一起喝水的现象。该班幼儿的纪律性意识还不够强，常常要经过提醒才能有序排队。但大班幼儿合作能力、解决问题能力都较强，给他们机会通过自己讨论来制定规则，规则的约束力会更强。

四、午睡

（一）幼儿行为要求

1. 小班

（1）较快适应幼儿园的午睡环境，情绪稳定，愿意在幼儿园午睡。

（2）在老师的引导下，睡前如厕，做好睡前准备。

（3）在老师的指导下，学习自己脱衣裤、鞋袜，简单折叠衣裤。

（4）在老师的指导下，侧卧或仰卧，不俯卧或蒙头睡，安静入睡。

（5）午睡期间能保持安静，不打扰同伴。

（6）按时起床，在老师的帮助和指导下，穿衣裤、鞋袜。

（7）遇到困难时，能礼貌请求帮助并感谢别人的帮助。

2. 中班

（1）情绪稳定，喜欢在幼儿园午睡，入眠快，睡眠质量高。

（2）在老师的提醒下，睡前如厕，做好睡眠准备。

（3）能自己脱衣裤、鞋袜，折叠衣裤，放在规定的地方。

（4）保持良好的睡姿，侧卧或仰卧，不俯卧或蒙头睡，安静入睡。

（5）睡眠中，如有便意、不适等，会主动告知老师。

（6）不影响别人，保持安静。

（7）按时起床，能穿好衣裤、鞋袜。

（8）愿意帮助别人，能礼貌请求帮助并感谢别人的帮助。

（9）学做值日生，与同伴合作整理被褥。

3. 大班

（1）有按时入睡、独立入睡的好习惯。

（2）睡前主动如厕，做好睡眠准备。

（3）睡前熟练地脱衣裤、鞋袜，折叠衣裤，放在规定的地方。

（4）睡眠中保持良好的睡姿，侧卧或仰卧，安静入睡，不影响他人。

（5）睡眠中，如有便意、不适或发现同伴有异常情况等，会主动告知老师。

（6）不影响别人，保持安静。

（7）按时独立起床，能迅速穿好衣裤、鞋袜。

（8）愿意帮助别人，能礼貌请求帮助并感谢别人的帮助。

（9）学做值日生，能独自整理被褥。

（二）教师常规管理实施要点

1. 小班

（1）创设良好的午睡环境，拉上窗帘，安排好床位。

（2）睡前指导幼儿如厕、脱鞋、脱衣裤，简单折叠衣裤，并将衣裤放在规定地方。

（3）指导幼儿保持正确的睡姿，对个别难以入睡、情绪不稳定的幼儿进行安抚。

（4）细心观察幼儿的身心状况，若发现异常，及时应对。观察幼儿的盖被情况，给予必要的帮助。

（5）对午睡中起床如厕的孩子，教师要跟随去（准备好如厕拖鞋），以免睡意蒙眬而导致摔伤。

（6）组织幼儿起床，指导并帮助幼儿穿好鞋袜、衣裤。

2. 中班

（1）创设良好的午睡环境，拉上窗帘，安排好床位。

（2）睡前观察幼儿脱衣、放置鞋子及叠放衣服情况，给予必要的指导。

（3）观察幼儿睡姿，及时提醒幼儿侧卧或仰卧，不闷头睡觉。护理个别入睡困难的幼儿，帮助其尽快入睡。

（4）幼儿入睡后不间断地巡视，若发现异常，及时应对。观察幼儿的盖被情况，给予必要的帮助。

（5）安排早醒幼儿安静起床，不影响他人。

（6）组织幼儿起床，指导幼儿穿好鞋袜、衣裤。

（7）组织幼儿与同伴合作整理被褥。

3. 大班

（1）创设良好的午睡环境，拉上窗帘，安排好床位。

（2）观察幼儿脱衣、放置鞋子及叠放衣服情况，给予必要的提醒。

（3）观察幼儿睡姿，及时提醒幼儿侧卧或仰卧，不闷头睡觉。提醒个别无法入睡的幼儿保持安静，不影响他人。

（4）幼儿入睡后不间断地巡视，若发现异常，及时应对。观察幼儿的盖被情况，给予必要的帮助。

（5）提醒早醒的幼儿保持安静，不影响他人睡眠。

（6）组织幼儿起床，提醒幼儿快速穿好鞋袜、衣裤。

（7）组织幼儿独立整理被褥。

（三）午睡环节的环境和材料准备

（1）睡前打开卧室门窗通风，保持空气流通。在幼儿进入卧室脱衣前关上窗户，拉上窗帘。卧室内光线柔和，窗帘具有一定的遮光性，但不宜过厚，不能使卧室内光线昏暗。

（2）冬天温度低于 5℃，夏天温度高于 35℃，进入寝室前半小时打开空调，温度调至 26°。

（3）睡前 30 分钟，开展较安静的活动，如看图书、听故事等。

【视野拓展】

小班的午睡

充足的睡眠能保证幼儿精力充沛，身体健康。因此，每日的午睡对幼儿来说非常必要，但小班开学第一周的午睡情况并不乐观。

午睡时间已经过去半小时了，还有近一半的幼儿翻来覆去，东张西望。有几个小朋友几乎每天都无法入睡。甜甜总是睡不着，李老师轻轻地走到她旁边，小声地问她："你怎么啦？为什么还没睡着啊？"她告诉李老师说："老师，太亮了，我睡不着。"原来，她睡的地方靠近窗子，于是李老师想办法在她头旁边用被单挡了一下光线，然后她很快就入睡了。浩浩每天都静静地躺在床上，不言不语，却睡不着，原来，他在家很少午睡，他的生物钟还很难适应幼儿园的作息制度。有的幼儿睡不着就总是要喝水、小便，折腾了几次，午睡时间就过去了。迪迪情绪很不稳定，分离焦虑在他身上表现得非常明显，每天午睡时总是喊着找妈妈。他的哭闹不仅使自己无法入睡，而且严重影响了其他幼儿的睡眠质量。轩轩睡得很香，但连续 3 天尿床。为了培养幼儿良好的午睡习惯，做好午睡环节的管理，李老师采取了以下策略：

（1）在家长接送幼儿时，将情绪不佳幼儿的午睡状况告诉他们，引起他们的关注，尽快安顿好幼儿的情绪，减少午睡期间的哭闹。

（2）向家长宣传"习惯培养早抓早好"，根据本学期的生活目标，让家长重视培养幼儿良好睡眠习惯的重要性，配合老师做好幼儿的睡眠工作。

（3）针对一些对外界事物较为敏感的幼儿，应改善午睡环境，尽量遮挡光线。老师要保持安静，不说话、不走动，为幼儿拥有高质量的午睡创造良好的环境。

（4）对于个别幼儿午睡期间的尿床现象，可以在睡觉前督促其小便，睡眠过半的时候喊起来再次小便。

分析：刚入园的小班幼儿午睡状况不佳，出现这种情况的原因是多方面的。首先，个别幼儿情绪还不够稳定，当他们躺到床上的时候会想起家人，因此，他们常会哭哭啼啼，结果影响其他孩子的睡眠质量；其次，有些幼儿在家没有养成良好的睡眠习惯，无法在规定的时间内入睡；最后，还有些幼儿对外界事物较为敏感，稍强的光线、细微的声音都会影响他们的睡眠。教师要根据原因寻找解决方案，培养幼儿良好的睡眠习惯。

五、离园

（一）幼儿行为要求

1. 小班

（1）离园前在老师的指导下参加安静的活动，情绪保持稳定。

（2）在老师的指导下，学习将自己玩具收拾整齐、物归原处。

（3）在老师的帮助下，做好离园前的整理工作：如厕，整理服装，学习检查自己的物品，不遗忘。

（4）离园时和老师、同伴有礼貌地道别。

（5）不和陌生人离开，不独自离开。

2. 中班

（1）离园前参加安静的活动，情绪保持稳定。

（2）在老师的引导下，做好离园前的整理工作：自己整理服装，收拾游戏材料，将玩具归还原处并摆放整齐。

（3）在老师的提醒下，整理、检查自己的物品，不遗忘。

（4）共同整理班级物品，如放好椅子、玩具等。

（5）主动和老师、同伴有礼貌地道别。

（6）不和陌生人离开，不独自离开。

3. 大班

（1）离园前参加较安静的活动，如讲故事、念歌谣等，情绪保持稳定。

（2）主动做好离园前的整理工作：熟练地整理服装、书包，玩具归还原处并摆放整齐。

（3）主动整理、检查自己的物品，不遗忘。

（4）主动整理班级物品，如放好椅子、玩具等。

（5）离园时能大方、主动、愉快地和老师、同伴道别。

（6）不和陌生人离开，不独自离开，自觉遵守交通规则。

（二）教师常规管理实施要点

1. 小班

（1）组织幼儿开展安静的活动，稳定幼儿情绪，对于个别幼儿给予安抚。

（2）和幼儿一起幼儿整理玩具，提醒幼儿按照标识摆放玩具。

（3）指导并帮助幼儿整理服装、学习检查自己的物品和书包。
（4）引导幼儿离园前和老师、同伴道别。
（5）预防冒领，与个别有需要的家长进行简单交流。
（6）离园时做好班上卫生，整理好物品，切断电源，锁好门窗。

2. 中班

（1）组织幼儿开展安静的活动，避免幼儿做剧烈的活动。
（2）指导幼儿整理玩具，提醒幼儿摆放整齐。
（3）指导幼儿整理服装，收拾自己的物品和书包。
（4）组织幼儿共同整理班级物品，如放好椅子、玩具等。
（5）提醒幼儿离园前和老师、同伴道别。
（6）预防冒领，与个别家长进行简短的交流，不告状。
（7）离园时做好卫生，整理好物品，切断电源，锁好门窗。

3. 大班

（1）组织幼儿较安静的活动，如讲故事、念歌谣等，避免幼儿情绪过于激动。
（2）观察幼儿整理玩具的情况。
（3）提醒幼儿整理服装，收拾自己的物品、书包。
（4）提醒幼儿共同整理班级物品，如放好椅子、玩具等。
（5）提醒幼儿离园前和老师、同伴道别。
（6）预防冒领，与家长进行简单的交流，不告状。
（7）离园时做好卫生，整理好物品，切断电源，锁好门窗。

（三）离园环节的环境和材料准备

（1）环境保持安静，避免嘈杂。等待家长时可播放故事，或组织幼儿看图书、玩玩具。
（2）教室桌椅保持整齐，给幼儿营造安全、舒适的环境，同时为第二天的活动做准备。
（3）适当准备以下材料：录音机、磁带、图书、玩具。

【视野拓展】

离园环节的注意事项

幼儿园离园三部曲：第一步，检查幼儿穿戴，整理随身物品，确保孩子整洁离园；第二步，开展唱歌、讲故事等离园前的活动，让孩子保持愉快的情绪；第三步，确认人数，保证孩子不独自离园或和陌生人离园。

幼儿离园时，教师应该向家长简短地介绍幼儿当天或近期的表现，然后委婉提出幼儿的不足之处，最后再给家长提供改正幼儿缺点的方法。和家长沟通时要注意：态度真诚，公平公正地对待每一位幼儿；描述事情的经过时要具体，每次说一件事情，围绕幼儿进行沟通；与家长沟通要因人而异，采取不同的沟通方式和技巧；给家长提出的建议一定要专业，有切实可行的意义。

第三节　幼儿园班级其他活动常规要求与实施

一、学习活动常规要求与实施

学习活动常规管理是班级一日常规管理的重要组成部分。教师在开展学习活动前，首先要了解班级幼儿的年龄特点、思维方式，以及幼儿个体的学习兴趣、发展水平，选择合适的学习内容和学习方式，提出不同的规则和习惯培养要求。

（一）幼儿行为要求

1. 小班

（1）能跟随老师参与集体学习活动，逐渐了解集体学习活动中需要遵守的规则，如仔细倾听，安静坐在自己位置上，有问题先举手等。

（2）集体学习活动过程中，能按老师的要求进行学习和操作。

（3）对学习有兴趣，愿意观察事物、倾听他人。

（4）有尝试、探索的兴趣，愿意表达自己的想法。

（5）知道爱惜书籍、文具等，不破坏。

（6）学习活动结束后，能在老师的指导下整理活动材料。

2. 中班

（1）知晓集体学习活动的规则，能自觉遵守，如保持安静、有问题先举手等。

（2）有一定的探索欲望和观察能力，有良好的倾听习惯，乐于表达表现，学习兴趣较强。

（3）集体学习活动中，注意力较为集中，能认真倾听，保持良好的学习状态。

（4）集体学习活动中，能听清老师的指令和要求，顺利完成学习任务。

（5）能积极参加各类学习活动，对学习成果有满足感和成就感。

（6）主动爱惜书籍、文具等，不破坏。

（7）学习活动结束后，能主动整理活动材料。

3. 大班

（1）有较强的遵守集体学习活动规则的能力，能主动参与各类学习活动。

（2）有较强的探索能力和观察能力，乐于尝试各类新事物，对不了解的事物喜欢问个究竟，并愿意尝试。

（3）注意力集中时间较长，能专注于各类学习活动，能独立完成一件事情，不频繁更换学习内容。

（4）有较强的表达表现能力，倾听习惯良好，不懂就问，有一定的同伴合作学习的能力。

（5）乐于参加各类学习活动，对自己的学习成果有满足感和成就感。

（6）爱惜书籍、文具等学习材料，学习活动结束后，能主动整理学习材料。

（二）教师常规管理实施要点

1. 小班

（1）充分了解小班幼儿的身心发展特点和发展目标，开展学习活动的常规管理。

（2）培养幼儿爱护书籍、文具的好习惯，轻拿轻放。

（3）初步培养幼儿的阅读兴趣，会正确翻阅图书。

（4）根据小班幼儿的特点，设计集体教学活动方案，目标定位明确。

（5）做好集体教学活动前的各项准备，教学用具适合小班幼儿，形象逼真。

（6）根据活动目标，选择适合小班幼儿的活动组织形式，以游戏的方式开展活动，引起幼儿参与的兴趣。

（7）学习活动开展过程中，注意培养幼儿倾听的能力。

（8）注重全体、关注个别差异，给每个幼儿以表现、表达的机会。

（9）活动开展过程中，关注幼儿的身体状况，及时做好保育工作。

（10）活动结束后，带领幼儿共同整理学习用具，养成良好的习惯。

2. 中班

（1）充分了解中班幼儿的身心发展特点和发展目标，开展学习活动的常规管理。

（2）培养中班幼儿的观察和探索能力，使其尝试独立解决问题。

（3）培养幼儿良好的阅读习惯，眼睛与书本的距离保持 30—35cm，不在强光下看书，坐姿正确，阅读时间不要过长，一般为 20 分钟左右。

（4）根据中班幼儿的特点，教学活动内容的难度适宜，目标定位明确。

（5）依据中班幼儿思维具体形象的特点，选择适合中班幼儿的教学用具。

（6）根据活动目标，选择恰当的活动组织形式，使每位幼儿都有参与的机会。注意倾听和观察幼儿，适时给予回应。

（7）注重全体、关注个别差异，给每个幼儿以表现、表达的机会。

（8）活动结束后，引导幼儿整理学习用具，养成良好的习惯。

3. 大班

（1）深入研究大班幼儿的身心发展特点和发展目标，开展学习活动的常规管理。

（2）为大班幼儿提供更多探索和观察事物的机会，培养他们独立思考和解决问题的能力。

（3）学习活动内容贴近大班幼儿生活，具有一定的挑战，关注幼儿同伴合作能力的培养。

（4）为大班幼儿提供更多表达、表现的机会，鼓励幼儿交流思想和信息，展现学习成果，培养幼儿的学习信心和兴趣。

（5）关注幼儿阅读习惯和学习习惯的培养，鼓励幼儿大胆提问和质疑，通过各种方式寻找答案。

（6）注重全体、关注个别差异，给每个幼儿以表现、表达的机会。

（7）活动结束后，提醒幼儿整理学习用具，养成良好的习惯。

（三）学习活动的环境和材料准备

（1）保持学习环境的宽敞、明亮、整洁、安静。

（2）学习材料数量充足，教具、学具适合幼儿。

（3）教学设备准备齐全，备好电视、电脑、录音机。

【视野拓展】

爱动的超超

小班幼儿注意力集中时间短暂，往往只能持续三到五分钟，自我控制能力较差，因此在集体教学活动中很容易出现难控制的局面。对于小班幼儿的这一特点，集体教学活动中，教师使用了多种方法吸引他们的注意力，但仍有几个孩子不听老师讲话，他们要么摆弄自己的衣服，要么和同伴说话，要么东张西望。其中超超有点特殊，他总是无法控制自己，安静地坐两分钟之后，总是在教室里跑来跑去，影响了全班幼儿。有时候其他幼儿也会跟着一起玩起来。

好动、多动是小班幼儿的年龄特点，加上幼儿刚入园不久，规则意识还不强烈，因此他们很难长时间保持安静。但有些幼儿却表现得更为明显，如超超。要使这部分幼儿很快理解并遵守幼儿园集体学习活动的规则，需要时间，更需要教师耐心地不断地提醒。因此，教师打算在继续增强教学的趣味性的同时，向幼儿讲解规则，并加上相应的奖励措施，尽快培养他们在集体学习活动中遵守规则，如仔细倾听、安静地坐在自己的座位上等。

二、游戏活动常规要求与实施

游戏对幼儿发展有重要的价值，能发展幼儿的想象力、创造力和交往合作能力，促进幼儿情感、个性健康地发展。幼儿园应当创设游戏条件，提供丰富、适宜的游戏材料，保证充足的游戏时间，开展多种游戏，还应当根据幼儿的年龄特点指导游戏，鼓励和支持幼儿自主选择游戏内容、游戏材料和伙伴，使幼儿在游戏过程中获得积极的情绪情感，促进幼儿能力和个性的全面发展。因此，游戏活动的常规管理就成了班级管理的重要组成部分。针对游戏活动，教师的任务是了解游戏的价值，尊重幼儿爱游戏的权利，保证游戏的时间。教师要观察幼儿游戏，了解幼儿现状，通过环境的创设和适当的介入支持幼儿的游戏。因此在游戏活动常规管理环节，教师首先需要了解不同年龄段幼儿的游戏水平，创设适宜的游戏环境，提供丰富的游戏材料，同时提出游戏活动中应遵守的规则和习惯培养要求。

（一）幼儿行为要求

1. 小班

（1）主动参与各类游戏，能体验游戏的快乐。

（2）能运用生活经验，模仿、扮演各类角色的典型行为。

（3）愿意尝试各类游戏材料，不与同伴争抢游戏材料。

（4）爱惜物品，不破坏游戏材料。

（5）学习理解游戏规则。

（6）游戏结束后，能在老师的指导下整理游戏材料，知道物归原处，有良好的行为和习惯。

2. 中班

（1）愿意尝试各类游戏，会自主地选择游戏内容、材料、方法等。

（2）能根据生活经验，丰富游戏的主题和情节。

（3）能与同伴合作游戏，创造性地使用游戏材料。

（4）共同遵守游戏规则，化解矛盾。

（5）爱惜物品，不破坏游戏材料。

（6）愿意与同伴分享游戏心得，体会游戏的快乐。

（7）游戏结束后，主动整理游戏材料，物归原处，有良好的行为和习惯。

3. 大班

（1）有浓厚的游戏兴趣，喜欢尝试，做事专注。

（2）有丰富的想象力，能创造性地使用游戏材料，游戏情节丰富。

（3）有兴趣参加探索性游戏，能主动观察与探索，积极地表达与表现。

（4）逐步增强合作意识，在游戏中表现出一定的团队精神。

（5）进一步理解游戏规则的重要性，协商、建立和实践公平与合作的游戏规则。

（6）有较强的表达能力，能清晰有序地与同伴分享游戏过程和心得。

（7）游戏结束后，主动整理游戏材料，物归原处，有良好的行为和习惯。

（二）教师常规管理实施要点

1. 小班

（1）根据小班幼儿的发展特点，合理布置活动室，保证游戏区角分布合理，空间宽敞，区角之间避免干扰。

（2）保证幼儿每天有 1 小时以上的自主游戏和自由活动时间，小班多安排一些凸显情境性的游戏。

（3）提供充足的游戏材料，小班同一种类的游戏材料数量必须充足，满足小班幼儿喜欢玩平行游戏的需求。材料要直观形象、色彩鲜艳、体积较大，同时材料的摆放要易于幼儿取放。

（4）鼓励幼儿积极参与、体验各类游戏，通过直接或间接的游戏指导，提升幼儿的游戏水平。

（5）幼儿游戏过程中，关注幼儿的情绪（投入、专注），同时做好保育工作。

（6）注重小班幼儿规则意识、行为习惯的培养。

2. 中班

（1）根据中班幼儿的发展特点及兴趣需要，合理划分活动区域的空间大小、高低位置，提供宽敞的游戏活动空间，区角之间避免干扰。

（2）保证幼儿每天有 1 小时以上的自主游戏和自由活动时间，中班可以多安排一些凸显角色扮演的游戏，增设探索性的游戏。

（3）根据中班幼儿年龄特点，投放不同结构的材料，材料充足，种类丰富，满足每个幼儿自主选择的需要。中班逐步增加低结构材料，提供纸、笔、盒、罐、绳等非结构材料。

（4）鼓励幼儿自主解决游戏过程中遇到的问题和矛盾，引导幼儿丰富游戏情节，提升游戏水平。

（5）游戏过程中，关注幼儿与同伴合作游戏的水平，培养幼儿解决问题的能力。

（6）注重培养中班幼儿遵守游戏规则和养成良好的行为习惯。

3. 大班

（1）根据大班幼儿的发展特点及兴趣需要，划分活动区域的空间大小、高低位置，提供宽敞的游戏活动空间，便于幼儿取放、交往和选择。

（2）保证幼儿每天有 1 小时以上的自主游戏和自由活动时间，大班可以多安排一些探索性、挑战性、规则性的游戏，减少角色游戏。

（3）根据大班幼儿年龄特点，投放不同结构的材料，满足每个幼儿自主选择的需要。大班增加低结构材料，提供纸、笔、盒、罐、绳等非结构材料，满足幼儿游戏的需要。

（4）鼓励幼儿自主协商制定游戏规则，进一步理解游戏规则的价值和意义。

（5）游戏过程中，关注幼儿专注、坚持、合作、表达能力的培养。

（6）观察游戏过程中幼儿的行为习惯，及时提醒不良行为。

（三）游戏活动的环境和材料准备

（1）合埋布置活动室游戏区角，各区角空间合理、互不干扰。游戏材料安全、卫生，数量充足。

（2）根据幼儿发展需求和游戏开展情况，适时更新游戏内容，补充游戏材料。

（3）定期对游戏材料、玩具进行清洁、消毒，检查游戏材料的安全性。

【视野拓展】

建构区的“鞋套”

每天早晨自主游戏时都会有很多幼儿同时挤到建构区，会出现争抢同一块积木的现象，有时还会有推打现象。于是汪老师想出了一个办法，就是在建构区投放鞋套，小朋友进到建构区后就把鞋套穿上。今天是投放鞋套的第一天，汪老师特别关注建构区。鞋套已经用完了，可是小恒还是脱了鞋子，把鞋子一甩，人就进去了。于是汪老师来到建构区，轻轻地对他说：“小恒，你看这里还有没有小鞋套啊？”他回头看了看，对我说：“没有了。”“没有鞋套了，小朋友还能不能进去啊？”“不可以，老师。”说完，他就开始穿鞋子，然后起身离开了建构区。“你先去别的地方玩，等会儿有新的鞋套，你再进来，好吗？”他点点头，跑向了娃娃家。

分析：区角游戏的规则需要老师和小朋友商讨制定，但幼儿对规则的遵守需要监督和提醒。上述案例发生在小班下学期，面对幼儿大量涌进建构区游戏的场景，老师和幼儿共同制定了投放鞋套的约定，当鞋套用完了，幼儿就不能进去了。但案例中的小恒忘记了上述规定，没穿鞋套就进入了建构区，后来他在老师的提醒下，认识到自己的错误，离开了建构区。小班幼儿经常会出现违反规则或者规则意识不强的情况，这就需要教师向幼儿反复强调规则，及时监督和反馈他们对规则的遵守情况。良好常规的养成不是一蹴而就的，需要教师和幼儿日复一日的坚持。

“大排档”里的难题

活动室里开了个“大排档”，每次开展区角游戏时，“大排档”必定人满为患。厨师们忙着烧制各种可口的饭菜，顾客们坐满了，有的还在门外等待。李老师原本放置了十把椅子，但每天都会有不够坐的情况。今天早上，豆豆和佳佳见“大排档”的座位不够了，就从别处搬来了两把椅子，其他孩子见了，也纷纷仿效起来，把“大排档”挤得水泄不通。季季见了，对李老师说：“老师，‘大排档’的人太多了，很吵，应该派人来管一管。”李老师对季季说：“你的想法很好，那么怎么来管理呢？”

在游戏讲评环节，李老师把这一问题抛给了幼儿。孩子们讨论起来，后来意见达成一致——买票入座。顾客需要买票，票卖完了，顾客就不能进来了，由此新增了角色——“大排档”里的售票员。孩子们利用小积木制作了票，这样“大排档”就变得井然有序了。

分析：游戏是幼儿的主要活动，参与角色游戏是中班幼儿乐此不疲的一项活动。教师为幼儿创设了适宜的游戏环境和游戏情境，提供了各种可供操作的游戏材料。幼儿在游戏中通过想想、说说、做做、玩玩，获得知识和技能，发展了个性和社会性。但幼儿在游戏时遇到了问题向教师求助，教师该如何指导，这些都是经常困扰教师的难题。

案例中的“大排档”游戏，在开展过程中幼儿遇到了麻烦，“大排档”人满为患，这位教师并没有直接干预，而是引导幼儿共同商讨，重新制定游戏规则，解决了“大排档”游戏遇到的难题。

对于中班幼儿来说，他们在游戏中遇到了问题，游戏进展不顺利，教师不需要急于干预解决，可以将问题抛给幼儿，引导幼儿积极开动脑筋，参与游戏规则的制定，提升幼儿的自我管理能力。

三、运动活动常规要求与实施

幼儿园要开展丰富多彩的户外游戏和体育活动，培养幼儿参加体育活动的兴趣和习惯，增强体质，提高对环境的适应能力。幼儿园要根据幼儿的特点组织生动有趣、形式多样的体育活动，吸引幼儿主动参与，还应保证幼儿每天有 2 小时的户外活动时间，其中 1 小时的运动时间要分段进行。关于运动活动的常规管理，教师首先要明确不同年龄段幼儿的身心状况及发展目标，提出不同的规则和行为习惯要求。

（一）幼儿行为要求

1. 小班

（1）喜欢运动，愿意尝试不同的运动器械，主动参与运动活动。

（2）运动前，在老师的帮助和指导下做好各项准备工作，如换好鞋子、脱掉厚外套、如厕等。

（3）运动中，听从老师的指令，不做危险动作，不争抢运动器械，避开运动中的危险因素。

（4）运动中遇到问题时会及时告知老师，能在老师的提醒下，累了休息，渴了喝水。

（5）运动后在老师的指导下能将运动器械送回。

（6）运动结束，在老师的指导和帮助下，先洗手再喝水，穿好外套。

2. 中班

（1）喜欢运动，愿意尝试不同运动器械，充分活动身体；喜欢用动作模仿周围事物的形态和动作特征，感知运动节律变化。

（2）运动前，在老师的提醒下做好各项准备工作，如换好鞋子、脱掉厚外套、如厕等。

（3）愿意和同伴一起运动，能自觉遵守运动的规则和要求，不做危险动作，具有一定的安全意识，能进行自我生活护理，如累了休息，渴了主动喝水。

（4）运动中能根据自身情况调节运动量，并能及时穿、脱衣服等。

（5）运动后能主动将运动器械送回，摆放整齐。

（6）运动结束，在老师的提醒下，先洗手再喝水，穿好外套。

3. 大班

（1）喜欢运动，愿意尝试不同运动器械，充分活动身体；愿意尝试新奇活动，获得身体活动的经验。

（2）运动前，能主动做好各项准备工作，如换好鞋子、脱掉厚外套、如厕等。

（3）愿意和同伴一起运动，能自觉遵守运动的规则和要求，具有集体意识、安全意识和自我保护意识及能力。

（4）运动中具有一定的合作能力和初步的竞争意识，动作协调性和平衡性较强。

（5）运动后能主动将运动器械送回，摆放整齐，帮助老师收整运动场地。

（6）运动结束，能主动做好自我生活护理，如先洗手再喝水，穿好外套等。

（二）教师常规管理实施要点

1. 小班

（1）确保每日有 2 小时的户外活动时间，其中 1 小时分段进行。

（2）能提供符合小班幼儿年龄特点、数量充足、满足需要的运动材料和器械，让幼儿进行较充分的运动。小班可以提供皮球、呼啦圈、羊角球等运动材料，大型器械可以选择滑梯等。

（3）运动前，帮助小班幼儿做好准备（检查鞋带、整理服装、如厕等），带好需要的物品（干毛巾、衣服、纸巾等）。

（4）运动前强调运动规则与注意事项，运动中做好幼儿的安全保护和生活保育，注意运动密度。

（5）运动中，鼓励幼儿参与运动，采取恰当的方式培养小班幼儿的运动兴趣，尝试不同的运动器械。

（6）运动中，注重全体幼儿，关注特殊儿童，给予特殊儿童（体弱儿、肥胖儿）更多的指导、关心。

（7）运动后指导幼儿参与运动材料的整理，把衣服等物品带回教室。

（8）运动结束，指导并帮助幼儿洗手、擦洗、适当喝水、添加衣服。

2. 中班

（1）确保每日有 2 小时的户外活动时间，其中 1 小时分段进行。

（2）能提供符合中班幼儿年龄特点、数量充足的运动材料和器械，让幼儿进行充分运动。中班可以提供皮球、平衡车、沙包、足球等运动材料，大型器械可以选择滑梯、荡桥、水车等。

（3）运动前，引导幼儿做好准备（检查鞋带、整理服装、如厕等），带好需要的物品（干毛巾、衣服、纸巾等）。

（4）运动前强调运动规则与注意事项，运动中培养幼儿的安全防护意识和自我生活保育能力，同时注意幼儿的运动密度。

（5）运动中，调动中班幼儿参与运动的积极性，引导幼儿尝试运用不同的活动材料、活动方式，充分活动身体。鼓励幼儿的创新性玩法。

（6）运动中，注重全体幼儿，关注特殊儿童，给予特殊儿童（体弱儿、肥胖儿）更多的指导、关心。

（7）运动后提醒幼儿整理运动材料，把衣服等物品带回教室。

（8）运动结束，提醒幼儿擦洗、适当喝水，添加衣服。

3. 大班

（1）确保每日有 2 小时的户外活动时间，其中 1 小时分段进行。

（2）提供符合大班幼儿年龄特点、数量充足的运动材料和器械，让幼儿进行充分运动。大班幼儿可以提供足球、跳绳、羽毛球等运动材料，大型器械可以选择爬网、攀爬架等。

（3）运动前，观察幼儿是否做好准备（检查鞋带、整理服装、如厕等），是否带好需要的物品（干毛巾、衣服、纸巾等）。

（4）运动前强调运动规则与注意事项，运动中观察幼儿的运动量、安全防护能力和自我生活保育能力。

（5）运动中，调动大班幼儿参与运动的积极性，鼓励幼儿参与竞争性运动项目，培养集体荣誉感。

（6）运动中，注重全体幼儿，关注特殊儿童，给予特殊儿童（体弱儿、肥胖儿）更多的指导、关心。

（7）运动后带领幼儿整理运动场地，整理运动材料，把衣服等物品带回教室。

（8）运动结束，观察幼儿擦洗、喝水、添加衣服等情况。

（三）运动活动的环境和材料准备

（1）了解当天运动的所在区域，检查运动场所及器械的状况，及时排除安全隐患。

（2）根据幼儿发展状况和需求，准备充足的运动材料和器械。

（3）备好运动中所需的生活用品，如茶水、毛巾、纸巾等物品。

【视野拓展】

新手教师如何顺利开展幼儿园的运动活动？

幼儿通常都喜欢运动，特别是户外活动。运动对幼儿的身心健康和能力发展可谓至关重要，但运动也可能会带来意想不到的事。所以，教师要特别注意保障幼儿在运动中的安全和健康，但又不能减少幼儿的运动，否则会影响他们的发展。如果能动态地把握安全与充分运动之间的关系，从培养幼儿的自我保护意识、自控能力和规则意识入手，以积极的态度看待“安全”，就可以让在家很难有运动机会的幼儿在幼儿园里充分享受运动的快乐，培养运动兴趣。

新手教师可以试试这样做:

（1）提醒并协助幼儿做好运动前的准备（如检查鞋带、整理服装、垫毛巾、如厕等）。

（2）事先检查运动场地、器具的状况，及时排除安全隐患（如不同运动区域的划分、运动器具的完备状况）。

（3）运动前强调与安全有关的规则和注意事项，运动过程中提醒幼儿遵守，培养幼儿自我保护的能力。

（4）运动过程中关注每个幼儿的情绪和出汗情况，给予必要的监护、照顾，提醒幼儿动静交替、适当休息、增减衣服。

（5）保证幼儿户外运动的时间，并调动幼儿参与锻炼的积极性，注意运动的密度。

第四节　幼儿园班级一日常规的建立

班级一日常规管理需要教师熟悉幼儿的身心发展特点和一日常规的内容与要求，掌握一日常规建立的途径，明确一日常规落实的关键。

一、一日常规建立的途径

良好常规的建立是一项长期而又艰巨的任务，教师要齐心协力、持之以恒。教师既要为幼儿营造宽松、民主的氛围，又要使班级拥有良好的秩序，这就需要带班教师善于观察、勤于思考、乐于总结、不断改进。

1. 通过一日活动培养幼儿良好的规则习惯

在一日活动各环节中渗透常规教育是培养规则、养成习惯的主要途径。教师应从幼儿一日活动的基本要求入手，从生活的点点滴滴抓起，规范幼儿的日常行为，重视幼儿规则养成和行为习惯培养。幼儿从早晨来园后就开始了一天丰富而充实的生活，要遵守规则，如来园时先洗手、主动打招呼、整理自己的物品，盥洗时人多要排队、正确洗手、不浪费水，进餐时要安静进餐、不挑食、不浪费食物，上下楼梯时不推搡、不奔跑。教师应抓住每个环节的特点和价值，适时而恰当地进行规则培养。良好习惯的培养不是一蹴而就的，教师要有计划地开展常规教育，并且日复一日地不断强化。

2. 树立榜样行为，帮助幼儿养成良好的行为习惯

模仿是幼儿学习的主要途径。社会学习理论认为，在社会交往过程中，儿童通过直接观察他人的行为学会新的行为方式，通过观察他人行为产生的后果得到替代性强化。榜样可以是成人、同伴，也可以是情景故事中的人物。首先，教师和家长应注意自己的言行举止，为幼儿树立良好的榜样。例如，要求幼儿不挑食、不浪费食物，家长自身也要做到，否则幼儿看到家长挑食，随意浪费食物，就很难形成稳定的规则意识，也就很难养成良好的饮食习惯。幼儿园的教师更要注意言行，教师的言行不一会对幼儿产生更坏的影响。比如集体学习活动时间，教师要求幼儿坐姿端正，挺胸抬头，双脚并立，但自己坐姿随意，甚至跷起二郎腿，孩子们当老师不注意的时候可能就会跷起二郎腿。所以家长和教师在行为习惯培养上要时刻提醒自己为幼儿树立榜样。

模仿同伴的良好行为也是幼儿习得良好行为的重要途径。教师要善于捕捉规则意识强、行为习惯好的个例，及时表扬，为其他幼儿树立行为典范。比如，饭后幼儿要漱口、擦嘴、折叠小毛巾，教师对做得好的幼儿及时表扬，发放小奖品，鼓励其他幼儿向他们学习。对于及时模仿的幼儿，教师也应该给予表扬和鼓励，强化幼儿的行为。

优秀故事人物也是幼儿模仿的对象。在规则教育过程中，教师可以选择适宜的故事，树立典范行为，供幼儿模仿。动画片、图书、童话中人物的良好行为都可以用作规则教育的素材。

3. 发挥环境隐性作用，促进幼儿自我管理

环境作为一种重要的教育资源，在幼儿的规则养成和行为习惯的培养中发挥着不可或缺的作用。教师可以根据一日常规的需要及幼儿的年龄特点，创设恰当的环境进行常规教育。如，小班幼儿饮水环节，需要养成喝水排队、接了水不乱跑的习惯，教师可以在水桶前的地面贴上小脚印，幼儿会自觉踩着小脚印排队等候。这样的标记简单、醒目。中、大班的幼儿可以自己设计标记，帮助大家进行自我管理。例如，干净的水杯和用过的水杯，小朋友往往分不清，容易拿错，可以请幼儿协商做出一个标记来区分。洗过手后，干净的小毛巾和用过的小毛巾怎么区分，也可以请幼儿自己设计标记，并按照标记整理毛巾。游戏区角的玩耍规则，中大班也可以自己设计标记，比如进入建构区要穿鞋套，不大声喧哗，同伴间互相帮助等。通过环境的教育功能，将标记与规则养成有机结合，能提升幼儿的自我管理能力。

4. 设立值日生制度，提升幼儿遵守规则的自觉性

中、大班可以设立值日生制度，在培养幼儿责任意识的同时，增强幼儿遵守常规的自觉性和能动性，让值日生负责班级的玩具收整、图书整理、盥洗、如厕、餐后漱口、擦嘴等班级常规的检查与监督。幼儿在做值日生的过程中，督促同伴遵守规则，同时也能提升自己遵守规则

的自觉性。值日生制度，让幼儿轮流充当值日生，可以帮助幼儿互相管理、互相督促，既能增强幼儿的责任意识，又能培养幼儿的自我管理能力。

5. 通过主题教学活动，巩固幼儿对规则的理解和遵守

教师可以借助主题教学活动，有目的、有计划地对幼儿实施文明礼仪、生活习惯、社会交往、交通规则等方面的培养。针对不同的年龄段，设计适宜的教学活动，通过故事讲述、诗歌、视频等方式，生动形象地向幼儿传递生活中的规则，以及遵守规则的重要性。

例如，刚入小班的幼儿容易出现争抢玩具的现象，教师可以选择恰当的图书，开展一次语言活动，带领幼儿学习一些与同伴交往的技巧，体会和同伴分享玩具的快乐。集体学习活动结束后，可以请幼儿将自带的玩具放到区角，游戏期间大家可以继续分享玩具，进一步巩固这一良好的交往行为。针对不少幼儿洗手敷衍的情况，教师可以开展一次科学活动，通过一段生动形象的、有关细菌繁殖的视频，向幼儿介绍洗手的重要性。由于手部要触摸许多物体，手上就沾染了大量的细菌，如果不认真洗手，细菌则会通过手部进入人体，带来很多疾病。

6. 家园密切合作，促使幼儿形成良好习惯和能力

教师在入学初可以通过家访、家长会、微信群等方式及时向家长宣传幼儿园本学期的教育教学目标、需要家长配合的内容和任务，以此增强家长的配合意识。接下来要随时向家长传达幼儿在幼儿园规则遵守、习惯养成方面的具体情况，请家长在家庭予以配合。家园要求一致，密切配合，对幼儿习惯养成和能力培养至关重要。如果幼儿在家中生活比较随意，家长完全无视规则、习惯的培养，幼儿就难以形成稳定的行为习惯。

二、一日常规落实的关键

班级常规管理的重点是各项常规的落实。即使常规内容全面，但如果执行不恰当，没有落到实处，也是一纸空文。现实的幼儿园班级常规管理过程中，经常出现诸多问题，如教师常规管理缺乏计划性、一致性、持续性等，影响班级良好规则与秩序的建立。因此在一日常规落实中，需要做好以下几点。

1. 以幼儿发展为本，提升幼儿自我管理能力

幼儿园常规管理中容易出现以下现象：规则制定以教师为中心，规则执行体现出教师的权威性，幼儿处于被动遵守的状态，教师未能注重幼儿自我管理意识和自律能力培养。在教师心目中，规则就是对幼儿进行的各项约束，他们要求幼儿事事按照规则来执行，用规则来限制幼儿行为，显然这种班级常规管理与现代幼儿教育理念相违背，不符合幼儿身心发展规律。

首先，常规要适应幼儿身心发展特点，考虑幼儿的需求。不同年龄段的常规管理重点不同，小班重在基本的生活习惯和生活能力的培养，如会独自进餐，知道进餐时的要求，不大声说话，一口饭一口菜，不浪费食物等；掌握洗手的正确方法，知道饭前便后要洗手等。中班常规管理的重点是关注幼儿对班级规则的认真执行和遵守，以及良好的游戏、运动和学习规则的遵守和培养。中班幼儿经历了幼儿园一年的生活和学习，拥有了基本的常规意识，但往往在规则遵守中会钻空子，执行不到位，如洗手时会偷懒，在盥洗室转一圈就出来了，或者随意冲洗一下，不能按照洗手的正确步骤来完成。因此，中班幼儿的常规管理就需要设立监督岗位。中班幼儿的游戏、运动、学习能力更强了，教师应关注幼儿在这些活动中规则和习惯的培养，如积极参与游戏，提升游戏的水平；运动中尝试不同的运动器械，不做危险动作；学习活动中积极参与，提升专注力等。大班幼儿常规管理的重点应该是自律能力的提升和学习习惯的养成。大班幼儿早已经知道幼儿园集体生活的各种规则了，关键是幼儿能在教师不提醒、不关注的情况下自觉遵守，形成行为习惯。大班即将升入小学，良好学习习惯的养成至关重要，阅读的习惯、听课的习惯、书写的习惯等是大班常规管理的重点。

其次，规则的建立要以幼儿为中心，用幼儿乐于接受的方式逐渐养成规则意识和行为习惯。以幼儿为主体，从幼儿角度出发建立规则，能大大提高幼儿的积极性。幼儿以形象思维为主，对事物的理解需要借助直观具体的形象，对规则的理解亦是如此。现实中许多教师在常规管理中缺乏智慧，习惯用反复说教或命令的方式来完成，如“饭前要洗手”“吃饭不许说话”“不许浪费水”等。如果采用拟人、比喻、夸张的方式，或者借助故事、游戏等有趣的形式，将规则变得生动有趣些，幼儿会更容易理解和执行。如在进餐环节，用“小朋友的身体在快快生长，它需要各种各样的营养；大家不挑食，好好吃饭，身体才能长得快”的表达方式，肯定比“不要挑食，好好吃饭”的命令式表述效果好。

最后，规则的制定与执行要发挥幼儿的主动性，引导幼儿参与，提升幼儿常规管理的自律性，关注幼儿自我管理能力的培养。对于中、大班的幼儿，在常规管理中要鼓励幼儿参与。中、大班幼儿通过轮流充当值日生，做好服务班级的同时，监督同伴对规则的遵守和执行情况。在规则的制定过程中，教师可以引导幼儿参与规则的讨论和执行，发挥幼儿的主动性。如在大班户外运动场景的创设中，如何将各项运动项目串起来，用什么样的情境，运动时应该遵守什么规则等，可以请幼儿大胆讨论、记录、绘制出来，必要时教师加以引导。幼儿对于自己设计的规则，必然会主动遵守，也会相互监督。

2. 具有稳定性、持久性的同时关注幼儿个体差异

现实生活中，不少教师在规则制定和执行中随意性较强，规则时刻变化，导致幼儿无所适从，无法形成稳定的习惯和能力。规则一旦建立，不能朝令夕改，要严格执行，持之以恒，教师不能随心所欲，而是要将规则落实到幼儿园教育教学的方方面面。如在洗手环节要求幼儿饭前、便后、手脏的时候都要洗手，不能因为时间紧，或者教师手头忙，就放松要求，不能对个别幼儿的不良习惯忽视不理，否则幼儿很难养成良好的洗手习惯。

教师每提出一个常规要求，都要深思熟虑，还要督促每个幼儿遵守，如幼儿午睡前脱下的衣服需要折叠整齐并放好，要求提出后，教师要观察、指导幼儿，并及时给出反馈，将这一要求变成每天必须做的事情。总之，常规管理必须持之以恒，常抓不懈。

常规管理过程中，教师要根据幼儿的个性和发展实际情况灵活调整。如在进餐过程中，幼儿的进餐能力区别较大，有的幼儿咀嚼能力弱，吃饭慢，吃得少，如果强制要求他们在一定时间内吃完饭菜，不能浪费，就会使这些幼儿对进餐产生畏惧心理。那么对待这些幼儿，教师可以将规则放宽松些，少量多次添加饭菜，延长进餐时间。

3. 在常规制定与执行中，班级保教人员须保持一致

如果同一个班级里的不同保教人员在常规内容的建立和执行上缺乏有效沟通，管理行为缺乏一致性，班级管理混乱，幼儿就难以形成稳定的秩序和纪律。班级常规管理需要保教人员之间保持高度统一，首先表现在常规内容的建立上，在一日各环节中会有很多具体的细小的规则，如果保教人员没有协商，对幼儿的要求可能就会不同，幼儿的规则意识和习惯养成也会受到影响。如小一班有两位保教人员，张老师是位经验丰富的老教师，做事一丝不苟，常规管理井然有序；小李老师年轻活泼，常规管理比较随意。两人在很多时候对幼儿的要求有差异。午饭期间，张老师要求幼儿一手扶碗，一手拿勺，一口菜一口饭，最后喝汤。李老师则比较随意，对幼儿先吃什么、后吃什么，吃饭的坐姿等没有太高要求，结果造成该班幼儿的进餐常规一直较为混乱，幼儿也未能形成良好的进餐习惯。此外，教师和保育员之间也要经常沟通，形成一致的常规管理，确保保教结合，共同促进幼儿良好习惯的培养。

简言之，幼儿园一日常规的培养需要教师运用智慧，引导幼儿形成规则意识实现自我管理。

【思考与练习】

1. 幼儿园班级一日常规的定义是什么？包括哪些内容？
2. 结合实例说明幼儿园班级一日常规管理的意义。
3. 举例说明幼儿园班级生活活动常规管理的要求和实施要点。
4. 举例说明幼儿园班级其他活动常规管理的要求和实施要点。
5. 结合幼儿园班级一日常规的内容，举例说明一日常规建立的途径。
6. 分析幼儿园班级一日常规落实的关键。
7. 制定幼儿园班级规则时应考虑哪些因素，幼儿的习惯还是集体的秩序？

【案例分析】

案例一

困惑的莉莉老师

莉莉老师是幼儿园今年新招聘的大学毕业生，幼儿园安排她和经验丰富的张老师共同带小班。莉莉老师工作积极主动，充满热情，对待幼儿温柔可亲，是孩子们心中可爱的大姐姐。可是一学期下来，莉莉老师感觉很受挫。每天带班过程中发生的事情让她应接不暇、手足无措。孩子们吵吵闹闹、哭哭啼啼，一会儿有小朋友尿裤子了，一会儿有小朋友弄湿了衣服，还有的小朋友因争抢玩具闹得不可开交。进餐环节更是让莉莉老师忙得分身乏术，小朋友有打翻汤饭的，有不吃饭等着喂的……好不容易到了离园环节，莉莉老师刚想大舒一口气，却发现活动室的游戏区角乱糟糟一片，只好蹲下身慢慢收拾、整理。还有个别小朋友离开幼儿园后又返回来拿玩具或衣服的。莉莉老师观察张老师带班，发现张老师做事情有条不紊，很享受和孩子们相处的时光，孩子们也能快乐地跟着张老师做游戏，能在她的指令下喝水、如厕、进餐。午睡期间孩子们都安静入睡。莉莉老师很纳闷，为什么张老师带班就可以这么轻松，而她自己使出了浑身解数，班级管理还是一团糟？

请分析案例中莉莉老师的困惑，如果你是莉莉老师，该如何解决这个问题？

案例二

中班幼儿的游戏镜头

镜头 1：自主游戏开始了，八九个孩子在建构角游戏，突然我听到滔滔大声叫道："老师，乐乐踩到我的脚了。"张老师走过去一看，滔滔在搭建一个双层床，乐乐在忙着搭建城堡，其他孩子也都在忙着搭建物品，这使原本就不宽敞的建构角更加拥挤了。还有的孩子嘴里喊着："我的材料不够了！"

镜头 2：早晨自主游戏期间，理发店里有几个幼儿在游戏。他们有的在给客人洗头，有的在给客人吹头发，真是各司其职啊！旁边的小椅子上还坐着两位顾客，好一番热闹的景象。就在这时，豆豆和菲菲都要给客人戴上"假发"，两个人抢来抢去，结果拉断了"假发"。

镜头 3：最近几天，孩子们在自主游戏期间特别喜欢去娃娃家玩。在娃娃家里，他们又很喜欢扮演爸爸妈妈，这些"爸爸妈妈"又都喜欢去超市购物。他们推着小推车，从超市买回来一大堆东西，将娃娃家的小桌子、小柜子塞得满满的。游戏结束时，这些"爸爸妈妈"又不愿意整理这些物品。

请就案例中幼儿游戏期间发生的问题进行分析，如果你是教师，该如何解决这些问题？

让幼儿成为规则的主人

第四章

幼儿园各年龄班的班级管理

是否拥有良好的行为习惯对每个人的一生都至关重要。而绝大多数行为习惯是在人生早期养成的。这样的行为习惯极其稳固，无论好坏，都不易改变。不同年龄段的幼儿具有不同的生理和心理特征，因此教师应该采取不同的管理方式和策略。教师不仅要规范幼儿的行为，还要让幼儿懂得在集体生活中建立和遵守规则的重要性，这将对幼儿适应社会产生深远影响。本章重点介绍幼儿园小班、中班和大班幼儿的身心发展特点以及班级管理策略。

【学习目标】

1. 了解小班、中班、大班幼儿的年龄特点。
2. 理解小班班级管理重点，把握小班班级管理策略。
3. 理解中班班级特征，掌握中班班级管理方法。
4. 领会幼小衔接的内涵，掌握大班班级管理的策略。

第一节 小班班级管理

一、小班幼儿年龄特点

小班的幼儿一般处于 3 ～ 4 周岁，这一阶段的幼儿处于生理和心理快速发展的时期，具有好奇心强、活泼好动、自制力差、注意力持续时间短、动作发展速度快以及情绪不稳定等特点。具体而言，小班幼儿发展表现出以下特点。

（一）生理发展

1. 身体机能的发展

这个阶段的幼儿身体发育速度快，身高和体重迅速增长，身体组织结构和器官的功能也有所增强。骨骼肌肉系统进一步发展，大脑的调节能力增强，幼儿学会了更多的技能，积累了更多的经验。另外，3 ～ 4 岁幼儿的精力更加充沛，这是因为大脑机能的发展使得幼儿大脑的兴奋过程得以加强，幼儿可以连续活动 5 ～ 6 个小时，睡眠时间有所减少，日间的睡眠次数也随之减少。

2. 动作的发展

幼儿的动作发展也相当迅速，具有一定的持久性和稳定性，能够自如地进行身体和手的基本动作，精细动作和大动作都持续发展，这使得幼儿能够听从成人的指令进行一些活动，如动手提裤子、尝试穿上鞋子、扣扣子、洗手、吃饭等。幼儿的肢体动作具有一定的协调性，如在户外运动时，可边跳跃边奔跑，但仍有些动作显得比较笨拙。幼儿缺乏自我保护的意识和能力，不能有效处理日常生活中遇到的问题，具有一定的自理能力，但仍需成人的帮助，教师需要耐心指导，帮助幼儿逐步学会这些自理能力。

（二）心理发展

1. 认识的发展

感知觉方面，小班幼儿的听觉基本完成。视觉发展主要分为视力发展和辨色力的发展，幼儿能够更清楚地看到近距离的、细小的事物，能够分辨基本颜色，对于像粉红、橘红这种相近色调的颜色，幼儿是无法辨认的。幼儿对于空间的掌握只停留在上面和下面，幼儿还不能明确辨认前、后、左、右这四个方位。对于时间概念，幼儿只能理解昨天、今天、明天，而不能理解过去、现在、将来这三个概念。幼儿不会像成人那样观察事物，幼儿在观察的过程中就会因为自身的兴趣、外界环境等变换观察对象，且幼儿的观察时间也只有 6 ～ 7 分钟，有的时候甚至不到 6 分钟，幼儿在观察的时候还要借助自己的手指指向自己观察的事物。

记忆方面，自己感兴趣的、印象深刻的事物是幼儿容易记住的，小班幼儿的记忆以机械记忆、无意识记忆为主，即使幼儿能够背诵古诗或者数字顺序等，也不一定懂得其含义，所以一定要针对幼儿的兴趣爱好来帮助幼儿先理解再进行背诵，否则记忆学习是无效的。

注意力方面，小班幼儿注意力的随意性强，容易被色彩丰富、生动形象的物品吸引，经常因为外界的干扰而改变注意对象，小班幼儿的注意力集中时间为 5 ～ 10 分钟，其中以无意注意为主，有意注意的集中时间为 3 ～ 5 分钟，非常短暂。

思维方面，小班幼儿的思维特点是由直觉行动思维向具体形象思维发展，从直接和行为、动作紧密联系发展到带有直觉性的具体形象思维，例如，小女孩看到裙子会直接说妈妈的裙子，因为妈妈穿裙子，而爸爸不穿裙子。此阶段的幼儿无法掌握时间概念、道德概念等，只能掌握具体概念，如实物概念，问幼儿什么是房子，幼儿会指自己看到的房子。

想象力方面，幼儿的想象力增强，在游戏的过程中经常通过想象来满足游戏的需求。除此之外，幼儿因为分不清想象和现实，导致出现“说谎”这一特殊现象，会向别人讲述自己从来没有拥有过的玩具等，以及夸大想象，如幼儿见过比脑袋还大的珍珠，看见一只猪在空中飞来飞去。幼儿的想象是无目的的，想象的内容与幼儿所处周围的环境有关，例如，在洗手的时候说自己在抓鱼，也会从一件事情转移到另一件事情上去，例如，幼儿正在叠纸，一会儿说叠成了火箭，一会儿说叠成个房子，想象是没有逻辑性的。

2. 情感的发展

小班幼儿在入园前主要接触的社会交往对象是家庭成员，在其来到幼儿园——一个陌生的场所，接触到陌生的人，幼儿会产生分离焦虑，随着幼儿对入园这件事的接受度逐渐增高，幼儿的分离焦虑情况会逐渐好转。当幼儿接触到更多的幼儿和老师，交际范围的扩大使幼儿开始与交际对象建立联系，随之产生了羞愧感、虚荣心、同情感等。小班幼儿的情绪易变、易受影响，例如，当一个幼儿因为想妈妈而突然哭泣的时候，其他幼儿也会跟着哭泣，当老师拿出大家感兴趣的玩具时，幼儿可能会突然“多云转晴”，开始玩玩具，忘记刚才的哭泣。

（三）社会性发展

1. 语言的发展

小班幼儿已经会说话，但是读音不完全准确。词汇量可达到1100词左右，幼儿最擅长表达的词性是动词，形容词、名词、副词等词语还在学习积累阶段，小班幼儿最不擅长的就是代词，分不清“你、我、他”。当称呼自己的时候，通常用家长或老师称呼自己的名称，比如当幼儿想喝水时，他会说：“宝宝想喝水。”

2. 自我意识的发展

小班幼儿的自我意识和个性特征还未形成，非常喜欢模仿他人，例如，一个幼儿说“想妈妈”，其他幼儿也会说“想妈妈”。小班幼儿的自我意识逐渐显现，开始拒绝成人的帮助，经常会说“我自己来”，如果成人不顾幼儿的拒绝而帮忙，幼儿会表现出急躁、气愤。幼儿对于自己的评定来源于成人对于自己的评定，当成人说“你是一个好孩子”，幼儿就会认为自己是一个好孩子。

3. 社会行为、技能的发展

小班幼儿的交往重心在入园后从家人转移到老师和同伴身上，在与同伴的交往及教师的帮助下，逐渐学会一些交往规则，学会分享、合作等行为，但在入园生活中因为年龄限制也会产生一些争抢、攻击的行为。

二、小班班级管理工作重点

（一）入园适应

1. 幼儿入园现状

幼儿在入园前的交往对象、生活范围都是围绕着家庭的，幼儿进入幼儿园意味着幼儿开始接触新的交往的对象、面对不熟悉的周围环境、改变已经习惯的生活方式等，种种变化引发幼儿入园后出现各种不适，幼儿对家人的依恋导致幼儿出现分离焦虑，有人称入园不亚于第二次断奶，也有人称此阶段为“心理断乳期”。分离焦虑分为三个阶段：第一阶段是反抗阶段，幼儿在号啕大哭的时候又踢又闹；第二阶段是失望阶段，幼儿仍然会有哭泣这一行为，但不再持续吵闹，次数也有所减少，不愿意理睬他人，常常表情迟钝；第三阶段是超脱阶段，幼儿开始接受教师的照顾，也开始正常活动，但在看见家人后仍会有悲伤的表现。分离焦虑最明显的时刻是幼儿进入幼儿园后的半个月，幼儿主要表现为不愿入园、任性霸道、行为散漫、不愿意参加活动、情绪不稳定、经常哭泣等，所以小班幼儿开学的重点就是缓解幼儿的分离焦虑，稳定幼儿的情绪。

【视野拓展】

孙老师的“小尾巴”

与尚尚的第一次会面，孙老师印象很深。

入园第一天，好多幼儿都哇哇大哭，与陌生的环境、陌生的老师抗争，只有瘦弱的尚尚在离开妈妈的那一刻很安静，没流一滴泪。孙老师将他抱入怀中，吃饭、喝水……不管其他幼儿如何哭闹，他始终那样安静。

直到上午加餐时间，孙老师刚离开尚尚，准备去取水果时，突然他像小宇宙爆发一样，“嗖”的一下跳起来，边跺脚边摆手边哭喊着：“别走！别走！”

没办法，孙老师只好领着尚尚一起去加餐，接下来的一上午，就会看到有一大一小两个身影前后出入，甚至连孙老师去厕所，尚尚也寸步不离……第二天依旧如此。

尚尚每次吃饭时，必须由孙老师单独陪着他、喂他，即便孙老师要兼顾一下其他幼儿，也必须紧挨着他坐；睡觉时，必须由孙老师抱着他睡，若蒙眬中他睁开眼睛看见孙老师不在身边，他会立马清醒，站起来哭，然后下床找孙老师；游戏时，他自己不玩，也拒绝和其他小朋友一起玩。孙老师去哪儿，他必须跟到哪儿，就像孙老师的“小尾巴”。

2. 幼儿焦虑原因

（1）内部因素。不同幼儿对于新事物的接受能力各不相同。巴甫洛夫将人的气质分为四种类型：多血质——情绪容易激动、波动性较大、对外界事物反应灵敏；胆汁质——精神旺盛、容易兴奋、易冲动、抑制力差；抑郁质——情绪稳定、兴奋性低、对外界刺激反应慢且不灵活、忍耐性高、善于察言观色；黏液质——不易激动、情绪稳定、注意力不易转移、善于忍耐。不同气质类型的幼儿对于入园后的新环境、陌生人、不同的生活方式的接受程度和反应都是不同的，幼儿是独立的个体，即使是同一气质的幼儿对待一件事也会有不同的反应。入园后幼儿因为面对陌生人、新事物、新环境产生焦虑情绪，可能会采取抗拒的态度，拒绝他人的接近、他人的帮助、不肯接受新的事物。即使是性格极为相似的幼儿，在面对同一件事情的时候，也可能做出不一样的反应，这些都是因为小班幼儿在入园前受家庭影响，并且很多幼儿会以自己过去的经验来对待新的情况。入园之前就有集体生活经历的幼儿会比没有过集体生活经历的幼儿有更好的适应能力。

（2）外部因素。其一，现代家庭多是独生子女，这就导致两方老人加上父母，可能有六个人的精力都在一个孩子身上，不可避免地会出现一系列问题，如幼儿以自己为中心，生活能力差等。其二，如果家长对幼儿太严厉，在幼儿入园前恐吓幼儿，如“再不听话，就让老师打你”或者“不听话，就把你扔到幼儿园”，就会加深幼儿对幼儿园的恐惧，如果家长溺爱孩子，也会使得幼儿更加焦虑、哭闹，有的家长喜欢在园外偷偷观察幼儿，一旦被幼儿看到，幼儿会再次哭闹。其三，初到幼儿园，幼儿不再像在家里那样放松自由，要遵守一些规则，这些都会让幼儿感受到约束和焦虑。其四，教师是幼儿离开家长后负责其在园一日生活安排的负责人，教师对幼儿的态度及处理事情的方法都会影响幼儿对幼儿园的印象，如果教师温柔，又有耐心，幼儿会有被关注的感觉，幼儿会将对家长的依恋转移到教师身上，更快地适应一日生活。

【视野拓展】

孙老师的“小尾巴”（续）

在与尚尚妈妈的交流中，孙教师发现尚尚已经3岁了，却一直如婴儿般被妈妈和保姆呵护着，喂水、喂饭、睡觉，不是搂着就是抱着，如厕只会坐在马桶上，从未养成男孩应站着小便的习惯。另外，爸爸很少与尚尚交流，还限制尚尚与同龄人交流、玩耍的时间。

爸爸的不会爱与妈妈的过度爱形成强烈的对比，使得尚尚性格柔弱，缺乏独立性，当他走进幼儿园时，就会严重缺乏安全感。

3. 缓解幼儿焦虑的方法

教师应与家长团结一致，积极配合，做好幼儿的入园引导工作，帮助幼儿尽快缓解焦虑情绪，顺利适应幼儿园的生活，可以从以下几个方面入手。

第一，提前家访。教师在幼儿入园前进行家访可帮助教师提前了解幼儿的生活习惯、性格特征，在家访时可让幼儿在旁边随意玩耍，这样在谈话中也可以观察幼儿的反应。幼儿因为提前家访会对教师有一个印象，入园后见到熟悉的老师会减少不安感，在家长离开后将依恋从家长身上转移到老师身上。在家访时教师也可给予家长一些建议，帮助幼儿尽快适应幼儿园生活。

第二，家长陪伴日。可在幼儿入园的第一天选择一位家长进行陪伴，帮助幼儿熟悉幼儿园环境，这是幼儿入学的一个缓冲，而且建议是爸爸陪同。通常情况下，幼儿和爸爸的“分离”成功率高于幼儿和妈妈的“分离”。家长要不断地、耐心地和幼儿沟通，帮助幼儿减少恐惧、紧张和焦虑。

第三，新生家长会。幼儿入园前的家长会可帮助家长更加了解幼儿园的一日生活内容和安排，家长也可带幼儿参加家长会，帮助幼儿熟悉新环境。

【视野拓展】

老师的“小尾巴”（续）

对于尚尚这种适应很慢的幼儿，不能急于求成、拔苗助长，要尊重幼儿发展的连续性与阶段性。

依据马斯洛的需要层次理论，教师决定采用一种“螺旋上升式”的教育方式，即当低级需要得到满足后，再逐渐实现上一层需要的满足。

每天早上，教师会面带微笑地说：“呀，今天尚尚是高高兴兴来幼儿园的，有进步！”然后，教师拉着他的小手，陪他吃饭、喝水、上课，并从尚尚喜欢的角色游戏入手，拉近师幼之间的距离。

我们在角色区域的厨房一起帮“家人”准备饭菜。

“尚尚，帮妈妈把西红柿洗洗拿过来。”

“尚尚，妈妈炒好菜了，递给我一个小盘子。”

“尚尚，快把饭菜摆在桌子上，叫爸爸、爷爷过来吃饭。”

在教师的带动下，区域里热闹起来了，每个幼儿都玩得很高兴。

为了帮助尚尚正确认识自己的感觉与情绪，教师和尚尚一起读绘本，包括《我不会害怕》《我的感觉》等。

读《我不会害怕》时，教师悄悄地问他：“老师很害怕晚上一个人在家，尚尚会害怕什么呢？”

“我害怕妈妈走。”

教师把他抱在怀里温柔地告诉他："妈妈没有走，妈妈是家里的妈妈，老师是你幼儿园的妈妈，我会像你妈妈那样爱你。"

久而久之，尚尚就会解除防备心理，建立安全感。

户外游戏时，教师和幼儿们一起说儿歌："找啊找啊找朋友，找到朋友抱一抱……"教师鼓励尚尚和其他小朋友抱一抱，渐渐地，尚尚认识的小朋友越来越多了，还会和教师及时分享和小朋友们一起玩耍的快乐。

当幼儿熟悉新环境后，教师要消除幼儿对教师的过分依恋，通过环境影响感染幼儿，实现归属感与爱的需要。

（二）常规养成

1. 常规养成的重要性

根据幼儿个体发展的角度来看，幼儿合理的生活节奏离不开良好的常规，合理的生活节奏能够促进幼儿的身体健康，使其神经系统得到有益调节，有利于提高幼儿自我服务的生活能力，使幼儿得到全面的发展。从班集体的角度来看，常规养成的好坏直接影响班级生活的质量，常规帮助幼儿理解什么是"可行"的，什么是"不可行"的，常规的养成能够保障班级集体生活的有序进行。

2. 常规养成的范围

（1）运动常规。幼儿每天户外活动的时间不少于 2 小时，特殊的情况下可进行调整。为了幼儿的健康着想，教师要培养幼儿对运动的兴趣，可以带领幼儿做体操、自我锻炼等，为拥有健康的体魄打下基础。

（2）生活常规。生活常规是指幼儿在园的生活自理、自我保护、交往礼仪、生活规定等活动的时间、内容安排，主要涉及睡眠、如厕、饮水等，帮助幼儿发展生活自理能力，形成健康的生活习惯。

（3）游戏常规。游戏常规是指幼儿在游戏中需要遵守的规定，特别是哪些行为是危险的，是被禁止的，游戏的常规应给予幼儿极大的游戏自由，充分发挥幼儿的想象力和创造力，促进幼儿合作意识的发展。

小班游戏活动

3. 常规养成方法

（1）表扬鼓励法。表扬幼儿是对幼儿的一种肯定，会促使幼儿坚持这一行为。幼儿园常见的表扬鼓励法有两种：一种是精神奖励，即一个拥抱、一句夸奖等；另一种是物质奖励，即一朵小红花、一颗糖等。幼儿园比较建议精神奖励，精神奖励是幼儿发自内心地愿意去做，而不是为了得到什么去做。物质奖励法的弊端就是幼儿易沉浸在奖励中，混淆自己去做这件事情的真正意义，容易给其他幼儿带来消极影响，其他幼儿如果没有得到小红花，就会产生是不是自己做得不好或者老师是不是不喜欢自己等消极情绪。

（2）教师示范法。模仿是小班幼儿的主要学习方式，教师是幼儿的主要模仿对象，幼儿无法完全理解常规是怎么去做的，教师应将常规物化为动作，进行示范，帮助幼儿理解和学习。

（3）声图暗示法。声图暗示法主要运用声音和图片，比如教师可在卫生间地砖上粘贴小脚丫的图片来提示幼儿应该在哪里上厕所，在墙面上粘贴不同颜色的尿液的图片，让幼儿进行对比，提示幼儿如果尿液的颜色太深，就应该及时补充水分。教师也可以结合儿歌或者自编儿歌，当洗手歌响起的时候，幼儿就应该去洗手。

【视野拓展】

洗手环节的常规培养，是小班第一学期班级常规管理需要重点培养的内容。幼儿入园后，教师经过一个星期的观察，整理了班级里每位小朋友的洗手习惯、能力现状和存在的问题，发现大部分幼儿都非常喜欢洗手，但是不了解什么时候该去洗手，也没有掌握洗手的基本顺序和方法。

为此，我们召开了班务会议，根据幼儿的基本情况制订了未来一个月培养幼儿洗手常规的阶段计划：第一阶段，先初步养成什么时间去洗手；第二阶段，引导幼儿掌握洗手的顺序方法；第三阶段，关注个别幼儿，鼓励幼儿将初步建立的洗手常规延伸到家庭生活里。

经过一个月的努力，盥洗环节洗手的常规顺利建立起来了，老师们都普遍感觉生活环节中幼儿的盥洗更有序，家长们也非常高兴，反馈说孩子在家中不仅能自觉主动地去洗手，还能督促和提醒大人如何洗手。

第二节 中班班级管理

中班幼儿一般指 4 ～ 5 岁的幼儿。幼儿园中班是学前教育中承上启下的一年，也是幼儿身心发展的重要时期。幼教工作者应该认真分析、把握中班幼儿的身心发展特点、班级特征及常规管理特点，采取切实有效的管理措施，促进幼儿身心全面健康发展。

一、中班幼儿年龄特点

（一）生理发展

1. 机体组织的发育

幼儿进入中班以后，生长速度明显减慢，进入一个相对平稳的生长阶段。中班幼儿的骨骼富有弹性，可塑性大；肌肉的力量和耐力较差，易疲劳；大脑皮层的功能日趋完善，皮下中枢神经对行为控制的能力逐渐增强。

总之，中班幼儿的大多数器官和系统的活动能力都处在生长发育的阶段，但各方面都显得柔弱、幼嫩。

2. 动作发展

4 岁之后，幼儿动作发展更加完善，体力明显增强。他们精力充沛，身体结实，体力较佳，在动作的速度、灵活性、耐力等方面都有了一定的发展。

例如：他们能在较窄的低矮物体上平稳地走一段距离，不但可以自如地跑、跳、攀登，而且可以单足站立；手指动作比较灵巧，可以熟练地穿脱衣服、扣纽扣、拉拉链、系鞋带，也能完成折纸、串珠、拼插积木等精细动作，动作质量明显提高，既能灵活操作，又能坚持较长时间。

（二）心理发展

1. 从无意注意向有意注意转变

中班幼儿的无意注意依旧占优势，他们喜欢新玩具、新衣服、新图书等新鲜事物。但他们在集体活动中的有意注意增加了，注意力集中了。集中精力从事某种活动的时间也较以前延长了，小班集体活动为 15 分钟，中班为 25 分钟左右。他们能接受成人的指令，完成一些力所能及的任务。如在幼儿园里，可以学当值日生，给花浇水，帮助教师摆放桌椅等。在家里，能够收拾自己的玩具、用具，并能帮助家人收拾碗筷、折叠衣服等。

2. 想象力有进一步发展

想象力是幼儿的一种创造性表现。中班幼儿的无意想象中出现了有意成分，但仍以无意想象为主，随感知形象、外来因素和自己的情绪而变化，常常是在游戏、制作、观察活动中有所发现而产生突发奇想，如捧起米来，米粒从指缝间落下，他们会叫“下雨啦”。但如果给他们定下主题，让他们想象创作，就有困难了。因此，教师要帮助幼儿找一个着眼点，或进行示范想象，这样容易使幼儿开窍。到中班后期，一般的幼儿能大胆想象，独立创作，如画大象，他能在没见过大象的情况下画出大象的多种形态，如洗澡、吃苹果、卷木头等。幼儿的想象力与其本身掌握的知识很有关系。因此，要不断扩大幼儿的视野，其想象力才能更丰富。

3. 具体形象性思维占优势

中班幼儿的思维主要依赖具体事物的形象和对它们的联想。和大班幼儿相比，中班幼儿还缺乏通过言语逻辑来思维的能力，更多的是在动手玩乐中进行思维。比如，中班幼儿对数概念的理解必须建立在头脑中物体的形象基础上，例如，只能知道 4 辆玩具车或 2 只小狗。中班幼儿的思维方式也是非常具体的，不能按某一概念和规律去进行概括。如教师出示“人”“车”“马”“牛”的图片，问幼儿“哪三张图片可以放在一起？”幼儿会把“人”“车”“马”放在一起，他们的理由是，马可以拉车，人可以坐在车上。

4. 言语的发展

言语能力是认知结构的一部分，不能脱离符号功能的整个情境来研究儿童的语言。中班幼儿的语言仍然扎根在感觉活动中。这个阶段的幼儿已能清晰地谈话，词汇开始丰富，喜欢与家人及同伴交谈。他们能够独立地讲故事或叙述日常生活中的各种事物，但有时说话会断断续续，因为幼儿还不能记清事物现象和行为动作之间的联系。他们还会根据不同对象的理解水平调整自己的语言，如对小妹妹说“爸爸走了”，对妈妈说“爸爸去超市买玩具了”。有时他们也能表述相当复杂的句子：“我还没来得及把蛋糕放在桌子上，妹妹就把它吃掉了。”

（三）社会性发展

1. 自我意识

自我意识是幼儿对自己心理特征的认知开始阶段，是自我社会角色和心理活动产生意识的开始。中班幼儿虽然自我意识水平已经得到了快速的发展，但是因为其年龄和认知程度的限制，自我意识发展的整体水平不高。主要表现在自我评价的能力相对较差，自我评价因为其认知水平受到限制，过分依赖成人对自己的评价，主观性较差；幼儿自我情绪体验较为单一，中班幼儿的自我体验能力较差，体验的机会相对较少，对于羞耻、内疚等自我情感的体验较少；中班幼儿的自我监控能力相对较弱，自制力及坚持性都是较差的。

2. 同伴交往

中班幼儿在人际交往方面有了很大进步，他们愿意与人交往，并且掌握了初步的人际交往的方式，能够与同伴友好相处。中班幼儿的同伴关系处于分化期，其同伴交往具有探索性和冲突性特点。中班幼儿能主动与同伴建立关系，并且能不断尝试与不同的同伴建立关系，对同伴已经有了明显的喜恶。

3. 规则意识

在幼儿园集体生活中，规则是保证班级各项活动有序进行的基本前提。与小班幼儿相比，大部分中班幼儿能遵守班级的各种规则，比如排队洗手、排队上厕所、依次玩玩具等。他们虽然还不能真正理解规则的内在含义，但是在活动中会按照成人的要求表现出符合规则要求的行为，除此之外，与其他幼儿相处时，表现得更明事理，会主动说“谢谢”“不客气”“你好”等，当自己由于没遵守规则受到批评时，会主动说“对不起”“我下次不会这样了”等。

二、中班班级特征及引导

（一）中班班级特征

1. 自我服务能力增强

随着年龄的增长，幼儿的生理、心理等发育不断趋向成熟，肢体动作也得到了相应发展，幼儿自我服务的愿望和要求越来越强烈。在教师的指导和帮助下，中班幼儿逐渐学会独立进餐、穿脱衣服、系鞋带、整理自己的物品等简单技能，这些自我服务的动作完全可以由自己来完成，不再需要成人的帮助与指导。除此之外，中班幼儿已经初步产生为他人、为集体服务的意识，在班级中能够承担教师布置的任务，并努力去完成。随着幼儿年龄的增长，幼儿在活动中表现出更强的自主性，还能帮助同伴。

幼儿生活自理能力的初步形成，有利于幼儿养成独立意识，也是适应幼儿园集体生活的需要，在生活自理的过程中还能促进幼儿的大小肌肉群和动作协调性的发展。但个别幼儿在意识上还存在依赖家长和教师的情况，这就需要教师在生活活动、教学活动以及游戏活动中进一步强化幼儿的生活自理能力，培养幼儿的独立性、自主性。

2. 游戏蓬勃发展

游戏是幼儿的天性。在游戏中，幼儿的身体、认知、情感、社会性等都得到了发展。研究发现，4 岁左右是幼儿游戏蓬勃发展的时期。从游戏内容来看，中班幼儿的游戏以社会性游戏为主，通常反映成人的社会生产劳动和人们之间的社会关系，如反映父母的劳动和家庭生活的“娃娃家”游戏，反映成人劳动的“理发店”“医院”游戏等。从游戏的形式看，中班幼儿的游戏活动已经有了初步的计划性，这表现在中班幼儿在进行游戏时一般都能从分配角色开始，而有趣的角色（如警察、司机、医生等）是幼儿最感兴趣的，因此中班游戏中的纠纷也常常发生在角色的分配上。

另外，中班幼儿游戏的规则意识也越来越明确，开始按规则进行游戏，但在游戏过程中，幼儿往往受外部刺激的影响或由于兴趣的转移而出现违背或破坏游戏规则的行为。

在游戏持续时间上，中班幼儿能在较长时间内（可以持续 40 ～ 50 分钟）开展一种游戏。游戏的参与人数也增多了，一个游戏可以由许多幼儿同时参与。

中班幼儿游戏中的合作行为迅速发展，幼儿出现了强烈的合作意向，并在游戏中表现出角色间的合作行为。例如，在玩“娃娃家”的游戏中，“妈妈”抱着娃娃对“爸爸”说：“娃娃生病了怎么办？”“爸爸”提议去医院，于是两人主动带娃娃去“医院”。

3. 责任意识初步萌发

在幼儿园活动过程中，中班幼儿参与活动的目的性逐渐增强，责任意识和任务意识开始萌芽，逐步意识到自己的事情要自己做，能帮助家长和教师做一些力所能及的事情，获得成就感和自信心。具有责任意识的幼儿会把自己视为班级的小主人，主动帮助老师分发玩具、餐具等，愿意积极参加班级活动。

4. 合作能力逐步形成

随着认知水平的发展和神经系统的成熟，中班幼儿的注意力、观察力、想象力、创造力以及语言表达能力等都得到明显提高，4 ～ 5 岁的幼儿喜欢和同伴一起活动，在活动中逐渐学会交往和合作，与同伴共同分享快乐，并获得领导同伴和服从同伴的经验，合作能力逐步提高。

（二）中班班级管理引导

1. 树立正确的教育观念

幼儿教育是一种有目的、有计划的影响活动，教师应首先树立正确的教育观念，这也是进行班级引导的关键和重要的前提。

一日生活中教师要特别关注幼儿生活习惯及学习习惯的养成，有效地利用各个环节对幼儿进行教育。根据中班幼儿年龄特点，随机的教育甚至比专门的教学活动效果更加明显，因此应该更加关注一日生活中的教育契机，将生活、学习常规和习惯渗透进来。

儿童观、教育观的内涵是很丰富的。一个教师的教育观念并不是空洞的口号，它时时刻刻地体现在教师的一系列教育行为中。每个幼儿都是稚嫩的个体，需要照顾和保护，需要老师倾注爱心。在班级管理及教育工作中，教师应以正确的教育观念为导向，以正确的教育观念贯穿各项工作的全过程，使班级管理工作具有一定的科学性和规范性。

2. 创设良好的教育环境

幼儿园的教育环境包括物质环境和精神环境。

一方面，教师应为幼儿创设温馨、舒适的物质环境。活动室的布置不仅要考虑到干区、湿区的相对分离，还要考虑动态空间和静态空间的合理分配，提供适合中班幼儿的活动材料，引导幼儿主动学习与深入探究，为幼儿的生活和学习提供一定的便利条件。中班幼儿已经具备了一定的动脑思考和动手操作能力，教师在创设环境时，应鼓励幼儿积极地参与。

另一方面，教师应为幼儿创设宽松、自由的精神环境。教师应真诚地对待每一位幼儿，尊重幼儿的需求，充分考虑幼儿的爱好，正确处理幼儿在活动过程中的各种矛盾和冲突。

3. 实施科学、民主的管理

在幼儿园班级管理过程中，部分教师为了便于管理，往往高控制、高约束，这会让幼儿产生恐惧心理。由于幼儿身心发展的特殊性，强硬的手段在一定程度上损害了幼儿身心的健康和谐发展。在中班班级管理工作中，教师应采取科学、合理的管理方式，了解每个幼儿的身心发展状况，针对不同幼儿的不同特点，因材施教，给予幼儿更多的关心、爱心和耐心，适时启发、诱导，避免厉声批评等不科学的做法。

4. 教给幼儿必要的社交技能

中班幼儿不再满足于自己独自活动，开始主动地参与同伴的活动，但是个别幼儿由于缺乏必要的社交技能，往往在交往过程中遭到拒绝和排斥，被迫游离于同伴活动之外。因此，教师教给幼儿基本的社交技能显得尤为重要。教师应适时把握对幼儿进行社交技能教育的时机，加强对日常活动、游戏、体育锻炼等不同活动形式的合理运用，了解本班幼儿社交技能的发展水平，适时地进行引导和点拨。除此之外，教师应主动与家长进行沟通和合作，根据幼儿的实际情况和需要有针对性地进行各项技能的培养和训练，使幼儿尽快提升社交技能，学会交往。

三、中班班级管理方法

（一）生活常规管理方法

1. 明确一日生活常规的内容

一日常规工作是幼儿园课程构建与实施的基本表现形式，是教师教育观念与教育能力的具体表现，是幼儿园全面发展的常态表现，应根据中班幼儿的生理、心理特点和常规教育的规律，从来园、盥洗、饮食、午睡、离园等几个环节来制定中班生活常规管理的内容。

2. 采取生活常规培养策略

（1）环境陶冶法。4～5 岁幼儿的思维具体、形象，通过环境的暗示，可以引导幼儿适宜的行为。如将幼儿制定的活动规则以图示的形式粘贴在相应的位置，引导幼儿在活动中遵守规则。

（2）示范引领法。示范引领法是指通过树立榜样，引导幼儿学习榜样的符合常规要求的行为，进而使幼儿形成常规行为习惯的常规教育法。它是寓浅显的道理于榜样事件之中，为幼儿提供正确的范例，引导幼儿模仿。通俗地讲，就是改变以往单一说教的形式及“不准这样”“不准那样”的戒律，采用有趣的教育方法，让幼儿主动、自觉地学习。

【视野拓展】

倒着坐

某天是卫生检查日，容老师打扫完卫生，已是满头大汗、气喘吁吁，于是，她随手拿了把椅子坐下休息。这时，坐在容老师旁边的龙龙从椅子上站起来，把椅子一转，又坐下了。容老师说：“龙龙，不能倒着坐椅子，这样太危险了。老师以前说过，不能倒着坐椅子的，你忘了吗？”他看看容老师，一脸无辜地把椅子转过来。旁边的辉辉走到容老师面前说：“容老师，你不让我们倒着坐椅子，可你自己还倒着坐呢！”容老师这才发现自己是倒着坐的……

（3）行为练习法。行为练习法即引导幼儿按照正确的行为规范进行实践的一种方法。行为练习法的形式多种多样，既有教师人为创设特定的情景，也有教师组织的多种实践活动，如修补图书、做值日生、劳动等，还有在各种生活情景中教师组织的幼儿行为练习，如来园和离园的礼貌行为练习、文明用餐的行为练习。在教幼儿叠衣服的方法和顺序后，可以马上组织全班幼儿开展叠衣服比赛，看谁叠得快，叠得整齐。有不符合要求的现象，教师可以让幼儿反复练习。

运用行为练习法时要注意以下几点：首先，要让幼儿明确行为练习的内容和要求；其次，练习的内容应是在幼儿接受范围之内，不能超出幼儿的能力水平；再次，行为练习的要求应一致，长期坚持，以便幼儿能持之以恒形成习惯；最后，应给每个幼儿提供机会，保证练习的时间，要让幼儿真正在练习中体验快乐，达到练习的目的和效果。

（4）随机教育法。随机教育就是指在教师教育计划以外而随教育情景而临时组织实行的教育。例如，春暖花开，教师带着小朋友到花园散步，遇到小蚂蚁搬家，幼儿对此产生兴趣，教师可以随机引导幼儿观察蚂蚁的特征及其偏爱的食物，由此了解蚂蚁的活动特点及生活习性等。幼儿日常生活中的就餐、排队、上下楼梯等活动都具有实施教育的契机。

在实际教育过程中，教师可以根据情况进行选择。生活常规养成是长期的过程，因此在生活常规培养上教师要注意坚持性、一贯性和循序渐进性，从细小的生活环节入手。幼儿良好的生活常规培养也离不开家长的配合，只有家园共同协力、同步教育，才能使生活常规培养得到有效的体现。

【视野拓展】

一半政策

幼儿到了中班的第二学期，应加强对孩子自理能力的培养，如自己穿衣服、系鞋带、扣扣子。在午睡的常规中，幼儿学习自己叠被子。对于在家很少自己做事的孩子，自理还真有点难度。教师灵机一动，想了个办法，叫“一半政策”。

学习叠被子，教师给孩子叠一半，而另一半留给孩子叠，让他们按照老师的样子和方法把被子叠好。对于那些还不太会系鞋带的孩子，教师帮他们系一只鞋，另一只留给他们自己来系；对于个别还不太会穿衣服的孩子，教师帮他们穿进一只衣袖，另一只留给他们自己……总之，“一半政策”很有用，在孩子学习常规中，既给予一定的帮助，又留有挑战的余地，难易程度适当，孩子容易接受。

（二）教育常规管理方法

1. 采用多种活动形式渗透规则

中班幼儿的有意注意时间较小班有所延长，但其无意注意依旧占据优势，应该通过新形式、新活动吸引幼儿的注意，一味的说教并不适合本年龄段的幼儿。因此，在教育过程中，教师应灵活采用集体、小组和个别等形式组织开展各类教育活动，充分发挥生活活动、游戏活动、教学活动等的作用，并充分利用现代教育技术，激发幼儿学习的积极性、主动性和创造性，全面提高教育活动质量，培养幼儿良好的学习习惯。

2. 实施合理评价机制

中班幼儿经过一年的在园学习已经具备了相应的规则意识，因此，让幼儿明确教育常规的目的与要求并建立合理的评价机制显得很重要。比如在学期始，教师可与全班幼儿一起协商制定规则要求，并制作相应的评价量表，对幼儿表现进行记录。学期中定期向幼儿公布结果，对表现良好的幼儿进行表扬，对表现略差的幼儿给予指导和帮助，激励幼儿向表现好的小朋友学习。

第三节　大班班级管理

大班的幼儿一般 5 ～ 6 岁，作为幼儿园“毕业班”的孩子，他们经过两年多的“历练”长大了许多，在生理、心理、社会性等方面呈现出新的水平。这一年，是幼儿从幼儿园到小学之间的一个转折期。要帮助孩子更好地度过这样一个转型，首先要了解大班幼儿的年龄特点。

一、大班幼儿年龄特点

（一）生理发展的特点

1. 机体组织发育

大班幼儿的身高和体重比中班阶段均有较大增长。

大班幼儿骨骼的骨化程度较强，富于弹性，可塑性强，但受压易弯曲变形或骨折；肌肉较柔软，力量和耐力较差，容易疲劳。

此外，大班幼儿的脑结构已相对成熟，接近成人水平，大脑的兴奋性增强，大脑皮层细胞活动能力提升，睡眠时间减少，活动时间延长；大脑功能的抑制过程有所发展，此时的幼儿能根据要求安静地坐下来听故事或者参加某一项活动，并控制自己的行动，但此时大脑的兴奋和抑制过程仍不平衡，兴奋过程仍然强于抑制过程。

2. 动作发展

大班幼儿动作发展得很快，大肌肉动作如走、跑、跳、钻爬、攀登等明显比中班有所进步。该年龄段幼儿的力量、平衡能力和耐力都比中班幼儿有一定的发展，动作更加协调、灵敏。

（二）心理发展的特点

1. 心理活动有意性初步发展

5～6 岁的幼儿已能初步控制自己的行为，有目的地进行活动，心理活动开始向有意性发展。能够听懂教师的指令并能够按照指令有意地完成任务。心理活动的有意性还体现在游戏活动中，该年龄段的孩子能在游戏活动之前提出一定的目的和计划，有意地关注游戏活动过程。

2. 言语能力的迅速发展

大班幼儿的词汇量更为丰富，扩充至 3000～4000 个，对词义的理解加深，该年龄段幼儿能用有序、清楚、连贯性的语言表达自己的想法和要求；和别人交谈时，能使用较为恰当的词；能够完整地复述较长的故事，能看图编故事，还能围绕一个主题编故事。在语音发展方面，能够发音正确，咬字清楚，而且能分出四声，并按语句内容调整自己的音调。此外，大班幼儿还会使用各种复合句和连接词，比如“因为……所以……”“如果……就……”等，讲述时能使用常见的形容词、同义词等，语言比较生动，幼儿口语表达能力进一步提高。

3. 抽象逻辑思维开始萌芽

大班幼儿的思维仍然是具体的、形象的，但已明显地出现了抽象逻辑思维的萌芽。例如，5～6 岁的幼儿能根据概念对事物进行分类，如果给幼儿几张不同形状、颜色、大小的图片，打乱后让 5～6 岁的幼儿分类，他们会很快按颜色、形状和大小进行分类。5～6 岁幼儿数学概念发展较快，对事物间因果关系、包容关系、类别关系等的分辨开始形成，例如，对于“小明比小红高，小刚比小明高，小明、小红、小刚谁最高”这样的问题，不再像中班幼儿那样不假思索地随便猜出答案，大班幼儿能够通过自己的思考、分析、推理，给出正确的答案。

4. 情绪情感稳定性增加

幼儿的情绪情感表现丰富，但其情绪情感也比较容易变化。年龄小的幼儿情感变化比较大，而随着年龄的增长和教育的影响，大班幼儿的情绪情感逐渐稳定。例如，愿望没有达成能够克制着不哭，能够与同伴建立起比较稳定的同伴关系等。

（三）社会性发展

1. 自我意识逐渐增强

5 岁以后，幼儿的自我意识开始发展，主要表现在自我评价及自我控制的发展两个方面。大班幼儿的自我评价从依从性评价向独立性评价发展，他们不再轻信成人的评价，当成人的评价与幼儿的自我评价不一致时，他们会提出申辩。同时，幼儿的自我评价开始从个别性评价向多面性评价发展，例如，大班幼儿在评价自己时会说："我会唱歌跳舞，但画画不行。"此外，大班幼儿的自我控制能力增强，这既表现在他们对动作准确性的控制上，又表现在对他们对自己行为的控制上，如规则意识增强、坚持性提升等。

【视野拓展】

金苹果与烂苹果

小杰常因小事用力打人，教师跟他沟通许多次都无效，于是教师尝试"心像"的办法。教师问小杰："你喜欢金苹果还是烂苹果？"小杰回答："金苹果！"教师再问："你喜欢干净的苹果，还是沾满泥巴的烂苹果？""干净的苹果。"他脑中有了一个干净苹果或金苹果的心像。

教师接着说："但你常常打人，别人会以为你是一个沾满泥巴的烂苹果，你知不知道？"他若有所思。"你觉得自己是一个烂苹果吗？"小杰坚定地说："不是！"

"我觉得你不仅不是一个烂苹果，而且是一个金苹果！"

小杰眼睛发亮地看着教师。教师换个角度继续说："如果一个沾满泥巴的金苹果，你是不是也很容易误认为它是一个烂苹果？"他点点头。

"那怎么让这个沾满泥巴的苹果变回金苹果呢？"小杰愣住了，不说话。

"把它洗一洗啊！洗干净就是一个闪闪发亮的金苹果啦！"教师继续说："你常常打人，人家对你有坏印象，就像烂泥巴糊住了金苹果！"

然后教师告诉小杰怎样"洗干净"身上的烂泥巴，例如，去跟被小杰打的人道歉或帮他忙。小杰点点头，心甘情愿地去道歉，并且帮了那个小孩一些忙。

2. 合作意识增强

大班幼儿的合作能力和交往能力已有很大发展，他们与同伴的交往占据日常生活的大部分时间。在交往过程中，幼儿学会了与人合作，他们不仅注意自己的活动，还注意同伴的活动。遇到共同的兴趣和目标时，幼儿之间会有很好的分工、合作等。此外，他们还会主动向同伴学习，一起讨论问题等。

二、大班班级管理工作重点：幼小衔接

大班幼儿即将从以游戏为主的幼儿园生活进入以学习为主的小学生活，面临着所处环境、学习方式、行为规范、知识和能力等方面的挑战，这就要求教师要帮助大班幼儿做好各方面准备，做好班级管理层面的衔接工作，帮助幼儿适应小学的学习生活。对于小学教师而言，应全面了解每个幼儿的身心发展情况，根据幼儿身心发展状况以及不同特点确立班级管理的目标，制定班级管理的规划，建立一个健康向上的班集体。

（一）幼小衔接的内涵

幼小衔接，是指幼儿园教育和小学教育的衔接，是对幼儿进行有目的、有计划的社会适应和学习适应教育，使幼儿在入学前具有良好的身体准备、心理准备，使幼儿园教育与小学教育平稳过渡。解决好幼小衔接问题，对孩子来说会受益终生，为以后的学习和发展都打下良好的基础。

从全面教育的角度来讲，幼儿园的幼小衔接从幼儿入园就已经开始了，而不仅仅是小学入学前一年的教育。幼儿园三年的教育都是为了帮助幼儿更好地适应未来生活的需要，都是在为入小学做准备。良好的生活习惯、学习习惯，积极主动的学习兴趣等方面的品质一直都是幼儿园教育的重要内容，只是到了幼儿园大班阶段，幼儿园为了帮助幼儿顺利适应未来小学的学习和生活，在作息安排、学习内容、规则意识等方面向小学靠拢，设计有针对性的活动。

（二）幼儿园和小学的主要区别

围绕幼小衔接做好班级管理，首先要清楚地了解幼儿园和小学的主要区别，见表 4-1，这样才能在日常管理中既保有幼儿园教育的特点，又能为入小学做好准备。

表 4-1　幼儿园与小学教育的区别

项目类别	幼儿园	小学
教育性质	非义务教育	义务教育，具有强制性、普及性等
教育方式	教养并重，游戏为主	以教为主，课堂教学是主要的教育方式
课程设置	综合课程	分科为主
教育环境	生动、活泼，学习、生活设施一般都相对集中，活动室、盥洗室及餐厅等紧密相连，方便幼儿生活活动	简单、严肃，桌椅摆放是固定的。没有玩具，与同伴讨论或自己选择学习方式的机会较少

【视野拓展】

幼小断层理论

德国的哈克教授根据观察和研究指出，处于幼儿园和小学衔接阶段的儿童，通常存在下列六个方面的“断层问题”：

（1）关系人的断层。孩子入学后，必须离开“第二个母亲”——幼儿园教师，而去接受要求严格、学习期望高的小学教师，这会让部分孩子感到一定的压力。

（2）学习方式的断层。小学中正规的科目学习方式与幼儿园在游戏中学习、生活中学习和探索中学习的方式有较大区别，孩子必须有适当的时间加以适应。

（3）行为规范的断层。通常在幼儿园被认为是理所当然的个人要求，在小学不再被教师关注。孩子入小学后，必须学会客观地认识自己，遵守集体规范，尽快融入班集体。

（4）社会结构的断层。孩子入小学后与幼儿园的小伙伴分离，需要重新建立人际关系，结交新朋友，并获得老师和同学们的认可。

（5）期望水平的断层。家长和教师都会对上了学的孩子抱有较高的期望，尤其是期望孩子学业有成。所以，他们会为了学业而减少孩子玩游戏、看电视的时间。

（6）学习环境的断层。从幼儿期的自由、活泼、自发的学习环境转换成到学科学习、有作业、受教师支配的学习环境中，孩子们容易陷入注意力不集中的状态或患有学习障碍。

（三）幼小衔接中存在的误区

幼小衔接中最突出的问题就是幼儿园教育“小学化”，指幼儿园以小学的方式教育幼儿。这是一种极其复杂的现象，表现在教育内容、教育方式、行为规范、生活制度、教育环境、教育方法等方面，渗透在幼儿园教育的各个方面。

从教育内容来看，凡是教授超出幼儿认知能力的教育内容都是某种意义上的“小学化”。例如：拼音教学，如要求幼儿掌握声母、韵母，能拼读、书写；计算教学，如要求幼儿背九九乘法口诀，做 100 以内的加减法；古诗诵读，如要求幼儿每学期背诵多少古诗；英语教学，如要求幼儿学习字母书写、音标指认；分享阅读中的识字，诗歌散文欣赏活动中的篇章结构分析，故事讲述中的寓意理解；数学活动中的四等分、逻辑推理等。此外，幼儿园中的兴趣班、特色班的课程设计也属于小学化。幼儿园如果不根据幼儿的年龄特点来选择教育内容，把大班的内容降至中班或小班，或者在相关内容选择上偏难、偏深的话，也会导致小学化。

从教育方式来看，小学化最典型的表现是以课堂教学取代游戏。幼儿像小学生一样长时间地端坐静听，没有游戏化情境的创设，没有同伴之间的探索性互动，没有丰富多彩的活动。

从行为规范来看，小学化表现在于用小学生的行为守则来制约幼儿，例如，对老师要绝对服从，要听话，不许插嘴，要坐得端端正正，未经老师允许，不许离开座位、不能上厕所、不能随意喝水等。

从生活制度来看，小学化通常表现为用小学的作息制度来管理幼儿的一日生活。幼儿园每日活动主要包括生活活动、运动、学习活动、游戏活动等，且按照一定的时间比例适当分配。幼儿园的时间是一种生活化的绵延时间，而小学中的时间更多是一种机械的、切割了的时间。如果用机械的钟表时间来取代幼儿自然的生理作息，势必会影响幼儿的身心健康。

从教育环境来看，幼儿园被喻为“乐园”，是幼儿生活、生长、游戏、学习的地方。幼儿园要创设多种区域活动空间，配备丰富的玩具、游戏材料和幼儿读物，为幼儿自主游戏和学习探索提供机会和条件。小学化主要表现在幼儿园户外空间狭小，室内也缺少区域设计、图书与游戏材料，桌椅成为活动室的主要设备，玩具以及各种操作性材料消失不见。在环境创设上，有的幼儿园较多地在室内外悬挂、张贴汉语拼音、数学计算、英语诗歌、古诗诵读的内容，还把幼儿园的可互动的、探索性环境变成小学化的单向的信息接收式环境。而且，在心理环境的创设上，小学化的教育还把工具性、情感性兼具的师幼关系转化为纯粹的工具性师生关系。

从教育方法来看，小学化的方式更多采取了集中授课和直接传递的方式，幼儿较少有探索性、互动性的操作机会，单向传递与接受多于直接操作与多向互动。如果教师采取高控制、高结构的教育方法，单方面地依循教师的教学大纲，或多或少地忽略幼儿自身的学习大纲的话，那么这种现象也是一种隐藏着的小学化。在这样的小学化中，教师遵循的是成人的认知逻辑，它强行牵拉幼儿进入教师已经设计好的经验世界。

（四）幼小衔接的引导

1. 幼儿园小学做好充足准备，确保双向有效衔接

幼儿进入小学前必须达到一定身心发展水平，才能适应小学的学习和生活，而幼儿的身心发展水平在很大程度上取决于幼儿园的保教质量。入小学后，学习环境、内容、节奏等发生很大变化，要求儿童从体力、精力到心理等方面适应。要求幼儿能承担紧张的脑力劳动和具有独立作业的能力，要有健壮的体质、较好的耐力、抵抗力和协调能力。幼儿园要保证幼儿有充分的营养和充足的休息时间，防治疾病，注意安全，增强幼儿体质，提高幼儿各方面的素质，促进幼儿全面发展。

【视野拓展】

表 4-2　幼儿园入学准备教育指导要点——学习准备

发展目标	具体表现	教育建议
好奇好问	（1）对身边的新事物感兴趣，有好奇心和探究欲。 （2）喜欢刨根问底，乐于动手动脑。	好奇心是终身学习的原动力。呵护幼儿的好奇心，尊重幼儿好问的天性，有助于幼儿对周围世界保持持续的探究欲望，不怕困难，积极主动学习。 1. 保护幼儿的好奇心和主动性。接纳、鼓励幼儿对新事物的观察、提问等探究行为，避免简单打断或否定幼儿的奇思妙想。如：把幼儿有浓厚兴趣的问题作为集体讨论的话题，鼓励幼儿分享自己的发现和观点，支持他们进一步的探究想法和行动。 2. 支持幼儿持续的探究行为。分析幼儿在探究活动中可能获得的发展，提供充足的时间、丰富的材料，支持幼儿持续、深入进行探究，寻找问题的答案。

（续表）

发展目标	具体表现	教育建议
学习习惯	（1）能专注地做事，分心时能在成人的提醒下调整注意力。 （2）能坚持做完一件事，遇到困难不放弃。 （3）乐于独立思考并敢于表达。 （4）做事有一定的计划。	专注力、坚持性、计划性等学习习惯的养成有助于幼儿入学后更好地胜任新的学习任务，且受益终生。 1. 支持幼儿专注持续地完成任务。大班下学期，有意识地增加需要一定专注力和坚持性才能完成的游戏和活动，保证幼儿有充足的活动时间能够专注地完成任务。对需要多次探索的活动，要提供足够的时间和空间，鼓励幼儿持续完成，避免因活动频繁转换干扰幼儿专注做事。 2. 鼓励幼儿独立思考。为幼儿提供充分的时间思考、讨论和表达自己的观点，接纳幼儿不同的想法。鼓励幼儿积极补充同伴的观点，并说明理由；对别人的观点有不同意见时，敢于大胆质疑并陈述自己的观点。 3. 引导幼儿有计划地做事。在一日活动开始前向幼儿介绍当天的活动安排，鼓励他们说一说自己的活动计划，和幼儿一起回顾他们的计划和完成情况。鼓励幼儿尝试有计划地安排自己的活动，如尝试安排周末的活动或日程安排。
学习兴趣	（1）对大自然和身边的事物有广泛的兴趣，努力寻找答案。 （2）喜欢阅读，乐于和他人一起看书、讲故事，遇到问题时通过图书寻找答案。 （3）对生活情境中的文字、符号感兴趣，愿意用图画、符号等方式记录自己的想法和发现。 （4）愿意用数学的方法尝试解决生活和游戏中的问题，体验解决问题的乐趣。	兴趣是最好的老师，让幼儿喜欢学习、爱上学习，具备一定的学习能力比学到知识更重要。幼儿具有浓厚的学习兴趣和基础学习能力有助于入学后适应不同学科新知识、新技能的学习，更加主动、持久、投入地学习。 1. 为幼儿提供广泛接触自然和社会的机会。经常带领幼儿接触大自然，参加一些有意义的活动，帮助幼儿开阔视野，积累丰富的感性经验。 2. 培养幼儿的倾听和表达能力。组织幼儿围绕生活和游戏中感兴趣的事情进行讨论，分享自己的发现以及探究的过程、方法。教师应给予充分的时间，鼓励和引导幼儿表达，接纳幼儿不同的想法，不轻易打断幼儿。对注意力不集中或不持久的幼儿，通过适当的方式吸引他们参与到活动中来。鼓励幼儿听不懂时要主动提问，对幼儿的提问及时予以回应。坚持每天和幼儿聊一聊，说一说今天做的事情或看过的书等，帮助幼儿学习按照一定的顺序，完整地进行讲述。

（续表）

发展目标	具体表现	教育建议
学习能力	（1）在集体情境中能认真听并能听懂他人说话，有疑问时能主动提问。 （2）能清楚地讲述一件事情。 （3）能说出图画书的主要情节，有自己的理解和想法。 （4）在绘画、拼图等活动中，能识别上下、左右等方位。 （5）能认识并书写自己的名字。 （6）能在教师指导下，尝试运用数数、排序、简单的统计和测量等数学方法解决日常生活中的问题。	1. 培养幼儿的阅读兴趣和能力。根据幼儿的阅读兴趣和活动需要提供和更换图画书，并给予幼儿充足的阅读时间。鼓励幼儿自主阅读，保护他们对符号、文字的兴趣和敏感性。经常和幼儿一起讨论书中内容，加深他们的阅读兴趣和理解，鼓励幼儿根据情节、图书画面对故事结果进行预测或续编、创编故事；通过绘画、手工、搭建、表演等方式再现故事情节、人物关系，促进幼儿语言、情感、社会性等多方面的发展。 2. 保护幼儿的涂画兴趣。大班下学期，教师有意识地运用文字和符号辅助幼儿记录和总结游戏的过程、想法，让幼儿感受文字、符号在日常生活中的功能和意义。如，鼓励幼儿以图画、符号、文字等方式为自己的活动区、生活活动设施等制作标识，记录游戏的过程、故事情节、愿望等。 3. 做好必要的书写准备。养成幼儿自己扣纽扣、系鞋带的习惯，锻炼手部精细动作，促进手眼协调。在绘画、拼图等活动中认识上下、左右等方位，通过“跳房子”“给小动物找家”等游戏，帮助幼儿认识田字格的结构。不宜要求幼儿提前学写字，幼儿有自发书写行为时，可以示范正确的书写姿势，帮助幼儿学习由上至下、由左至右的运笔技能，但不宜进行机械训练，也不宜简单评判写得对不对、好不好，重在保护幼儿书写的兴趣。 4. 引导幼儿尝试用数学的方法解决日常生活中的问题。发现和学习解决生活中和数学有关的问题，如，通过统计每天出勤人数、测量记录身高和体重的变化、自主管理进餐和睡眠时间等方式，帮助幼儿体验运用数学方法解决问题的乐趣。

2. 争取家庭配合，指导家长做好幼小衔接

首先，要引导家长认识幼小衔接工作的重要性，激发幼儿入小学的积极性。家长要了解幼儿园与小学在各方面的区别及小学对新生的要求，了解孩子的发展水平和存在的问题，及时调整教育方法，并通过带幼儿参观小学、接触邻居小学生等方式帮助幼儿熟悉并从心理上接纳幼儿园。

其次，在时间安排和幼儿生活自理能力方面，要提前安排好孩子的假期生活，制定科学的暑假作息时间表，安排好孩子的生活、学习，与小学的生活作息接近，便于孩子入小学之初尽快适应小学的生活与学习节奏，培养孩子的生活自理能力和良好的生活习惯，以满足小学对学生的基本要求。

最后，全力帮助孩子度过幼小衔接“困难期”。孩子即将进入陌生的学习环境，面临新的学习任务和人际交往，家长务必要照顾好孩子，保证营养充足；引导孩子正确处理学习与玩的关系，正确对待与同伴交往中的矛盾，学会商量，懂得谦让。如果遇到难解决的问题，应主动与小学教师联系，以寻求更科学、合理的解决办法。

三、大班班级管理策略

（一）强化幼儿自主与规则意识的培养

幼儿自主管理就是幼儿通过意识与行为表现出来的认识、支配外界环境的管理过程。对于大班幼儿来说，让他们成为班级的主人，从被动管理到主动积极的管理，是幼小衔接的重要途径之一。大班幼儿的年龄特点决定了他们已经具备初步的自我管理能力，幼小衔接的任务也证明了幼儿园大班培养幼儿自主管理的必要性。例如教师可以让幼儿熟知本班级一日活动流程，并可以自己看时间预先调整个人及同伴行为等方法，以帮助幼儿进行自主管理。

到了大班，幼儿也已经具备了良好的规则意识，有时候能控制自己的行为，遵守集体共同的规则。他们开始喜欢玩规则类游戏，如棋类、体育规则类、合作类游戏，但在游戏中常常要求别人遵守规则，自己却经常做出违反规则的行为，表明大班幼儿还不能真正自律，在活动中往往会忘记自己的行为，只看到别人是否遵守规则，因此大班班级管理要点还在于如何帮助幼儿巩固已经形成的规则意识和行为。教师可以通过一日活动的合理安排培养幼儿良好的行为习惯，帮助幼儿逐步形成社会生活中行为规范的认同与内化。

另外，大班幼儿生活经验的丰富使得他们沟通的话题越来越丰富，规则的执行力也越来越强，对集体中的行为和现象有自己的理解和看法，教师完全可以放手让幼儿来讨论并改进规则。同时，他们对规则的破坏性也越来越强，这个时候，用“强制”的方式已经产生不了效果；相反，我们要试图让幼儿成为规则实施有力的监督者、讨论者和改进者，甚至将班级交予孩子们共管。切记，放手让幼儿管理绝不是教师不管，而是便于教师退后一步，站在倾听者的角度，观察、思考幼儿在讨论和改进规则背后的意义，改变教师在班级管理中较为强势的一面。教师收放的度其实很好把握，那就是幼儿的身心健康不受到伤害。

（二）发展幼儿合作意识与能力

大班幼儿开始关注自身以外的世界，喜欢参与集体性活动，喜欢和同伴游戏，有合作意识。但幼儿社会交往的策略水平较低，虽然表现出乐于助人的特点，但又有一定的自我中心的倾向。因此，在大班的班级管理中，需要为幼儿营造合作学习的氛围，锻炼幼儿合作学习的能力。

教师制订合作学习的计划，开展系统的合作学习活动。合作学习是大班幼儿发展的需要，教师既要制订系统的合作学习计划，明确合作目的，挖掘主题活动中的合作性要素，又要捕捉一日生活中的随机事件，为幼儿提供合作学习的机会，提高幼儿的合作意识和合作能力。

（三）注意日常生活中的渗透与随机教育

幼儿园阶段，注重在日常生活中不失时机地渗透随机教育，对幼儿常规培养具有重要的作用。大班幼儿在一日生活中仍会出现各种各样的问题，虽然他们有意尝试自己解决，不再像中班幼儿那样喜欢告状，但依然需要教师的指导帮助，从而进一步积累分析问题、解决问题的经验。教师在处理幼儿的问题时，要把握“认真倾听原委、抛出解决提示、鼓励自主解决、评价解决方案、迁移解决经验”的原则，让幼儿在解决问题过程中完成语言表达、用心思考、情绪疏解等，逐渐提升自主管理的能力。

【视野拓展】

各国幼儿园毕业典礼：不同的国家，不同的创意

美国幼儿园的毕业典礼：毕业，是一次分离

在美国，几乎所有的幼儿园都要举行毕业典礼并要求家长参加。内容主要有三项：

第一项是每个孩子讲一段毕业感言。内容随意，有些讲不出来，就干脆背一首诗，逗得台下观众哈哈大笑……值得一提的是，没有一个幼儿怯场，可见平时幼儿园给予了他们很多登台的机会。

第二项是放录像。每个孩子逐一讲述他们长大后的理想。

第三项是给孩子们颁发毕业证书。小家伙们个个头戴红色博士帽，爬过滑梯去领证书的模样非常可爱。

日本幼儿园的毕业旅行：毕业，是一次成长

日本幼儿园会在毕业前夕开展毕业旅行的活动，所谓毕业旅行就是一次两天一夜的旅行。对于很多小朋友来说，这可能也是第一次离开父母、离开家，在外面住宿，的确是个不小的挑战。

活动前，幼儿园就给家长们发了这次集体住宿旅行的手册，上面详细地写了两天的活动安排及家长要给小朋友准备的住宿物品，详细地画着第一天和第二天的服装及两个背包的背着方法，以便家长和小朋友都能看得懂。从大背包到换洗的衣物、洗漱用品、手帕等，每个小朋友足足装了两个背包。

第一天穿幼儿园的运动服，前面背家里的大旅行包，后面背幼儿园的小书包，再挎上一个装满水的水壶。家长们担心孩子背负太重。

但是，对每一个小朋友来说，第一次离开家，独立和小伙伴一起旅行的经历一定十分难忘，除了有对目的地的期待，他们也将迎来许多需要自己独立面对、和同伴合作解决的问题，用一场毕业旅行来证明自己的确长大了，也是一件很有意义的事！

新加坡幼儿园的毕业野营：毕业，是一次历练

新加坡的幼儿园毕业班会举办野营活动，这实在令人好奇。当然，7 岁不到的一群小孩子不能去太远的地方，只能是把自家学校作为根据地，不过也算是野营，毕竟是告别了爸爸妈妈，在外过夜。

根据幼儿园发的野营通知书，除了集体动手做饭、用餐，孩子们还会围火讲故事、跳舞，老师们还体贴地邀请了家长第二日过去观看孩子们的汇报演出。

【思考与练习】

1. 小班幼儿的年龄特点是什么？如何根据小班幼儿年龄特征进行班级管理？
2. 中班班级特征是什么？怎样对中班进行引导？
3. 大班幼儿的年龄特点是什么？
4. 当前幼小衔接中存在哪些误区？怎样进行幼小衔接的指导？

【案例分析】

案例一

3 岁男孩大壮刚到幼儿园不久，常常大哭不止，只有他的旅行包才能让他安静下来，包里装的是他的衣服和小被子。大壮每天包不离身，走到哪里都拖着他的大包。

请根据案例描述分析大壮的行为表现，如果你是大壮的老师，你会怎么做？

案例二

最近，大二班的孩子们迷上了五子棋，一有空就结伴下棋。这天，小毅和十安一起下棋，走了几个回合，总是十安赢，小毅急了，在第三回合时，移动了一个已经走好的棋子，

硬说自己连起来是五个棋子，赢了。十安不让，两人争了起来，十安说：“你赖皮，刚才这个棋子明明是放在这儿的，不可以再移过去！”小毅争辩说：“我刚才放错了，我是想放在这儿的呀。”十安说：“放好了，就不可以动来动去，不能后悔！”小毅说：“你刚才又没说不可以动！”十安生气地向我告状。

其实，我一直在旁边观察他们，见十安来搬救兵了，就问他：“你们刚才有没有说好下好的棋子不能动？”他摇摇头，又连忙说：“明明上次说的，下好前棋不能再动。”我又问：“那是在你们下棋前就说好的，对吗？”十安点点头，我又问小毅：“如果十安下好的棋也动来动去，你同意吗？”小毅想了想，摇摇头。“那怎么办呢？”我问他们。他们俩你看看我，我看看你。十安说：“那我们说好，谁也不能动，怎么样？”小毅点头答应：“好的。”两个人又高兴地下起棋来，边走边说：“刚才那次不算，我们重新来……”

请结合大班幼儿的心理发展特点，分析案例中两个幼儿的表现，并评价教师的做法。

第五章 幼儿园班级环境的创设与管理

幼儿的学习是在与周围环境中的人、事、物不断相互作用的过程中产生和发展的，如何为幼儿创设最优的学习环境是幼儿园课程改革的重要研究课题。《幼儿园保育教育质量评估指南》将环境创设作为重要的评估指标，旨在促进幼儿园积极创设丰富适宜、富有童趣、有利于支持幼儿学习探索的教育环境，配备数量充足、种类多样的玩教具和图画书，有效支持保育教育工作的科学实施。

幼儿园环境是指园内一切影响幼儿身心健康发展的物质条件和精神条件的总和。班级是幼儿学习、生活、游戏的场所，班级环境的创设质量、幼儿与环境的相处方式会直接影响幼儿的发展水平。因此，幼儿教师在班级管理中应充分发挥环境对幼儿潜移默化的影响，使幼儿在与环境的互动中满足自身成长需要。

【学习目标】

1. 理解幼儿园班级环境的内涵及特点。
2. 领会并掌握幼儿园班级物质环境、精神环境创设的原则。
3. 把握幼儿园班级物质环境和精神环境创设与管理的要点。

第一节　幼儿园班级环境概述

一、幼儿园班级环境的内涵

（一）环境与幼儿园环境

环境是指人类生存的空间和人类发展中的各种间接或直接的影响因素，即影响人的外在情况及其影响力的全部。在不同的学科领域中，环境的内容、所指的对象存在不同程度的差异。在教育学和心理学领域中，环境是指个体生活周围的情况和条件的总和。

环境是个体行为和心理发展的重要影响因素，是个体发展的重要资源，为个体的发展提供了现实条件。个体总是在一定环境的影响下发展，不断地获取人生的知识与经验，并逐渐形成不同的思维方式与行为方式。在幼儿园保教活动中，环境既是一种审美需求，也是一种教师实现保教目的的重要媒介。教师将教育目的隐含在环境中，让环境去引导幼儿，引发幼儿正确的行为，让环境成为“第三位教师”，从而促进幼儿的健康和谐发展。

幼儿园环境是指幼儿园内幼儿身心发展所需具备的一切条件的总和，包含物质条件和精神条件。幼儿园环境的重要性体现在幼儿园环境对儿童发展的促进上。个体的发展始终是在社会环境中进行的，是个体积极主动地和周围环境相互作用的结果。幼儿园环境是教育者根据教育目标，着眼于幼儿身心发展的需要而精心创设适宜的教育条件，是一种隐形教育课程，是无声的教师，在幼儿园的一日生活中具有开发幼儿多元智能的特殊功能，在与幼儿的互动中，影响着幼儿的思维、行为、认知及习惯等，促进幼儿全面和谐发展。

（二）幼儿园班级环境

幼儿园班级环境指以班级为单位，对幼儿身体和心理发展具有一定影响的物质与心理要素的总和，包括班级物质环境和班级精神环境两方面。幼儿园班级物质环境是指影响幼儿发展的与班级物理环境相关的客观因素，包含室内空间布局、硬件设备、游戏材料的投放、墙面布置与幼儿作品展示、幼儿所能观察到的班级内其他的环境，如卫生间、盥洗室内的环境等，旨在通过班级环境的创设更好地影响幼儿的活动，从而达到对幼儿的正面和有益的效果。幼儿园班级心理环境包括幼儿的情绪情感状态、心理氛围、师幼关系、同伴关系等。良好的心理环境对幼儿的身心健康和谐发展具有重要意义。

幼儿园班级环境对促进幼儿发展具有重要价值，良好的班级环境对儿童的学习品质、思维智力、学习方式、认知语言、情感、个性品质、行为习惯等都有一定的促进作用。班级环境是教育思想与目的的体现，是幼儿园保育与教育活动的资源保证，是家长获取学前教育重要信息的窗口，也是教师专业素质与专业能力的体现。

班级环境的创设多关注物质环境和精神环境两个方面，将游戏渗透到环境中，重视幼儿的参与感。一方面，幼儿是班级互动和教育空间的主体，班级环境的创设与改造既要注重以儿童为中心，也要注重引导幼儿与环境空间互动，在互动关系中构建对班级环境的认知。另一方面，班级环境的创设需要考虑趣味性，能够激发幼儿的好奇心与探索欲，不仅要满足幼儿当前的发展需求，还要为以后的发展铺平道路。

总之，班级环境的创设首先强调幼儿的发展，使幼儿能够充分利用周围的环境来提升自己的认识。根据皮亚杰的认知发展理论可知，幼儿的发展分为不同的阶段，幼儿园的课堂环境设计也应以幼儿身体和心理发展的特征为基础。无论在物质和心理上，都要遵循儿童发展的规律，在内容上要以幼儿为本。

（三）幼儿园班级环境的特点

1. 幼儿园班级环境具有教育性

幼儿园班级环境在创设上具有一定教育意义。幼儿园班级环境绝不是一种自然自发或仅仅为了美观而设置的环境，而是教育者以教育目标为导向，着眼于幼儿身心发展的需要而精心设计的适宜的教育条件。幼儿园班级环境的营造，取决于环境各因素能否发挥教育价值，能否让幼儿参与到游戏活动中来，促进幼儿身心发展。幼儿园空间环境的布局与设计不是随意挑一点装饰品或简单的硬件设备堆积，它要与师幼活动互为依托，互相容纳，互相影响。

2. 幼儿园班级环境具有可控性

幼儿园班级环境的构成必须处在教师调控下进行。教师一定要按照教育要求，结合幼儿身心发展特点，对周围环境中各因素进行有效的调控，维持班级环境动态平衡。因此，各类精神文化方面的产品和环境创设材料在进入幼儿园的时候必须经过教师认真挑选。

3. 幼儿园班级环境关注与幼儿的互动

幼儿所在的班级环境能促进、鼓励幼儿行为的产生，同时幼儿的行为也会影响班级环境发生改变。两者之间存在着相互作用。因此，幼儿园班级环境要依据幼儿的特点进行设计，幼儿具有与成人不同的特点，幼儿园班级环境要符合儿童行为发展的要求，促进幼儿发展。

4. 幼儿园班级环境满足幼儿的发展需求

幼儿园班级环境作为幼儿生活、游戏和学习的主要生活空间，要能够满足幼儿各方面的发展需求。一方面，适宜的幼儿园班级环境可以促进幼儿健康成长的需求。幼儿园室内外空间环境应是能够满足幼儿生理发展的安静、卫生、无污染环境。另一方面，幼儿园班级环境可以满足幼儿心理发展需要。也就是说，幼儿园班级环境无论在总体布局上还是在细节上都要兼顾幼儿认知、情绪情感以及社会性等方面的发展，如在空间环境的装饰、设备、教具、材料等方面通常都采取幼儿乐于接受的形象和色彩，与幼儿心理特征相符。

二、幼儿园班级环境创设与管理的意义

教师在创设环境时始终将儿童放在第一位，创设出符合儿童年龄特征及其身心发展规律的班级环境，使渗透到环境中的教育理念潜移默化地影响儿童，促进儿童的发展。在幼儿园班级环境创设与管理过程中，优质的管理有利于幼儿园各项工作的顺利开展，有利于幼儿身心健康发展，具体来看，对幼儿园班级环境创设与管理的意义表现在以下几方面。

（一）有利于整合班级中的各项资源

通过对班级各项资源的有效整合，可以营造幼儿园良好的物质环境和精神氛围，更好地发挥环境中各项要素的教育作用。

1. 整体调节幼儿活动空间大小

班级儿童数量要适中，人数不宜过多。若儿童数量多则儿童空间狭小，儿童间易产生冲突矛盾。例如，教师在组织活动时，应尽量使儿童的小椅子间留有空隙，地板上排队的标记不应太密集，进行区域活动时控制好人数，即使是作品展示框，也要留有空隙，避免产生矛盾等不和谐因素。

2. 整体规划幼儿园空间布局

儿童的活动空间应尽量安排在明亮处，使活动在环境温馨的空间内展开，避免阴暗、压抑的氛围。班级环境的创设不应以教师的高度设计，要符合儿童的身高，尊重儿童，使儿童能够看得到、摸得到、能操作。区域的划分要明显，可以用柜子、地垫或吊饰等进行划分，不同区域的布局也要合理。比如阅读区不应与表演区相邻，自然角要有阳光照射等，尽量将动、静区域分开，结合区域特点合理布局。

3. 整体协调幼儿园各区域材料

班级的材料投放要及时。教师要定期更新班级的材料。材料种类要丰富，具有可操作性，同时也要注意与儿童生活相结合，鼓励儿童对材料的利用与创新。对于儿童的作品，教师要认可并展示，鼓励儿童间的合作，这样有利于儿童创造性、积极性、合作性的培养。例如，教师要帮助幼儿将椅子、杯子、柜子和床做好标记，以免儿童找不到自己的东西而焦虑。除此之外，还要充分利用好地面进行创设，脚印、蒙氏线等都有利于儿童行为习惯的养成。

（二）有利于为幼儿营造良好的成长环境

幼儿园班级环境创设与管理主要包括班级的主题墙、室内及走廊墙面、家园联系栏、活动区域、种植区与饲养区、盥洗室的设计、吊饰设计等，这些方面共同为幼儿提供了良好的成长环境。不同功能区既相对独立，又相互依托，环境功能区之间相互协调，缺一不可。

班级主题墙由教师和儿童根据不同的主题共同进行设计创作。教师根据班级儿童年龄特点进行设计，以国庆节为例，以“欢度国庆”“我爱我的祖国”等图片或汉字潜移默化地向儿童传递相关信息，烘托节日氛围，使儿童在不知不觉中学习相关知识，培养爱国情怀。通过展示儿童庆祝节日的作品，使儿童参与主题墙创作中，提高儿童的积极性和成就感。

室内和走廊的墙面设计也发挥着育儿于无声的作用。例如，水杯架旁边墙面上的文字“今天你喝了几杯水”，能提醒幼儿喝水，走廊墙面上的德育故事图向孩子们传递着传统美德，都发挥着润物细无声的作用。

家园联系栏的设计也向家长传递着每月、每周的教育计划，加强家园共育。班级各个活动区的创设激发儿童想象力的同时也展示出各个区域的规则，培养儿童的规则意识。

室内的吊饰设计充分利用班级的空间，营造温暖和谐氛围的同时也对室内区域进行了划分，提醒儿童遵守不同的规则。种植区与饲养区的创设让儿童亲近自然，关爱小动物，培养儿童的爱心、好奇心和探究意识。盥洗室的环创也利于培养儿童讲卫生、懂礼貌的习惯。

实现幼儿园班级环境创设与有效管理，对儿童身心发展的影响是多方面的，不仅使幼儿园、班级环境美观，符合儿童年龄特点，也具有辅助集体教学活动的作用。班级的环境创设也有利于提升教师的专业技能，通过儿童与物质环境的互动了解儿童最新的发展水平并及时做出调整，增进师幼之间的情感与交流。

（三）有利于幼儿园班级良好精神氛围的形成

精神环境创设与物质环境创设关系密切，共同促进幼儿身心健康发展。在对幼儿园环境进行管理中，能够通过物质环境的创设，营造良好幼儿园班级氛围，并通过师幼关系、同伴关系等表现出来。

首先，班级中的同伴关系会对儿童的社会性、安全感、归属感以及情绪情感等方面有很大影响。良好的同伴关系有利于儿童个性的形成，使儿童产生安全感与归属感，同时也会影响儿童的情绪情感的发展。例如，良好同伴关系有助于缓解入园焦虑，利于营造轻松的氛围。

其次，师幼关系是影响班级环境的又一重要因素。教师的性格、行为、语言、声音的大小以及师幼的互动等方面都会对班级的环境产生重要影响。性格开朗、语言温柔的老师，班级氛围会更轻松、愉悦；相反，声音大、高控行为的老师使班级氛围紧张、压抑，不利于儿童身心发展。另外，师幼互动以及教师对儿童的期望也会对班级氛围产生重要影响。

再次，儿童也会觉察到教师之间的关系。教师之间关系不融洽不仅影响班级教学、一日活动等，还会影响班级和谐氛围。良好的教师关系有利于分析儿童的现状、教育内容的创新、教学策略的提高、班级氛围的和谐等。

最后，教师与家长的关系也会对班级精神环境产生影响。教师与家长经常交流，有利于相互了解儿童发展状况，共同解决问题。

幼儿园环境创设中物质是基础，心理是关键。班级中良好的精神环境有利于儿童的情感、社会性等各方面的发展，也有利于调动儿童参与活动的积极性、主动性，利于儿童个性的形成与人际交往能力的提升，更利于教师与家长及时了解儿童出现的问题，分析问题，解决问题。

第二节 幼儿园班级物质环境的创设与管理

一、班级物质环境创设与管理的原则

幼儿园物质环境主要是指对幼儿身心发展产生直接影响的物质形态，包括园舍建设、设施设备、材料、活动场地、空间布局、环境美化等构成要素。班级物质环境是幼儿园环境创设的重要方面，幼儿园班级物质环境为教师与幼儿在班级学习和活动提供了支持，为幼儿园教师开展各项保育教育活动和一日生活活动提供了基本保障，同时也为幼儿提供了一个良好学习、活动与游戏的场所。幼儿园班级物质环境创设应遵循以下原则。

（一）安全性原则

儿童的自我防范意识与能力较弱，容易受到环境中危险因素的伤害，这就决定了幼儿园班级物质环境创设中应首要关注安全性原则。安全性原则主要是指幼儿园班级环境创设中场地、设施设备、玩教具等物质条件要符合国家颁布的安全卫生标准，不存在对幼儿身心发展的安全隐患。因此，幼儿园在进行班级物质环境创设时，除了要严格遵循国家相关安全卫生标准外，还要充分考虑幼儿的身心发展特点，从儿童人体工程学的角度进行班级物质环境的创设，例如，班级桌椅的高度、坐便器的大小等都要与儿童人体工程学相符。

另外，需要注意的是，安全性原则并非意味着要求幼儿教师消除班级内所有潜在的隐患，例如，不能因使用剪刀会存在潜在的危险就不允许幼儿使用剪刀，这是一种“因噎废食”的做法，也是消极的。

（二）教育性原则

教育教学是幼儿园课程的重要组成部分，但在进行幼儿园班级物质环境创设时，也要考虑它的教育性，无论是幼儿园班级物质环境创设还是精神环境创设，都要具有教育功能。过去大部分幼儿园虽然重视班级物质环境的创设，但是很大程度上是为了追求整体的美观和谐，对环境的教育性功能欠考虑。在班级物质环境的创设上，应考虑两点：首先，班级物质环境的创设要有利于教育目标的实现，促进幼儿德、智、体、美、劳的全面发展。其次，根据幼儿园教育目标对班级物质环境设置规划，教师制订学期计划、月计划、日计划以及每一个活动计划时，都应考虑：为了实现这一目标计划，需要怎样的班级环境与之配合？现有的班级环境中，哪些因素对教育目标的实现是有利的？

（三）适宜性原则

适宜性原则是指幼儿园班级物质环境创设要符合幼儿的年龄特征和身心健康发展的需要，促进每个幼儿身心全面和谐地发展。例如：小班幼儿喜欢平行游戏，中、大班幼儿象征性游戏水平较高；小班幼儿在刚入学阶段可能存在入学焦虑的现象，这时在进行环境创设时要尽量为幼儿营造一种家的氛围感；大班幼儿处于即将步入小学的阶段，教师可以围绕“我要上小学”的主题，让幼儿自己收集整理与小学有关的材料。另外，班级物质环境的创设要与幼儿的个性特点相适宜。

（四）参与性原则

首先，幼儿教师要有让幼儿参与班级环境创设的意识，认识到班级环境的教育性不仅蕴含于环境之中，也蕴含于环境创设的过程中。以往幼儿园班级物质环境的创设更多是由幼儿教师包办，即使有幼儿的参与，也是将幼儿的作品当作点缀，而且环境一旦布置好了，一学期很难更换一次，这样就失去了班级物质环境创设的意义。教师在进行班级环境创设时，可以与幼儿一同探讨方案，鼓励幼儿大胆表达自己的想法，让幼儿真正参与其中。其次，教师也可以就某一主题的环境创设方案，让幼儿亲自搜集与之有关的信息和材料，这样既能锻炼幼儿的动手探究能力，又能让幼儿体验到劳动不易。最后，环境的创设不在于最终呈现的效果，而在于教师和幼儿共同参与的过程，在这个过程中，幼儿通过集体构思、调查、制作，由观察者和倾听者转为计划者和参与者，增强了幼儿的责任意识。

（五）动态性原则

动态性原则是指幼儿园物质环境创设要从空间、内容、材料、规则等方面关注环境的不断生成和变化。幼儿园物质环境要始终处于动态变化的过程中，要与幼儿的身心发展相契合，同样，幼儿园班级物质环境也要不断地调整，适应儿童的心智发展，让幼儿始终保持新鲜感。幼儿教师每个学期至少要选择 3 个主题，通过班级主题墙、区角等其他配套的调整和改变带给幼儿全新的体验，从而促进幼儿更加积极地参与环境创设。班级环境创设是一个动态的过程，教师在环境创设时要考虑幼儿的兴趣和生活经验，使幼儿在幼儿园快乐成长。

（六）开放性原则

开放性原则既要考虑幼儿园内的环境要素，也要重视园外环境的各个要素，两者有机结合，协同一致地对幼儿施加影响。在幼儿园班级物质环境的创设上，主要表现为幼儿园与家庭、社区之间的空间开放，随着科技与文化的日益发展，社会这一大环境对教育的影响越来越突出。社会环境具有潜移默化的特点，会以独有的方式强有力地作用于幼儿，尽管幼儿园环境的教育功能很强，但如果仅仅局限在幼儿园，是不能做好教育的。因此，幼儿园班级环境创设时要注重环境的配合，主要是与家庭和社区方面的合作，幼儿园要加大对社区和家庭的开放力度，例如：可以请交警来幼儿园模拟操作，给幼儿介绍相关交通安全知识；也可以请家长制作幼儿一天生活的视频。总之，三者之间要互相取长补短，同心协力，为幼儿创设开放、和谐的教育环境，以此促进幼儿的健康发展。

（七）经济性原则

经济性原则是指幼儿园环境的创设应考虑不同幼儿园、不同地区、不同条件，结合本班级的实际情况，勤俭节约。但是，经济性原则并不意味着一味追求节俭和廉价，而是在保证安全、舒适、有趣的前提下，不浪费钱物，不盲目追求高档和奢华。如果将幼儿园班级物质环境创设过程视为“投入”，将其发挥的作用视为“产出”，那么经济性原则就是要以最小的投入换取最大的产出。贯彻经济性原则要注意以下几个方面。

首先，在创设环境时要将教育目标贯穿到要创设的物质环境中去，使环境创设更加科学、合理，产生最大的效用。如今，很多幼儿园存在盲目创设班级物质环境，导致出现花费大而效用小的情况，例如，有些幼儿园为了应付上级部门检查，一次性购买了大批量玩教具，幼儿不一定用得着。要根据幼儿的兴趣和需要有目的地、渐进式地投放，让班级中的每一处环境都能发挥促进幼儿发展的功效。

其次，要实现环境创设的多功能性，主要表现在空间使用和材料使用的多功能上。幼儿园班级要尽量利用有限的空间，例如，在班级中，可采用一室多用的方法，使固有的空间具有多功能性；材料使用的多功能主要体现在一物多用或以物代物，应尽量使用结构化程度低并且用途多的材料。

（八）审美性原则

审美性原则是指在幼儿园班级物质环境创设中根据幼儿的审美特点，以审美感知的培养和审美情感的激发为出发点，将幼儿审美的特性贯穿于幼儿园班级的环境创设之中。在进行班级物质环境创设时，要考虑环境的秩序美和自然美，例如：班级物品的摆放要整齐有序，不能在桌子或者墙壁处堆满物品；班级座椅的摆放也要错落有致，不要随意放在活动室；在幼儿教室和睡眠室的窗台上摆放一些植物或者小动物，增添美感。同时，要发挥班级物质环境的审美性功能，美的环境能让幼儿眼前一亮，激发其创造美的意识，能使幼儿情绪安宁、精神放松、身心愉悦；反之，则容易产生烦躁、疲劳、心神不安、不知所措的情绪。

二、班级室内物质环境的创设与管理

（一）班级室内物质环境创设

1. 班级室内物质环境创设管理的内容

幼儿园的班级物质环境是指幼儿园内的各种材料和设备条件，即幼儿园的“硬件”建设，主要包括教学工具、玩具和学习用具、书籍、音频和视频材料、房间设计和墙壁装饰，以及班级的色调、照明、座位安排、橱柜设置等。

2. 班级室内物质环境创设的要求

幼儿园和教师必须合理创设班级环境，为儿童提供健康、多样的生活和活动环境，满足他们不同的发展需求，促进他们身心健康和谐发展。因此，幼儿园班级环境创设应该满足如下几点要求。

（1）注重安全性。安全性是指班级内玩教具、教学材料符合国家规定的卫生安全标准，不存在安全隐患。为更好地保证幼儿身心健康发展，必须创设符合幼儿身心发展特点的安全环境。因此，幼儿园和教师在设计教室时必须提供安全材料，以确保儿童的安全。

（2）注重整体性。整体性要求把墙面环境、区域环境、教育环境及人文环境结合起来，形成一个整体，努力创设多元、开放、自主、适宜幼儿发展的参与式、互动式的班级环境，有效引导和推动幼儿主动学习，与幼儿共同营造健康、舒适、温馨的生活和活动环境。

（3）注重教育性。环境的教育性质不是混乱无序的，而是遵循儿童的发展特点，并随着班级的主题活动而变化。环境的教育性和儿童活动的教育性相互补充。幼儿园环境的教育性可以通过教室里和谐的物质环境和精神环境来实现，促进儿童的健康成长。

（4）注重幼儿参与。幼儿参与主要是指教师应把幼儿当作环境创设的主体，在物质环境创设中，教师可以让幼儿参与班级内墙面的布置，可以把幼儿自己制作的手工或美术作品展示到班级墙面上。这不仅能增强幼儿的团队合作能力，也能培养他们的审美能力。

（二）班级室内物质环境创设管理

班级内物质环境创设的管理除了应该关注环境整体的美观、协调和安全等基本要求，还应该关注以下几方面的内容。

（1）环境管理应有利于营造良好环境氛围。幼儿园班级应尽一切可能创造条件和场所，引导儿童主动学习，在与环境的密切接触中开发智力，开阔视野，培养感情，激发创造力。

（2）环境管理应有利于幼儿身心健康发展。幼儿的发展受到各种因素的影响，如遗传、环境和教育因素。遗传特征为儿童的身体和心理发展提供了物质基础和机会。然而，要把这些机会变成现实，必须有一个合适的环境和良好的教育。在儿童早期，身体尚未成熟，各器官尚未完全发挥作用，环境适应能力还很弱，对疾病的抵抗力也很低。因此，幼儿园必须为儿童提供适当的生活和活动空间，以及安全的学习环境。幼儿的心理过程以清晰的具体形象为特征，容易受到外部环境和周围人的情绪的影响，环境在幼儿的心理上起着非常重要的作用。因此，我们应该为幼儿创造和谐、有序的环境。

（3）环境管理应有利于提高幼儿对美的感受能力。在良好的教育环境中，孩子们可以感到环境的美，从而陶冶性情，净化心灵。良好的、充满爱的教育环境能使儿童区分善恶，形成爱憎意识，也能促使幼儿与环境互动，感受美，提高对美的追求。

（三）班级室内物质环境创设管理的途径

1. 环境管理与教育目标一致是有效管理的根本

班级环境的设计必须支持教育目标的实现。幼儿园教学是为了促进儿童身心和谐发展。另外，必须根据幼儿园的教育目标系统规划环境。在制定年度、月度、每周、每日和活动计划时，必须考虑实现这些目标所需的环境。

2. 关注幼儿需要是环境管理的出发点

幼儿期是身体、心理和社会快速发展的时期，孩子们好奇心强，求知欲旺盛，需要玩具、玩伴和融洽的氛围。因此班级环境必须以儿童的实际需要为基础。功能角和活动区必须适应儿童的需要。提供给儿童的材料、设备和玩具必须是他们感兴趣的。空间的设计必须考虑儿童活动的需要。设备的大小必须与儿童的身高和肢体长度相适应；颜色的选择和灯光的强度必须适应儿童的接受能力。活动的强度必须考虑到儿童的身体能力；音乐的音量和节奏也必须在儿童可接受的范围内。

3. 激发教师创造思维是环境管理的内在要求

教师的创造力在物质环境的设计中起着非常重要的作用。例如，在教室的墙上有两根暖气管，如果老师巧妙地摆放它们，就会呈现出不同的外观：绿色的豹纹纸包裹着树干，牵牛花从上到下环绕着它。对于儿童主题活动“在太空中飞行”，如果将孩子们的作品排列成火箭的形状，并加入其他元素，作品会更立体化。

总之，幼儿园班级室内环境创设是保障幼儿顺利发展的必要条件之一，是幼儿园工作的重中之重。因此，教师必须明确班级物质环境创设的意义和要求，努力探索，为幼儿营造温馨、舒适的环境。

三、班级户外物质环境的创设与管理

（一）班级户外物质环境创设

1. 班级户外物质环境创设的内容

班级户外物质环境是指幼儿园房舍以外的场地，由种植区、饲养区、玩沙区、玩水区、操场等构成。亲近自然是幼儿的天性，幼儿园的每个地方，甚至每个角落都可以成为幼儿学习的场所。

种植区是幼儿种植蔬菜和花卉的场地，它可以是一整块土地，也可以是很多块分散的土地，可以是集中在一起的，也可以分散到园所的各个角落。在户外条件有限的园所中，也可以设置简易的种植区，例如，教师可以用一些废旧轮胎，在里面填好泥土，为幼儿提供简易种植区。

饲养区的主要建筑是小棚子，幼儿在教师的帮助和指导下在小棚子里面饲养小动物，如小兔子、小鸡、松鼠。饲养区的设计必须具备防雨、防风、防潮、防寒、防暑等功能，并且在物质条件允许的情况下选择朝阳、空气流通好、方便排水的地方。

玩沙区里的沙子和泥土比较柔软，容易塑形，干净、无污染，完全可以满足幼儿玩耍的需要，是幼儿最喜欢玩耍的区域。在玩沙区可以搭建遮阳棚或遮阳伞，保护幼儿在玩耍的过程中不会被太阳晒伤或被沙子烫伤。同时，不同年龄的幼儿对于玩沙、玩土的需要不同，因此，教师为其提供的材料和指导也要有所不同。例如，高年龄段的幼儿喜欢挑战高难度的建构，喜欢用沙子建构影城、修公园、造房子、建超市等。这时，教师还应提供一些辅助材料，如小草、小树、小房子、小动物、交通工具等，让幼儿展开想象，丰富场景。

喜欢玩水是幼儿的天性，玩水区可设置大小不等的盛水容器，小到大口瓶，大到水槽，同时，为幼儿提供各种不同的物品，供幼儿开展水的探索活动，如物体的沉浮。如果资源充足，还可以设置户外戏水池（游泳池）。教师可以引导幼儿利用水开展体育游戏，如戏水、拍水、踩水等活动。

操场是幼儿做操和自由活动的场地，为了保证幼儿的安全，通常情况下使用塑胶地面，具体游戏类型可随季节变化而变化。例如，北方的冬天可以利用自然地理的优势开展冰雪游戏，幼儿可以在操场上堆雪人、搭建房屋、打雪仗、滚雪球、做冰灯等。

组合器械由一些体积较大、不易挪动的材料组成，材质多样，设施功能多样。

2. 班级户外物质环境创设的要求

班级户外物质环境创设主要包括自然生态环境、活动场地、大型玩具及其他体育器材、园艺区、种植区、动物区等。

班级户外物质环境的创设要求主要有以下几个方面。

第一，户外物质环境的创设应与大自然接近，幼儿能充分享受到大自然田园风光的美。具体措施可以有：种植一些花草树木，饲养多种易存活的小动物，建构小山坡、草地等。简而言之，户外物质环境的创设要求创设者既要考虑安全、卫生，又要考虑绿化、美化和自然化。

第二，要保证幼儿有足够大的活动场地。每个幼儿至少有2平方米的空间，以保证他们有足够的运动空间。

第三，要根据当地气候特点创设良好的户外活动条件。例如，在寒冷地带应设有挡风避寒设备，在多雨季热带地区应设置风雨棚和遮阳设备等，以保证幼儿在各种天气情况下都能进行户外活动。

第四，因地制宜，充分发掘户外活动材料，例如，木块、轮胎、梯子、绳子、木箱、圆桶等。

第五，户外物质环境的创设应设置丰富、全面的大型玩具与其他活动器材，而且要坚固安全。

（二）班级户外物质环境创设管理

1. 班级户外物质环境创设管理的基本要求

（1）促进幼儿认知和思维能力的发展。幼儿感受环境的能力非常强，环境的变化可以充分激发他们的学习兴趣，促进他们认知能力和思维能力的发展，因此，教师在户外的环境创设上使幼儿产生一种富有情趣的审美感受就显得格外重要。这就要求教师根据幼儿的年龄特点和兴趣创设主题环境之后，添加一些幼儿感兴趣的元素，可以是活泼可爱的造型，也可以是丰富多变的色彩，例如，可以在户外墙壁上展示一些幼儿的美术作品，使幼儿能在环境中感受美的熏陶，获得美的感受，提高美的鉴赏能力。

（2）激发幼儿的求知欲望。幼儿是非常喜欢户外活动的。在户外，幼儿可以充分发展天性，展现自我，因此应该特别关注户外环境对幼儿天性的展现。沙池、水池是最好的建构材料，幼儿可以自由发挥；大型组合器械也是幼儿挑战自我、锻炼身体控制能力的最好途径，甚至无意间发现的落叶、爬虫都能够激起幼儿的求知欲。在创设户外物质环境的时候，也可以将知识融入物质环境，或者构建相应的问题情境，有效激发幼儿的学习兴趣以及探究欲望。

（3）有效凸显幼儿的主体地位。无论精神环境还是物质环境的创设与管理，都应该重视幼儿的主体地位，在幼儿园户外物质环境创设与管理过程中，应将幼儿的需要放在首位，以良好的物质环境激发幼儿学习自觉性与主动性，注重幼儿知识的获得与实践。环境创设应符合幼儿的身心发展水平，如方便幼儿抓握的栏杆或扶手，适应幼儿身高的障碍物等，这些都应该作为管理的重要方面。另外，还需要对楼前和楼后的各区域划分进行统筹规划，避免幼儿相互干扰。

2. 班级户外物质环境创设管理的途径

为了环境资源的合理利用和幼儿的发展需要，班级户外物质环境的创设管理过程中需要考虑以下几个途径。

（1）注重户外区域材料投放，以材料实现管理。户外区域材料投放可以丰富幼儿活动区的活动类型，也可以实现对幼儿活动状况的引导和监控管理。由于户外物质环境由多种材料和功能区组成，可以将户外环境划分为多个模块，以便于模块化管理。不同模块之间既相互独立，又相互联系。材料投放是户外物质环境创设管理中最重要的组成部分，也是户外物质环境创设的基本途径。物质环境创设的首要原则就是保障幼儿身体、心理的健康发展。幼儿自我保护的能力较弱，户外物质环境创设管理一定要排除物质环境中存在的所有安全隐患。户外区域包括进行区、投掷区、跳跃区等，每个区域都具有不同的功能，同时也需要投放不同种类、数量、性质的材料，以保证幼儿全面发展。进行区应提供的运行类材料有踏板车、三轮脚踏车、双轮手推车、呼啦圈、步行车、大拖鞋（两人两足）、轮胎、羊角球等，钻爬类材料有拱形门、滚筒钻桶、呼啦圈、皮筋等。投掷区可投放趣味投掷板、自制的“篮筐”、软飞盘、纸飞盘、沙包、小皮球、套圈、纸飞机、饮料瓶等。跳跃区应投放羊角球、各种悬挂物、皮筋、跳绳等材料。

（2）注重环境管理中美的引导，以审美实现管理。幼儿在赏心悦目的环境中能得到充分发展，教师应以幼儿审美需要为基础实现对幼儿的管理。在户外物质环境创设管理中，要根据幼儿的审美特点创设具有感染力的环境，培养幼儿感受美、欣赏美和创造美的能力。例如，让幼儿感受一颗种子从破土而出到开出花朵，感受生命的美；让幼儿从干净整洁、色彩缤纷的户外中感受环境的美。

第三节　班级心理环境的营造

一、班级心理环境创设的原则

（一）关注性原则

在班级心理环境的创设过程中教师要秉持“关注性原则”，关注每一个幼儿的情绪，及时发现幼儿的心理变化。在班级管理的过程中要公平、仁爱，还要了解不同幼儿的家庭环境、成长情况、性格和心理素质等。良好的班级心理环境的创设依赖于教师的态度和管理方式，教师应以关怀、接纳、尊重的态度与幼儿交往，建立平等、互爱的师幼关系，创设和谐的班级氛围；这种良好心理环境的构建，才能使幼儿在幼儿园里情绪安定、心情愉快，健康成长。

【案例精选】

新学期入园的第一天，明明是第一个被家长送来的小朋友。刚来到教室的时候明明就很热情地跟老师打招呼，和爸爸妈妈说再见，睁着两只亮晶晶的大眼睛环视着整个教室，还兴奋地指了指窗外的小滑梯，眼神里充满了天真和好奇，似乎没有太多的入园焦虑。随后小朋友们陆陆续续都来到了教室里，有的小朋友在爸爸妈妈离开后就开始号啕大哭，甚至有的小朋友哭着赖在爸爸妈妈身上，不愿意走进教室。其实新生入园时幼儿对父母产生分离焦虑是再正常不过的现象，经验丰富的老师们应对起来也得心应手。老师们把哭得最厉害的小朋友抱在怀里耐心安抚，也把其他情绪低落的小朋友们叫在一起做游戏，渐渐地，教室里的哭声消退了。正当老师们以为大功告成，松了一口气的时候，明明却大哭了起来，而那些刚刚哭过的小朋友们顿时又哭了起来，场面一度失控。

新入园的幼儿大多会哭闹，入园焦虑也成为老师最为关注的问题，在上面的案例中，教师只顾着安抚哭闹的孩子的情绪，而忽视了明明。刚刚从熟悉的家庭生活进入陌生的集体生活，每个幼儿都会焦虑，或轻或重。在案例中，明明被忽视，产生巨大的落差感，加重了分离焦虑的程度，而小朋友间的情绪又是密切相关的，经常会出现“一个哭全班跟着一起哭”的现象，这样不利于孩子在轻松愉悦的环境下健康成长，教师也无法为班级创设良好的心理环境。

（二）尊重性原则

教师要尊重每一个幼儿，努力为幼儿创设一种宽松、自由发展的心理环境，教师和幼儿一起玩耍、一起欢笑、一起学习。只有这样，幼儿才会喜欢并主动投入班级环境，大胆自主地开展活动。同时教师在班级管理的过程中应经常使用商量、启发、建议的口吻说话，语言、表情、姿态、动作都应包含尊重和信任的信息，营造良好的班级心理环境和亲切的师幼关系。下面就是一则尊重幼儿、为幼儿创设良好精神环境氛围的案例。

【案例精选】

在活动课上，教师组织爬行接力赛，游戏规则为六个小朋友分为一组，依次从“小山洞”里爬出来，最先完成任务的小组获胜。教师为游戏准备了充足的游戏材料和安全的游戏场地，为幼儿可以顺利进行游戏创设了良好的环境。可是在游戏过程中，教师发现小朋友们似乎对爬行游戏兴致不高，有的小朋友还躲在“小山洞”里不出来。老师感到很困惑，想去“小山洞”里把躲起来的小朋友叫出来时，幼儿看见老师的那一瞬间反而格外兴奋，大喊着：“老师找到我啦！”老师又观察了周围其他小朋友的表情，大家看到这一幕都很开心，于是心中了然。把小朋友们都叫过来问大家：“大家是不是不想玩爬行接力赛呀？”小朋友们都没说话。于是老师又问：“那大家是不是想玩捉迷藏呀？”小朋友们争先恐后地大声回应老师。老师又说：“那我们重新布置场地，准备材料，玩捉迷藏，好不好？”在此之后的每一次活动课之前，老师都会问问小朋友们想玩什么游戏，不再独自决定游戏的内容。

幼儿是活动的主体，有自己独特的性格、独特的爱好，能按自己的喜好做出选择判断与反应。案例中，教师并没有因为小朋友们不喜欢自己准备的游戏内容而生气，也没有因为自己辛辛苦苦创设的游戏环境浪费而感到惋惜，而是耐心地询问了幼儿的意见并采纳，营造了充满愉悦感的班级心理环境，让小朋友们在游戏中快乐成长。

（三）赏识性原则

在班级心理环境的创设过程中我们要对幼儿秉持“赏识性原则”，每个孩子渴望被成人理解、接受、欣赏；希望成人真正地了解他们，友好地对待他们。良好的班级管理是幼儿园工作的重点内容，在很大程度上影响着幼儿的成长和学习，也影响着学生品格的塑造。教师赏识每一个孩子的同时，也避免了同伴之间的孤立与排斥，避免了同伴之间不良关系的产生，让整个班级环境的包容性更强，班级里整个心理环境也更加健康，教师应当积极构建健康的班级心理环境，重点创设平等和谐的师幼关系、自由愉悦的同伴关系和互帮互助的家园关系，促进幼儿健康发展。

【案例精选】

在一次美术活动中，教室里静悄悄，孩子们正在认真作画。在老师巡视过程中，亮亮突然说：“老师，园园画了个黑太阳。”教师快步走过去，没有纠正园园太阳应该是什么颜色的，反而轻声问：“能告诉老师你为什么想画个黑太阳吗？”园园抬起头说：“我想让乌云挡住太阳，没有了太阳，就会下雨。老师不是说，春天种在地里的种子喝了雨水后就能发芽吗？我和妈妈在春天一起种了向日葵，我想让种子快点发芽。”“哦！原来是这么回事，春天里，园园和妈妈一起种了向日葵，园园是想让种子快点发芽。才画了一个黑太阳，这个想法真是太奇妙了。”老师马上把园园的想法解释给小朋友们听。其他的小朋友也充分发挥了自己的想象力，画出了红色的雨水、蓝色的叶子、绿色的花朵。班级的氛围也越来越好，美术活动也变成了小朋友们最喜欢的活动。

“黑太阳”在成人世界里貌似是不被接受的，但是在儿童的世界里则是他们想象力和创造性的具体体现，老师并没有觉得园园的想法不切实际，反而对她的想象力给予充分的欣赏与理解，并没有把自己的想法和这个世界上看似常规的框架强加在园园身上。与此同时，其他小朋友也被这种情绪影响，充分发挥主观能动性，在精神上获得愉悦，有利于营造良好的班级心理环境。

每一个幼儿都是独特的个体，个体差异性让每个幼儿都拥有不同的特点，教师要做的就是赏识每一个孩子的特点。有一首“布娃娃之歌”，歌词大概是：“布娃娃，大眼睛，小嘴巴，真漂亮，真可爱。”可一位来自马来西亚的年轻母亲郑重地向老师提出了意见：“为什么只有大眼睛才漂亮可爱，我女儿就是小眼睛，难道就不漂亮、不可爱？如果我女儿每天唱这样的歌，可能打击她的自信心，怎么办？”老师高度重视，让孩子们一起探讨歌词，于是热闹起来，每个孩子都对照自己的眼睛、嘴巴、鼻子、头发等修改歌词。就这样，一首首“布娃娃之歌”出现了。

（四）接纳性原则

接纳作为一种宽广博爱的态度，具有极大的包容性。对于教师来说，每一个幼儿都是独一无二的，虽然幼儿具有鲜明的个体差异性，但教师都应该秉持平等、尊重的态度，以博爱之心接纳每个孩子。接纳性原则在班级心理环境创设中具体表现在以下方面。

1. 接纳幼儿个体差异

在班级心理环境创设的过程中，为达到预设目标，有些教师会根据预设目标来创设主题环境。这种做法违背了尊重幼儿个体差异性的原则，也忽视了幼儿的个性化发展，这对幼儿的成长与发展产生了消极影响。教师应该根据幼儿的知识需要、情感、兴趣等创设心理环境，为幼儿提供心理支持。同样在班级管理中，也应该多站在幼儿的角度考虑问题，接纳幼儿的个体差异，有意识地对幼儿进行教育，促进幼儿个性化发展。

【案例精选】

翔翔是大班幼儿，他性格内向，常常一个人独自活动，很少与其他幼儿一起玩耍。但是，翔翔的动手操作能力很好，在搭建积木、折纸等方面比较突出，尤其是他折的青蛙非常漂亮。针对翔翔不愿意和其他幼儿一起玩耍的情况，教师以一次折青蛙活动为契机，以翔翔的优势为突破口，鼓励其大胆与同伴交流，翔翔也做到了，还获得了成功感与积极的自我认同感。

整个活动中，教师始终能接纳幼儿的个体差异，关注幼儿，从幼儿社会化需要出发，创设不同层次、不同类型、不同特点、不同对象的场景或条件，不断激励幼儿从被动交往到能主动与幼儿交往，鼓励幼儿逐步积累交往经验，提高幼儿的人际交往能力。

2. 接纳幼儿试错后果

教育是否成功，有赖于环境中各个要素是否具有教育的成分，是否充分地参与到教育的过程中，是否有助于互动，是否有益于儿童的知识建构。班级心理环境的创设同样如此，教师为幼儿提供积极有益的环境创设，其教育意义重点在于幼儿的广泛参与。教师要多鼓励幼儿大胆尝试，广泛参与，勇于试错，亲自探索知识需要。在幼儿出现错误行为时，教师应该多采用积极的话语和动作，如点头、微笑、蹲下来耐心地纠正幼儿的错误行为。班级管理中如果幼儿间发生冲突，教师要以积极的方式引导幼儿化解冲突。

（五）信任性原则

信任是人际交往间重要的信条，体现了个人态度、价值观和情感的相互作用。教师对幼儿的信任是良好师幼关系的基石，信任性原则体现教师在观念上信任幼儿，互动中鼓励幼儿勇于探究、解决问题。信任性原则体现在以下两个方面。

1. 教师在观念上信任幼儿

信任是相互的，幼儿对教师具有尊敬和天然的相信，教师也应该尊重和相信幼儿。只有信任幼儿，幼儿才能放心大胆地探索知识，满足知识需要，获得相关技能。幼儿往往通过成人的信任，尤其是幼儿尊敬的人的信任，获得自信。因此，教师可以在班级心理环境创设中，从观念、态度和行为上与幼儿建立互信的师幼关系。

2. 教师在行动上信任幼儿

教师在创设心理环境中，不仅要在观念态度上相信幼儿，行动上也要相信幼儿。在环境创设中，教师可以邀请幼儿一同参与环境创设，还可以与幼儿进行班级管理，让幼儿获得极大的参与感，从心理层面树立起班集体意识，在行动上获得自主自治的管理能力。只有幼儿真正参与其中，幼儿才能感受到教师对自己的信任，从而增强自信心。

（六）支持性原则

支持一般包含两层含义，即鼓励与帮助、支撑与维持。具体情景不同，支持也有不同的表现方式。在幼儿园，教师通过语言、行为等以显性或隐性的方式呈现，对幼儿提供的直接帮助或间接保护都属于支持。在幼儿心理环境的创设中，支持性原则体现在教师对幼儿的天性、行动、表现与评价等方面提供积极的支持与帮助。落实支持性原则，具体可概括为以下几个方面。

1. 尊重幼儿的天性

幼儿的天性是幼儿出生自带的一种天然属性，包括幼儿的好奇心、探索欲、求知欲、创造性、想象性等心性。作为幼儿最初始的本性，它是幼儿一切发展的心理原动力。因此，教师要尊重幼儿的天性。只有给予幼儿天性的尊重，才能最大限度发挥幼儿的整体潜能，使幼儿获得深层次的发展。事实上，我们缺乏对幼儿基本的支持，幼儿生性好动，但许多家长为避免孩子贪玩、好动，一般会采取措施阻止或抑制幼儿。长此以往，幼儿会变得胆小、懦弱、自卑、畏缩，这对于幼儿的成长是不利的。因此，家长和教师应该多鼓励幼儿。

2. 提供积极有效的支持

不同年龄的幼儿有不同的认知层次，对知识的了解与掌握有所差别，因此，班级心理环境创设要适时调整。对于已有的、活动后保留下的环境资源，教师要及时归纳与整理，例如建立素材包和资料袋，方便幼儿查看与使用。此外，对于本学期的心理环境创设，教师要多关注幼儿的知识需要，及时更新环境创设，帮助幼儿掌握知识、运用知识。最后，教师还可以创设具有统整性的区域，例如“精彩瞬间”“开心时刻”“助人为乐”等充满关怀又极具心理意义的区域，向幼儿以视频、照片等形式展现。

3. 创设支持性的班级心理环境

幼儿是富有情感的个体，因而幼儿需要富有情感的环境，尤其是心理环境的支持。因此在环境创设的过程中，教师要善于营造舒适、放松、愉悦的班级氛围。在班级管理上，教师同样要考虑到对幼儿的心理支持，通过班级支持性心理环境和适宜的班级管理，激发幼儿的主动创造性，真正使幼儿在心理上与班级环境产生良性互动。

支持性的班级心理环境创设可以归结为以下两方面：第一，支持与鼓励幼儿。创设出的环境有助于幼儿大胆探索、乐于动手。教师在指导过程中，多运用鼓励性话语，尊重幼儿的想法与创作。对于幼儿与环境互动过程中的困惑之处，教师要因势利导，引导幼儿了解。第二，运用心理环境创设促进班级管理。由于幼儿主要依靠感知觉来认识事物，具体形象对幼儿来说既敏感又重要，因此教师在班级管理中，可以运用幼儿心理发展的特点，利用心理环境创设中特色鲜明、具体形象的场景和事物来引起幼儿相关的情绪情感体验，更好地实现班级管理。

二、班级和谐心理环境的营造

班级心理环境又称为班级精神环境，是指在班级内影响幼儿身心发展与教育教学活动开展的一切精神因素的总和，具体包括教师的精神风貌、人际关系、班级班风等。幼儿期是幼儿心理发展最为迅猛的时期，也是最为敏感的时期，健康的心理环境对于幼儿的身心发展具有重要意义。

营造积极向上的心理环境，其核心就在于建立融洽、和谐、平等的人际关系。在幼儿园的班级环境中，主要有以下几对人际关系：师幼关系、幼幼关系以及师师关系。

（一）树立正确的儿童观，构建良好的师幼关系

儿童观是指人们对儿童的总的看法与观点。教育的立法、教学的内容、方法等有关教育科

学化的问题都在一定程度上影响着儿童观。“育人为本”教育思想的提出，催生了更为科学的儿童观，如“育人为本”的儿童观、现代化的儿童观。“育人为本”的儿童观，不仅关注着儿童当前的发展，还关注着儿童长远的发展，更关注着儿童的全面发展，也将“育人为本、德育为先”作为实施幼儿教育的主导思想。而现代化儿童观的内涵则更为丰富，如，儿童是人、是发展中的人、是独特的人、是权利的主体等。只有树立了科学的儿童观，才能够让教师看到幼儿自身存在的价值，进而构建良好的师幼关系。但是，部分教师对于良好师幼关系的认识仍然存在误区，例如，认为教师应该是绝对的“主导”。良好的师幼关系应该具备以下基本特征：

1. 民主平等，进行情感交流

师幼之间的民主平等，不仅仅是指关系上的平等，更是指在法律、知识、真理甚至人格方面都是平等的。例如：从“法”的角度，教师与幼儿都享有公民的基本权利，所以教师要尊重幼儿享有的一切基本权利。从“知识”的角度，“三人行，必有我师”，因此，教师与幼儿在知识面前不存在任何的尊卑关系，仍是平等的关系，且教师与幼儿都有独立的人格，教师要尊重幼儿的人格，以平等的眼光看待。

沟通是构建良好师幼关系必不可少的一个环节，教师要勤于和幼儿进行沟通，要爱孩子，这不仅对于构建良好师幼关系具有重要意义，也符合教师职业道德的基本要求。在沟通过程中，教师要注意沟通的方式方法，如，蹲下来平视孩子、耐心倾听幼儿的想法等，让幼儿感受到教师的爱，幼儿也会把爱反馈给教师。

2. 以教师为主导，以幼儿为主体

虽然我们强调师幼之间是民主、平等的关系，但这也不是要求教师对幼儿的要求“唯命是从”。所谓“没有规矩，不成方圆”，从幼儿身心发展的角度看，幼儿的心智较为稚嫩，不够成熟，没能形成正确的价值观，因此，这就决定教师要在教育教学中起着主导的作用，但“主导”不等同于“专制”，要结合幼儿的身心发展特点与年龄特点，以幼儿为本，发挥教师的主导作用。

3. 教学相长，共同发展

所谓“教学相长”，也就是说，学习者通过学习知道自己的不足，教育者通过教别人知道自己还有难点，然后再去进一步钻研，所以无论学习者还是教育者都能通过教学过程得到提高，即教和学两方面互相促进，共同提高。在师幼关系中，教师是“教”的主体，幼儿是“学”的主体，我们通常只是看到幼儿作为“学”的主体的进步，而忽视

了教师的进步，其实在这个过程中，幼儿的进步也体现了教师在教学效果、教学方法上的精进，也就是体现了所谓的“教学相长”。

（二）关注幼儿群体发展，构建良好幼幼关系

社会生活的基础是群体，对于班级中的幼儿来说，班集体就是幼儿班集体生活的基础。因此，建立良好的班集体，是营造班级和谐心理环境的一个重要环节，能够促进幼儿个体心理的发展。从班集体的角度来看，个体属于群体，因此，我们不仅要解决个体的问题，还要关注群体。个体能够影响群体，反之，群体也能够影响个体。因此，教师在进行班集体的初步建设时，要努力使群体行为对个体产生积极影响。在实际工作推进过程中，要使个体在集体中能够得到充分的展现，当幼儿做了一件好的事情，教师要及时给出具体的表扬，例如：“贝贝今天看到地上有纸屑，主动捡了起来并扔到了垃圾桶里，真是个爱护环境的好孩子，非常值得其他小朋友学习！”这能使幼儿在群体中逐渐获得自信与自主感。久而久之，起到以点带面的作用，建设优质的班级群体，这样，新的个体进入群体中也会很快受到群体的影响，尽快融入群体，形成良好的幼幼关系。

（三）形成和谐班级风气，构建良好师师关系

据幼儿园亲师关系质量的发展状况调查研究，从教师的角度来看，亲师关系水平较高且不存在城乡差异。这说明在幼儿园的人际关系，即“师师关系”上，发展状况良好。就幼儿的年龄特点来说，整个幼儿期，幼儿模仿性较强，且具有很强的“向师性”，教师的一言一行无时无刻不在影响着幼儿。教师要掌握幼儿的认知方式与人际交往的规律，以便于对幼儿的人际交往能力进行锻炼，更要给幼儿正确的榜样示范，在缺乏人际交往的环境中，幼儿无法获得对人际关系的正确认知。

从人际关系的角度来说，心理健康的重要标志之一就是拥有良好的人际关系，并且人际关系也能够影响人的“幸福感”。当班级充满幸福感，也就无形中营造了和谐的心理环境。

【思考与练习】

1. 幼儿园环境的含义与特点是什么？
2. 结合实例分析幼儿园环境创设与管理的意义。
3. 举例说明幼儿园环境创设与管理的原则。
4. 结合区角环境创设，分析室内物质环境创设的基本要求。
5. 结合室外活动的特点，分析户外物质环境创设的基本要求。

【案例分析】

案例一

小李老师是一位刚入职不久的新教师，理论知识扎实，工作认真负责，她发现幼儿对集体教学活动兴致不高，注意力不集中，也不积极思考老师提出的问题。带着疑惑，我听了李老师的一节课。教学过程中，李老师教学目标清晰，教学内容的设计符合幼儿身心特点与年龄水平，但是每当教师提出问题让幼儿进行思考并回答问题时，小朋友们都面露紧张，低着头摆弄自己的衣襟、手指，甚至个别的小朋友心不在焉。而被提问的小朋友，声音也不够洪亮，有些小朋友回答错了，李老师还会不停地和小朋友“确认”她的答案，最终，被提问的小朋友站着，一个字也说不出来。

请就该案例分析教师的行为是否得当，如果你是这位老师，该如何解决这个问题。

案例二

本学期开始，园长就环境创设对所有教师进行了培训，所有教师获益匪浅。在培训结束后，李老师和配班杨老师就进行班级的环创，先从色调上入手，在集体活动室内，她们选择了生动活泼的暖色调，以展现“幼儿为本”为宗旨，并根据环创的原则对活动区位置的设置、物品的摆放进行了调整。为了创建温馨的环境，在大量翻阅、查找资料的过程中，她们发现了一段话：“孩子有一百种语言，一百双手，一百个想法，一百种思考、游戏、说话的方式……让我和你一起聆听孩子的一百种语言，用爱编织七彩的童年。”

于是，她们将班级中原有粘贴文字的地方换上了孩子喜爱的图片、符号。接着，根据幼儿的年龄特点，调整了班级活动区的类型，并和孩子们一起创建了新的活动区，提供相应的游戏材料，供孩子们选择，并时刻关注着幼儿的游戏水平，及时更换游戏材料。

接下来，如何营造一个良好的心理环境呢？教师们展开了如下的对话。

丁老师：家是孩子最依恋的地方，要让孩子们感受到家的温暖！

蔡老师：我们要把自己当成孩子的妈妈，让孩子们有妈妈的感觉！

苏老师：还要注意多和孩子交流！

方老师：……

陈老师：……

请就该案例分析教师的行为是否得当，如果你是李老师，会如何做。

环境创设沁润童心
——班级环境助力
常规管理

第六章

幼儿园班级的安全管理

幼儿园班级安全管理指的是为避免发生威胁幼儿安全的事件，教师通过计划、组织、协调、控制等一系列管理过程，从而保障幼儿在班级中的安全。安全管理班级是幼儿园工作顺利开展的重要保障。幼儿园工作者必须把保护幼儿的生命安全和促进幼儿的健康成长放在工作的首位，科学合理地安排幼儿的一日生活，掌握意外事故和危险情况下幼儿安全防护与救助的基本方法。另外，幼儿园还要加强疾病预防等工作，强化安全保障和制度落实，确保幼儿生命安全和身心健康。保证幼儿在园安全是幼儿教师的基本职责，在管理班级时，教师要严格遵守安全管理制度，消除安全隐患，同时掌握安全防护知识和救助技能。

本章将着重探讨幼儿园班级一日活动中的安全管理隐患及安全管理要点，着重探讨幼儿园班级意外伤害事故的含义、类型、预防与处理，以期强化幼儿教师的安全意识，提升其安全管理班级的能力。

【学习目标】

1. 知道幼儿园班级一日活动中的安全管理隐患，掌握幼儿园班级一日活动中的安全管理要点。

2. 理解幼儿园班级意外伤害事故的内涵及类型。

3. 掌握幼儿园班级意外伤害事故的处理原则。

第一节 幼儿园班级一日活动中的安全管理

为避免幼儿发生安全事故，教师应利用其管理职能，合理安排幼儿的生活活动、集体教学活动、区域活动和户外活动，从而保障幼儿在班安全。本节将着重从班级生活活动中的安全管理、班级集体教学活动中的安全管理、班级区域活动中的安全管理以及户外活动中的安全管理四个方面进行阐述，帮助教师提升班级一日活动安全管理的能力。

一、班级生活活动中的安全管理

教师是幼儿在园一日生活的照料者，保护幼儿的生命安全是其应尽的义务和肩负的责任。幼儿园一日生活活动包括幼儿来园晨检、盥洗、如厕、饮水、进餐、午睡与离园等多个环节，教师只有谨记各个环节的安全隐患，掌握各环节操作要点，才能临危不乱，防患于未然。

（一）来园环节的安全管理

清晨来园是幼儿开启幼儿园一日生活的第一步，在来园环节，家长要与教师做好沟通和交接，交代清楚幼儿入园时的相关情况，教师也要做好幼儿的晨检工作，以保证幼儿安全。

1. 来园过程中的安全隐患

（1）忽视幼儿健康状况。幼儿的抵抗力和免疫力相对较低，故幼儿园发生流行性疾病或传染性疾病的概率相对更高，若家长或幼儿园在晨检过程中没能发现幼儿的异常状况，如没有及时发现幼儿出现疱疹或发烧等，则可能耽误幼儿的最佳治疗时期，幼儿还可能将病菌带入班级，对班级中其他幼儿的健康造成威胁。

（2）幼儿脱离家长及教师监管。一些幼儿常常哭着被家长送来幼儿园，而且，幼儿园的来园时间相对统一，来园环节的人员较多，秩序也较为混乱，若家长与教师交接不当，则可能出现幼儿离开幼儿园却未被及时发现的情况，进而造成安全问题。另外，幼儿非常喜欢上幼儿园，对幼儿园里的一切事物充满好奇，在来园后也可能脱离教师监管，在幼儿园内自由穿行和活动，这也可能导致安全问题。

（3）幼儿携带危险物品入园。一些幼儿会趁家长不注意，将家中的刀具、打火机等危险品带入幼儿园，若教师未能发现，则容易发生危险；一些幼儿将家中的零食偷偷带到幼儿园，趁教师不注意偷吃零食，也容易引发呛、噎甚至窒息的危险。另外，有些幼儿衣物或头上的装饰品比较尖锐，若教师没有及时发现并交由家长带回，也可能埋下安全隐患。

2. 来园环节安全管理要点

（1）做好晨检工作。入园后，接待教师要及时提醒幼儿对手部消毒，然后进行晨检。负责晨检工作的教师要热情友善，让幼儿感受到温暖。同时，晨检教师要严格按照“一看、二摸、三问、四查”的步骤为幼儿检查，以排除安全隐患。看：看幼儿外部体征有无异常，如面色是否正常，皮肤有无伤痕或疱疹，幼儿精神状态是否良好等，为体征异常的幼儿做进一步检查并提醒教师重点注意和观察该幼儿。摸：摸幼儿的额头或手心，判断幼儿体温是否正常，对体温异常者进行测温，若发烧，应由家长带回就医；摸幼儿的腮腺是否肿大，喉部及扁桃体是否发炎等，若有异常，请家长带回就医。问：晨检教师要询问幼儿在家的情况，如饮食、睡眠、大小便情况等，追问异常情况的原因供教师参考，同时提醒教师留意该幼儿。查：检查幼儿是否携带危险品入园，是否将家中的零食带来幼儿园；检查幼儿衣物或头上是否有尖锐的装饰物，如果有，请家长带回。

（2）家长与幼儿教师做好交接工作。入园时家长要亲手将幼儿送至班级教师手中，防止幼儿走失或出现意外。对于有喂药需要的幼儿，教师要请家长找保健医生填写登记表并签字，同时询问幼儿的身体状况和喂药注意事项。在交接过程中教师应积极与家长沟通，认真做好交接工作，交接完成后幼儿方可入园。

（3）安全带领幼儿进入教室或活动区。从家长手中接管幼儿后，教师应注意保证幼儿的安全，确保幼儿在教师的视线范围内活动，并与班内其他教师配合，分批次将幼儿带入班级或活动区。在带领幼儿上楼梯时，教师应注意一前一后保护幼儿安全并维持秩序，提醒幼儿靠右侧有序上楼，不喧哗，不推挤。对进入教室或活动区的幼儿，应安排教师看管，切忌所有教师都去迎接未来园幼儿而将已来园幼儿单独留在班内或活动区内。

（二）盥洗环节的安全管理

1. 盥洗过程中的安全隐患

（1）盥洗室地面湿滑。幼儿普遍喜欢玩水，有些幼儿会借助盥洗的机会一边洗手一边玩水，将水溅到地上或墙上，以至于在走动时稍有不慎就会因地面湿滑而摔倒、磕伤。

（2）盥洗秩序混乱。有些幼儿园的盥洗室空间比较狭小，不能同时供全部幼儿使用，幼儿要轮流盥洗，若教师组织不当或疏于管理，幼儿容易推挤、打闹，可能出现衣物浸湿甚至将洗手液溅入眼内等危险情况。

（3）水温过高。部分幼儿园冬季用水要经过热水器加热，盥洗前如果教师没有调试水温，则容易因水温过高烫伤幼儿。

2. 盥洗环节安全管理要点

（1）教师要注意时刻保持盥洗室地面干燥，在幼儿进盥洗室前擦干地面，幼儿洗手时，教师要提示幼儿将水龙头开小，同时将废旧毛巾铺在洗手池边，防止水花四溅打湿幼儿衣物，使其着凉或致其滑倒、摔伤。

（2）教师可以根据水龙头的数量，采取分批盥洗的方式，保证盥洗室内不过分拥挤；在洗手池前的地面上贴控制线，提示幼儿不争抢、不打闹，有序盥洗，耐心等待；洗手时，提醒或帮助幼儿卷好袖口，要求幼儿洗完手之后及时擦干。

（3）洗手前教师要注意检查水温，以免幼儿在洗手过程中被烫伤。

（三）如厕环节的安全管理

1. 如厕过程中的安全隐患

（1）在集体如厕环节，由于马桶数量有限，幼儿需要排队等待，等待过程中的推挤、打闹行为容易引发安全问题。

（2）幼儿会根据自己的需要随时如厕，当教师疏于照管而让其单独如厕时，容易引发安全问题。

（3）对于小班幼儿（尤其是女孩），因其身体力量不够或动作发育迟缓，在蹲厕时容易摔倒或磕伤。

2. 如厕环节安全管理要点

（1）教师可以在卫生间的地面贴上脚丫标识，在集体如厕环节，幼儿踩着脚丫按顺序排队如厕，避免拥挤和打闹。

（2）教育幼儿要去卫生间时及时和老师示意，不憋大小便；幼儿单独如厕时，教师要陪同，避免发生危险。

（3）对于个别能力较弱的幼儿，在其蹲厕时教师应扶稳幼儿，避免幼儿摔倒、磕伤。

（4）幼儿便后要及时冲洗马桶并消毒，保证卫生间干净、卫生。

（四）饮水环节的安全管理

1. 饮水过程中的安全隐患

（1）幼儿在饮水时喜欢和其他小朋友聊天、打闹，甚至一边走路一边饮水，导致被水呛到或被溅出的水滑倒。

（2）水温过高、水桶摆放不稳或缺少防护措施等容易导致幼儿在饮水环节被烫伤。

（3）水杯不做区分或未进行消毒，容易导致交叉感染。

2. 饮水环节安全管理要点

（1）教师要督促幼儿饮水，指导幼儿安全有序地取水、喝水；鼓励幼儿喝多少接多少，不玩水；教育幼儿喝水时不嬉戏打闹，不走动；提醒幼儿不喝水龙头的生水，餐前餐后适量饮水。

（2）盛水用的保温桶要每天清洗消毒，上锁并放置安稳；开水要提前打好并晾凉。

（五）进餐环节的安全管理

进餐是幼儿一日生活的重要环节，快乐、自主进餐对促进幼儿身体发育及身体机能发展具有重要意义。保教人员在进餐环节未严格执行进餐管理制度，则可能引发某些危险。

1. 进餐过程中的安全隐患

（1）餐点过热或过冷。幼儿园一日生活的各个环节都有比较缜密的计划和安排，教师以及保育老师各有分工，各司其职，若保教人员之间缺乏沟通，则容易使进餐时间及节奏出现偏差。活动结束较早，教师提前安排幼儿上桌，幼儿的消极等待会潜移默化地促使保育老师加快添餐速度，刚从食堂取回的餐点（尤其是流食）一般温度较高，容易烫伤幼儿。反之保育老师已经分发好餐点和餐具，但教师迟迟不安排幼儿上桌，盛好的饭菜会冷却，食用过凉的食物会对幼儿的肠胃造成不良影响。

（2）氛围不佳影响消化。在餐前或餐中，教师因幼儿犯错而对其进行批评、指责，会影响幼儿的进餐心情；对于吃饭速度较慢的幼儿，保教人员因缺乏耐心而不断催促，也会使其产生焦虑和恐惧心理，影响消化。此外，在进餐过程中，不断有人走动和讲话也会干扰幼儿进餐的专注度，对幼儿进餐造成不良影响。

（3）习惯不良威胁安全。幼儿普遍不喜欢洗手，餐前幼儿没有洗手，可能导致“病从口入”；有些幼儿喜欢在进餐时闲聊，边吃边说或边吃边玩，导致被食物呛到；对于喜欢吃的食物，幼儿会快吃猛吃，容易发生呛、噎等危险；有些幼儿坐姿不端正，双脚叉开或座位距其他幼儿过近，起身时容易绊倒他人，造成危险。

2. 进餐环节安全管理要点

（1）餐前。①保教人员要加强沟通，准确把握幼儿进餐的时间，灵活配餐，避免因时间过于紧促或等待时间过长而影响食物的温度。②进餐前，教师要对餐具和桌面进行消毒，并组织幼儿有序洗手，保持手部卫生。

（2）餐中。①教师应为幼儿营造轻松愉快的进餐氛围，幼儿安静入座后再允许其用餐；不催促幼儿，保证幼儿有 30 ～ 40 分钟的用餐时间；不批评幼儿，避免幼儿带着消极情绪用餐。在幼儿进餐的过程中，无关人员应离开餐厅或教室，教师也应注意减少走动和交谈，避免幼儿因分散注意力而出现呛食等危险。②教师应注意观察幼儿的食欲，若幼儿因身体原因食欲不振，教师应适当为其减少食物量并持续观察，若发现异常，应立即寻求保健医生的帮助，并及时与家长沟通。③进餐过程中，教师要有意培养并帮助幼儿保持良好的用餐习惯，如提醒幼儿细嚼慢咽，不挑食、不剩饭；教育幼儿进餐时不说话，不一边走路一边吃东西；纠正幼儿不正确的坐姿及使用餐具的姿势。④从幼儿的侧面为其添加食物，不让幼儿端着盛满食物的碗走动，避免发生烫伤。

（3）餐后。①监督幼儿将口中食物全部咽下后，先让其去漱口再进行其他活动。②进餐结束后，教师应组织幼儿洗手，并带领幼儿进行 15 分钟左右的散步活动，帮助幼儿消化食物。在散步的过程中，杜绝幼儿做剧烈运动如快速奔跑等，以免对消化系统造成伤害。

（六）午睡环节的安全管理

幼儿正值生长发育的关键期，午睡对幼儿体力、精力的恢复以及身体机能的发展有着重要作用。午睡中的幼儿虽处于安静状态，但也可能随时发生意外。

1. 午睡过程中的安全隐患

（1）将危险品带入睡眠室。午睡时，如果教师没有对幼儿的衣物或女孩的头饰进行检查，幼儿则容易将尖锐物品带进睡眠室，进而带来安全隐患；一些幼儿在午睡时可能会将珠子、剪刀等偷偷带入寝室，趁教师不注意进行摆弄，甚至可能将小物品放进口中或鼻中，造成危险。

（2）不良睡姿引发危险。一些幼儿午睡时喜欢用趴卧的姿势，因为趴卧需要两腿伸直，所以在睡眠过程中肌肉不能放松，甚至会对心脏等器官造成压迫；有些幼儿喜欢整个人钻进被子里，用被子蒙住头睡，由于被子里空气流通不好，幼儿不能呼吸到新鲜空气，可能造成幼儿窒息。此外，有些幼儿在睡觉时喜欢蹬被子，或者喜欢将四肢裸露在外，在冬季容易着凉。

（3）突发状况。幼儿在午睡时可能出现尿床、抽筋等突发状况，患有严重感冒、哮喘等疾病的幼儿在午睡过程中可能出现意外，一些有先天性疾病的幼儿也可能在午睡时突然发病。

2. 午睡环节安全管理要点

（1）睡前。①静心。幼儿入睡前的游戏及活动要以静为基本原则，教师应注意避免幼儿在午睡前进行剧烈运动，帮助幼儿进入睡前准备状态。②控温。为防止幼儿着凉或中暑，教师应提前打开空调，控制好温度。③如厕。在午睡前教师应确保每位幼儿如厕，这样可以避免幼儿尿床，也可以减少幼儿午睡中途去洗手间的概率，使幼儿有一个安静、舒适的睡眠环境。④检查。睡前教师要注意检查并排除危险因素，注意检查幼儿衣物上是否有尖锐装饰品，取下女生头上的发饰；对幼儿的手口进行检查，避免幼儿将剪刀、珠子等危险品带进睡眠室。

（2）睡中。①有序巡视。午睡时教师应注意有序巡视（每半小时至少巡视一次），观察每一位幼儿的体征变化情况，检查幼儿是否发烧、呼吸异常，注意是否有幼儿生病或尿床；关注幼儿的情绪状态，对入睡有困难的幼儿进行特别关照，引导其顺利入睡。②纠正错误睡姿。午睡中教师应关注并引导幼儿选择正确的睡姿，以右侧卧或平躺的姿势为宜，发现幼儿蒙头睡或踢被子时，帮助其整理好被褥。③不擅离职守。午睡过程中，值班教师不得随意离开睡眠室，不能打瞌睡、看手机、接打电话，若因特殊情况不得不离开睡眠室时，应务必请其他教师代为看护，不可将幼儿单独留在寝室。

（3）醒后。①不催促幼儿起床。教师可以用舒缓的音乐提醒幼儿起床，切忌大声喊话或用哨子叫醒幼儿。幼儿睡醒后，教师不应立即让其起床，而是允许幼儿再躺一会儿，清醒片刻后再下床。②帮助幼儿穿衣。穿衣时，教师应提醒幼儿衣服的正反及穿衣顺序。对于不会穿衣或穿衣有困难的幼儿，教师应给予帮助。③组织幼儿如厕、盥洗、喝水。教师应提醒穿好衣服的幼儿在床边等待，保证幼儿在教师的视线范围之内。所有幼儿都穿好衣服后，组织幼儿如厕、盥洗并喝水，及时补充水分。

（七）离园环节的安全管理

1. 离园过程中的安全隐患

离园是幼儿在园一日生活的最后一个环节，即将结束一天的幼儿园生活，此时教师也容易放松警惕。当班级仅剩几个幼儿未被接走时，若教师一味让幼儿消极等待或放任自流，幼儿会产生较大的浮躁情绪。有些教师总是在离园环节组织单一形式的活动，导致幼儿心生厌倦，进而与其他小朋友发生争执，产生消极情绪，或与其他幼儿打闹，发生危险。

离园环节最容易发生的安全问题是幼儿走失或被陌生人接走。幼儿家长和教师会在离园环节就幼儿今日在园情况做简单交流，此时被忽略的幼儿容易发生摔伤、碰伤等危险。另外，离园时间幼儿园内人员比较杂乱，容易导致幼儿和家长走散。有些幼儿园的离园管理制度不够完善，只认接送卡而不认人，外来人员手持捡到或偷来的接送卡便可以接走孩子。此外，幼儿园门卫多为年龄较大的退休职工，缺乏安保工作经验，职业敏感性不高，这也让不法分子也有了可乘之机。

2. 离园环节安全管理要点

（1）有序组织离园活动并关注幼儿情绪。离园前，教师可以组织多样且相对安静的离园活动，如阅读活动、谈话活动、桌面益智活动等，并指导幼儿在离园时将玩具放回原位。当大部分幼儿被接走后，教师应注意剩下幼儿的情绪变化，利用等待家长的时间与幼儿聊聊天，让幼儿感受到教师的关爱，同时了解幼儿的个别差异，以便因材施教。

（2）教师间相互配合。在离园环节，班级教师要科学站位，相互配合。一位教师站在活动室内，负责看护未被接走的幼儿，另一位教师站在班级门口，负责接待家长、组织幼儿有序离园。两位教师要默契配合，保证幼儿都被接走，以防幼儿因着急自己跑出去，发生走丢事件。

（3）确认接孩子的家长并配合家长做好交接工作。在离园环节，教师遇到可疑情况时要及时干预，如果接孩子的人是自己不熟悉的人，教师一定要警惕，应第一时间与幼儿的直接监护人联系，得到对方的确认和许可后才能允许接走幼儿。此外，教师应配合家长做好交接工作，对表现异样或在园期间遭受意外伤害的幼儿，一定要将幼儿的情况及相关原因告知家长，以免造成不必要的误解。教师要控制好家长接孩子的时间，避免因长时间单独接待同一位家长而忽视对其他家长的接待和对班级幼儿的照管。

幼儿园应充分重视安保工作，将安全制度细节化、可操作化。幼儿园应安装画质清晰且网络化全覆盖的监控系统，有条件的幼儿园还可以建立指纹识别系统，对出入幼儿园的人员进行身份核实和登记，防止冒领。幼儿园要积极运用现代化的防范技术，实现社会联网报警，保证在突发事件发生的第一时间通知警方。

二、班级集体教学活动中的安全管理

集体教学活动指教师有目的、有计划地组织班级所有幼儿一同进行或分小组同时进行的教学活动。集体教学活动是幼儿园的主要活动形式，安全开展班级集体教学活动是幼儿园教师应具备的基本能力。

（一）集体教学活动中常见的问题

1. 活动秩序混乱

活动秩序是集体教学活动安全开展的重要保障，若没有良好的活动常规，无论哪一领域的集体教学活动都难以安全、顺利开展。教师在组织集体教学活动前如果没有进行科学、周密的计划，活动进行时将出现秩序混乱、幼儿无所事事等情况，进而发生打闹、争抢等冲突，造成安全问题。

2. 活动场地狭小、活动室环境存在隐患

因活动人数较多，集体教学活动需要在宽松的活动场地开展。若活动场地狭小，幼儿在操作过程中容易因空间拥挤发生肢体碰撞，造成危险。幼儿教师通常会选择在室内开展集体教学活动，因此室内环境创设存在安全隐患，也会导致集体教学活动在开展过程中出现安全问题，如活动室地面过于光滑或有水渍，容易导致幼儿滑倒、摔伤；活动室桌角尖锐，容易碰伤幼儿。

3. 操作材料不足

因活动人数过多，若教师提供的操作材料不足，则可能出现幼儿争抢等现象，造成安全问题。部分班级幼儿活动常规较好，没有出现哄抢行为，但未获得操作材料的幼儿在活动开展的过程中难免消极等待，等待时也可能发生安全问题。

4. 教师行为监管疏漏，忽视个别幼儿

集体教学活动中，教师往往仅能关注到大部分幼儿，对个别幼儿的行为监管难免疏漏。此时被忽视的幼儿就会开始摆弄身上的扣子、拉链，或将某些操作材料如小珠子、纽扣等放入鼻中、口中；某些幼儿可能出于好奇，将手伸进门缝或插座中；部分幼儿还可能与旁边的小朋友打闹，发生安全问题。

（二）集体教学活动安全管理要点

1. 注重幼儿常规培养

良好的活动常规是幼儿园集体教学活动有效开展的重要保障。在日常生活中，教师应注意培养幼儿良好的活动和生活常规，帮助幼儿掌握基本的社会规则，养成良好的活动和生活习惯。在教学活动开始前，教师应注意清点人数，帮助幼儿集中注意力并做好考勤记录，了解幼儿缺勤原因，防止出现幼儿走失的情况。在教学活动开展过程中，教师应注意引导幼儿遵守活动纪律，如有问题，先举手示意，教师允许后再发言；认真倾听教师讲话；分发完教具或其他小朋友在分享展示时应耐心等待。集体教学活动结束后，教师应针对活动过程中幼儿的常规表现进行评价，表扬常规较好的幼儿，使之为其他幼儿提供榜样，鼓励常规有待提高的幼儿，帮助其获得进步。

2. 在宽敞、安全的场地开展活动

因人数较多，教师在组织集体教学活动时应注意选择宽敞的活动场地，以满足幼儿的活动需求；将幼儿的座位安排到光线充足的地方，保护幼儿视力。除宽敞外，教师还应保证活动场地的安全性。活动室内的门把手、桌角等应用泡沫或防撞条包裹起来，防止幼儿活动时磕伤、

撞伤；活动插座应放置在幼儿碰不到的地方，如果是固定插座，应保证幼儿与插座之间保持安全距离；药品、饭盆、打火机等危险物品应放置在幼儿触碰不到的地方，防止幼儿在活动等待间隙误食或误拿，避免中毒、烫伤等危险；时刻保持活动室地面干燥，要及时清理积水，防止幼儿滑倒；定期检查活动室内设施安全，发现门窗破损、吊灯松动等问题及时报修。

3. 提供充足的操作材料

教师要准备足量的操作材料，防止因材料不足导致幼儿争抢，进而发生安全问题。同时，教师应保证操作材料的安全性，选择无毒无害的玩教具，使用安全性较高的剪刀、美工刀等，在使用之后及时回收。

4. 合理安排座位，关注每位幼儿

在开展集体教学活动时，教师可以根据活动内容合理安排幼儿座位的排列形式，以更直观、全面地关注到每一位幼儿。若为动态活动，应尽量采用 O 形排列方式；若为讲述活动，则可采用半圆形排列方式；若为操作活动，应尽量采用 U 形排列方式。合理的座位排列形式有助于师幼互动，可以使教师同时关注到更多幼儿，保证幼儿的安全。

三、班级区域活动中的安全管理

区域活动指的是教师根据幼儿兴趣与发展特点，有目的地创设活动区并投放相应材料，使幼儿能够按意愿选择区域并在区域中进行学习与游戏的活动方式。区域活动是幼儿自主游戏的最主要载体，安全开展区域活动是促进幼儿健康成长的重要保障。

（一）区域活动中常见的问题

1. 区角位置及空间大小不合理

一些幼儿园区角摆放的位置不合理，如阅读区设置在光线较弱的位置，不利于幼儿的视力健康；建构区设置在靠近洗手间等幼儿流动性较大的位置，幼儿之间容易因无意破坏建构作品而产生冲突。此外，若区角空间大小的设置不合理，也容易发生拥挤等安全问题。

2. 操作材料投放存在问题

教师在选择和投放玩教具时，忽视质量和安全问题，如投放劣质材料制成的玩教具，或没有根据幼儿的身心发展特点投放材料，如为小班幼儿投放过多的操作性材料、低结构材料，如弹珠和纽扣等，都容易造成安全隐患。此外，教师投放的操作材料数量不足，也容易导致幼儿出现争抢。

3. 进区及操作规则不明晰

在开展区域活动之前，教师没有为幼儿讲解进区规则，导致同一区域进区人数过多，出现拥挤、碰撞等安全问题；幼儿不了解材料操作和使用规则，错误使用笔、剪刀、积木等，容易发生危险。

4. 教师干预不及时

在进行区域活动时，教师未能及时对产生分歧、不遵守规则以及在游戏中遇到问题的幼儿进行干预和指导，导致幼儿因争抢玩具被打伤、碰伤。或因错误操作材料被刮伤、划伤，因失去游戏兴趣后无所事事而做出危险行为，导致安全问题的发生。

（二）区域活动安全管理要点

1. 合理规划区角位置及空间大小

教师应根据班级幼儿的年龄特点和发展水平设置不同的区角，并合理规划区角的位置及空间大小。小班可以重点创设角色游戏区，如娃娃家、理发厅、小厨房等；中班可以重点创设建构区；大班可以重点创设益智区和阅读区。在位置安排方面，教师应根据区域的性质合理选择，如将阅读区设置在相对安静且光线充足的地方，将建构区设置在人流量较少的角落。在空间大小方面，教师应根据区域的受欢迎程度及时调整，如小班幼儿喜欢在娃娃家内游戏，教师在创设娃娃家时就应划分较大的位置，对于建构区等需要占用较大空间的区域，也应划分得大一些，以免因拥挤而发生安全问题。

2. 投放足量、适宜的操作材料

教师应根据区角的性质及班级幼儿的发展水平合理投放操作材料。首先，教师选择的材料要安全无害。其次，教师投放的材料要适宜，对于小班幼儿，应以情境性、高结构材料为主；对于中、大班幼儿，应逐渐增加对操作性、低结构材料的投放。此外，教师应在考虑进区人数的基础上投放足量的操作材料，防止幼儿因材料不足出现争抢行为。

3. 告知幼儿进区及操作规则

教师应在创设区角之初就明确告知幼儿进区及操作规则，绘制区角进区及操作规则图标，使幼儿明确每个区角进行的游戏是什么、可以同时进入几个小朋友、进区的要求及注意事项是什么。教师应加强对幼儿常规及规则意识的培养，避免幼儿因不遵守游戏规则而发生危险。

4. 善于观察，及时干预幼儿的游戏

在区域活动开展的过程中，班级教师要协同合作，互相配合。教师应善于观察并根据实际情况及时干预幼儿的游戏。对于产生分歧的幼儿，教师要及时劝导，帮助其解决矛盾；对于不遵守游戏规则的幼儿，教师要及时引导，帮助其正确做游戏；对于在游戏中遇到困难的幼儿，教师应通过参与、平行或垂直的方式及时指导，帮助其重拾游戏的信心。

四、户外活动中的安全管理

户外活动是幼儿一日生活中不可或缺的环节，正常情况下，幼儿每日户外活动时间不得少于 2 小时。在户外，幼儿拥有更大的活动空间，可以自由地玩耍、自然地成长。户外活动是对幼儿进行健康教育的重要载体，安全开展户外活动是促进幼儿健康成长的重要保障。

（一）户外活动中常见的安全问题

户外活动中常见的安全问题主要包括户外环境的安全隐患以及运动过程中的安全隐患两个方面。

1. 户外环境的安全隐患

（1）活动场地存在隐患。当活动场地地面不平整，有积水、碎石子或者带刺的花草时，容易导致幼儿摔伤、划伤；户外活动场地排水井井盖松动，容易导致幼儿摔伤；户外活动场地临近停车场、配电室等，幼儿容易误入，发生危险。有些幼儿园的活动场地为水泥或砂石路面，逢多风天气时，地面尘土飞扬也容易导致幼儿迷眼、皮肤过敏甚至呼吸道感染。

（2）运动器械存在隐患。幼儿园户外运动器械主要包括大型组合玩具（如滑梯、攀登架等），以及中型玩具（如秋千、跷跷板等）。一些幼儿园购置的运动器械，若安装不当，很容易松动，加之年久失修、设备老化，容易引发安全事故。

2. 运动过程中的安全隐患

（1）教师监管不力。户外活动场地比较大，在开展户外活动时，幼儿位置比较分散，不便于教师监管。幼儿正处于调皮和爱模仿的阶段，他们把躲避教师视线当成一种冒险，或者通过模仿动画、影片中的动作进行一系列危险活动，一旦教师没有发现，就容易发生危险。户外活动时，若教师监管不力，还会发生幼儿不遵守活动规则、争抢玩具或错误使用运动器械的情况，危及自己和同伴的安全。

（2）幼儿运动量过大。一些教师为了达到锻炼幼儿体能的目的会有意安排大量活动，且在活动开展的过程中对幼儿做统一要求，忽视幼儿的个体差异。幼儿的组织器官以及各大系统都还未发育成熟，超负荷运动也容易导致幼儿晕厥甚至猝死。

（3）幼儿着装存在隐患。在开展户外活动时，若幼儿着装不当，也会发生安全问题。幼儿衣物没有穿戴整齐，穿过长的裙子或过大的衣服进行户外活动时，容易被衣物绊倒；衣物上有过长的带子或有尖锐的装饰物，容易被器械钩住，或者发生衣带勒住脖子等危险；幼儿鞋子没有穿好或鞋带松动、鞋带过长，也容易摔倒，发生意外。

（二）户外活动安全管理要点

1. 户外环境安全管理要点

（1）合理选择活动场地。在进行户外活动时，教师要选择合适的活动场地。教师应根据班级幼儿数量和活动内容选择空间大小合适的活动场地，地面平整，无积水和砂石，无带刺花草。此外，教师应尽量选择在塑胶地面上开展户外活动，避免起风时尘土飞扬，导致幼儿迷眼或过敏。教师还应注意避开有排水井、临近停车场和配电室的场地，以免幼儿摔伤、被撞或触电。

（2）检查运动器械。在进行户外活动之前，教师应先检查运动器械的安全性，若发现器械固定钉松动、器械歪倒、铁钉外露或绳索断裂等问题，要第一时间联系后勤人员进行维修，切忌在器械修好之前使用。此外，要在大型组合玩具周围铺设防摔地垫等，防止幼儿游戏过程中跌落摔伤。

2. 运动过程中的安全管理要点

（1）户外活动开展之前。在开展户外活动之前，教师要提醒幼儿穿好衣物并在幼儿自己穿衣后检查其衣服是否穿戴整齐，鞋子是否穿好，鞋带是否松散。此外，教师要检查幼儿所穿衣物是否适合参加户外活动，检查幼儿是否携带危险物品。接下来，教师要告知幼儿进行户外活动的注意事项，并在离开室内前清点人数，然后带领幼儿有序前往户外。

（2）组织户外活动时。组织户外活动时，教师首先要带领幼儿做好热身运动，防止突然的剧烈运动致使幼儿扭伤。其次，教师要有序组织幼儿的活动，可以将幼儿分成不同的小组，分场地、分时段进行活动，防止因场地拥挤而出现安全问题。此外，教师选择的活动内容要动静交替且运动量适中，必要时还应让幼儿适当休息，避免因活动强度过大或运动量过多造成幼儿肌肉损伤。

当幼儿玩诸如滑梯、攀登架等大型组合玩具时，教师要维持好秩序并给予幼儿安全提示，提醒幼儿注意自我保护，如抓紧护栏，不互相推挤、不猛跑，防止与其他幼儿发生碰撞。此外，教师之间要相互配合，保证幼儿在教师的视线范围之内，教师要时刻观察幼儿有无异常，观察幼儿的身体状况和精神状态，尤其要注意体弱、能力较差的幼儿，必要时要给予适当的照顾。发生突发事件时，一名教师负责第一时间将受伤幼儿送至保健室或观察室，另一名教师留下看管其余幼儿，切忌两名教师同时离开。

（3）活动结束后。活动结束后，教师应带领幼儿做放松运动，检查运动器械是否放回原位并总结此次户外活动中幼儿的表现，对于活动中出现的问题，与幼儿展开讨论，强化幼儿的相关经验。在进教室之前，教师要再次清点人数，以防幼儿走失，发生危险。

第二节　幼儿园班级意外伤害事故中的安全管理

意外伤害已成为威胁儿童和青少年生命及生存质量的主要问题。学龄前儿童身体活动量大，行为学习欲望强烈，但受身心发展特点的影响，其身体各部分组织器官幼嫩，动作协调性差，危险意识不强，快速反应力不够，故较其他年龄段儿童更易遭受意外伤害。幼儿园是幼儿活动的主要场所，有防范意外伤害事故发生的责任，在意外伤害事故发生后能够及时采取正确的处理方法。

一、意外伤害事故的含义

意外伤害指生活中对人的生命和健康产生威胁的突发危险事件，既包含躯体组织的损伤或功能障碍，也包括精神创伤或心理障碍。幼儿园班级意外伤害事故指在幼儿园班级内，或在组织班级活动期间突然发生的威胁幼儿生命和健康的事件。意外伤害事故的发生带有突发性、偶然性和随时性等特点。

二、意外伤害事故的类型

依据事故发生的原因，可以将意外伤害事故划分为火灾事故、触电事故、交通事故、灼烫事故、中毒事故、淹溺事故、踩踏事故、坍塌伤害事故等十几类。幼儿园中发生频率较高的意外伤害事故有创伤和出血、食物中毒、药物中毒、异物入体、烧烫伤、骨折、走失、溺水、触电等。根据引发意外伤害事故的原因，可将事故类型分为自然因素导致的意外伤害事故以及人为因素导致的意外伤害事故。

（一）自然因素导致的意外伤害事故

自然因素导致的意外伤害事故包括自然灾害给幼儿造成的伤害以及环境、地理位置因素造成的安全事故。

1. 自然灾害

自然灾害指自然界发生异常现象给人类生存带来的威胁。自然灾害是无法人为控制的，洪水、台风、地震、雷电等不仅会损坏幼儿园的设施设备，对幼儿的生命安全也会造成极大的威胁。

2. 环境及地理位置造成的安全事故

一些幼儿园的园址选在城市中心或闹市区，周围环境嘈杂，人员流动量大，容易给犯罪分子可乘之机，做出伤害幼儿生命安全的行为。另外，由于临近主干道路，车辆较多，在幼儿入园及离园时容易发生交通事故，危害幼儿的生命安全。

（二）人为因素导致的意外伤害事故

人为因素导致的意外事故包括幼儿自身造成的伤害、由重要他人如同伴、保教人员、家长或陌生人对幼儿造成的伤害以及因为制度疏忽而引发的意外伤害事故。

1. 幼儿自身导致的意外伤害事故

3～6 岁是人好奇心和探索欲发展的关键期，但这一时期的儿童身体机能发展不够成熟，运动系统发育尚不完善，加之生活经验不够丰富，自我保护意识不够强烈，因此很容易导致意外发生。由于动作发展不够协调，幼儿极易在参加体育活动时发生摔伤、挫伤等意外；因为危险意识不够强烈，幼儿在进行户外游戏时容易发生溺水、触电等危险；由于生活经验不够丰富，幼儿容易误食药物而导致药物中毒；因为好奇心强，幼儿可能会将小物件塞入五官，给身体带来伤害。由幼儿自身因素而导致的意外伤害事故是威胁幼儿生命安全的常见事故类型之一。

2. 由重要他人引发的意外伤害事故

（1）同伴。由于缺乏规则和安全意识，幼儿在与同伴交往和互动时容易发生意外伤害事故。上下楼梯时嬉闹、推搡，容易造成撞伤和摔伤；意见不合、争抢玩具，容易导致被抓伤、打伤和咬伤；因未遵守规则或正确使用游戏材料，也容易导致误伤、碰伤、割伤和划伤同伴。

（2）保教人员。幼儿园班级中的一些意外伤害事故是由于保教人员的工作失职造成的。如在进餐和饮水环节，由于保教人员疏忽，导致幼儿被烫伤；活动组织过程中，由于保教人员大意，导致幼儿溺水、走失、伤亡等。另外，保教人员自身存在过失行为，如对幼儿进行恐吓、体罚等，也会使幼儿身心受到伤害。

（3）家长。作为幼儿的监护人，家长若监管不当，也会对幼儿造成伤害。如家长给幼儿穿过于紧身的服装，容易导致其呼吸困难；给幼儿佩戴尖锐的饰物，容易使其被戳伤、划伤。家长隐瞒幼儿的病情、误给幼儿用药等也可能引发意外事故。另外，家长拒绝配合幼儿园工作、和幼儿教师缺乏沟通、更换联系方式未及时告知幼儿教师等也会给意外伤害事故的处理带来阻碍。

（4）陌生人。对防范意识薄弱、安保系统不完善的幼儿园来说，陌生人入园冒领、拐骗幼儿，对幼儿进行绑架和侵害的事件也时有发生。

3. 由制度疏忽引发的意外伤害事故

（1）安全管理制度不完善。制度不完善的首要原因在于意识不够强，管理者将大部分精力用在招生和教学工作中，对幼儿园的意外伤害事故疏于防范，各项安全制度和应急预案不完善。部分幼儿园没有严格的接送及晨检制度，为流行性疾病的传播以及犯罪分子的不法行为提供了可乘之机；幼儿园应急预案不完备，发生紧急事件时容易出现组织无序、慌乱等情况，导致意外事故不能被及时有效处理，甚至出现责任不明等情况。

（2）园舍设施设备管理不规范。一些幼儿园在建筑楼舍时设计不合理，地面不够平整或过于光滑，导致幼儿摔倒甚至摔伤；插座预留位置不科学，导致幼儿被电伤；门把手安置位置不合理，导致幼儿被划伤、撞伤。另外，部分幼儿园为降低开支，购买不合格的运动器械和玩教具，雇用不符合安全规范的校车等，也容易导致发生意外伤害事故。

三、意外伤害事故的预防与处理

意外伤害事件的发生往往是突然的、急迫的，且带有很强的威胁性和不确定性，因此幼儿园若缺乏有效的防范措施，可能导致非常严重的后果。幼儿园意外伤害事故的管理工作通常包括事故的预防以及事故的应急善后两方面，引发意外伤害事故的原因是多方的，因而事故的预防与处理不能仅靠班级教师自己的力量，而是需要幼儿园各方的共同努力。

（一）意外伤害事故的预防

意外伤害事故的发生虽然带有突发性和不可预见性，但也并非所有意外都是偶然的，如果幼儿园管理人员及教师能够全面细致地做好安全管理和安全教育工作，消除引发事故的不安全因素，则能在很大程度上减少意外事故的发生。

1. 完善幼儿园安全管理体系

（1）建立安全制度，明确岗位职责。科学完善的安全制度有利于幼儿园的安全管理工作具体落实。幼儿园应当制定一系列具体可行的安全管理方案，建立安全评估标准以及详细的操作规定与流程。针对意外伤害事故，幼儿园可以组织构建专门的危机管理部门，以完善应急预案，提高幼儿园安全管理能力与应急水平，确保安全管理制度与危机管理体系健全。

因为安全工作牵涉各个方面，故需要各部门的通力合作。园长作为安全管理工作的首要负责人，应坚持将安全管理工作视为日常工作，而不应将其视为解决意外事故的临时工作。同时，园长要根据每一位教职工所在的岗位，与其签订安全管理责任书，使其明确自己需要履行的安全职责。一方面，安全管理责任书的具体款项可以唤醒教师的安全责任意识，帮助其规范自身行为，强化班级安全目标；另一方面，教师因签署了安全管理责任书，也会注重班级一日活动中的安全工作，制订更加详细的班级安全管理计划，进而预防或减少意外伤害事故的发生。

（2）排查安全隐患，做好应急预案。意外伤害事故的发生常常是由潜在、间接的危险因素导致的，因此，将安全隐患的排查与整顿工作常规化、常态化是预防意外事故发生的关键。教师应定期对教室内的门把手、悬挂物、电源插座等进行检查，排除松动、漏电等风险；对教育教学的设施设备、幼儿用的教具玩具等进行检查，排除因教具玩具损坏对幼儿造成伤害的风险。幼儿园也应定期派教师对园舍安全、应急消防设施等进行检查，排除并整治诸如墙体脱落、门窗松动、应急设施不齐全、安全通道受阻等风险。另外，针对安全制度不完善、安全信息不通畅、安全责任没有落实到个人以及应急预案不翔实等可能导致意外伤害事故发生的间接因素，幼儿园也要及时修正和优化。对于可以及时改善的隐患，应立即处理，无法立即优化的部分，应在注意防范的基础上，明确不同人员的职责，争取在最短的时间内使问题得到解决。

在班级安全管理中，突发事件的应急管理是非常重要的一部分，预先制定好科学、翔实的应急预案，能在一定程度上减少损失和伤害。安全应急预案包括火灾安全预案、地震安全预案、传染病应急预案、踩踏应急预案以及食物中毒安全预案等，偏远山区的幼儿园一般还应建立山洪安全预案以及泥石流应急预案，沿海地区的幼儿园还要建立台风应急预案。在制定好安全应急预案后，幼儿园还应定期进行安全演练，以练促改，使预案不断细化和完善。

2. 将安全演练常态化

自然灾害虽是人力无法控制的，但有效的安全演练可以帮助幼儿掌握必要的自救和逃生方法，帮助教师更好地应对突发情况。

多数幼儿园会定期进行安全演练，但由于抱有侥幸心理，部分幼儿园的安全演练仅仅是一种“形式化”活动，导致幼儿在自然灾害中仍然容易受到伤害甚至死亡。

教育部于 2014 年 2 月发布了《中小学幼儿园应急疏散演练指南》，对幼儿园应急疏散演练的准备事项、人员分配及职责、实施过程以及活动总结、评估等都做了明确、细致的规定，为幼儿园安全演练提供了指导。

例如，在进行火灾应急疏散演练时，教师要迅速为幼儿提供湿毛巾并提醒幼儿捂住口鼻，听到撤离信号后，告诉幼儿弯腰快步走出活动室，三位教师一前一中一后，在指定的安全通道及出口处保护并指挥幼儿撤离，告诉幼儿不拥挤、不追逐，按照要求将幼儿疏散到操场等安全地带，教师及时清点人数，报告上级领导。在进行地震应急疏散演练时，信号响起，教师要立即停止正在进行的活动，组织幼儿迅速抱头，躲在墙角或桌子下面；信号停止后，教师马上组织幼儿靠楼梯右侧有序撤离，三名教师分别在前、中、后的位置，提醒幼儿用双手护住头部，不推搡、不哭闹，快速撤离到操场的空旷位置，告诉幼儿避开大树、电线杆及高墙；撤离到操场后，教师要及时清点人数并向上级领导报告。

除地震、火灾等自然灾害外，幼儿园还应组织相应的活动，对恶性伤害等事件进行演练，如开展“不跟陌生人走”“陌生人碰我怎么办”等主题活动，模拟遇到坏人时的真实情境，帮助幼儿掌握实质性的自救与求助方法。

幼儿园应将安全演练常态化，幼儿教师也应深刻意识到安全演练的意义及作用，珍惜每一次安全演练的机会，利用仿真情境，帮助幼儿切实掌握安全知识以及防灾、避险的方法，使幼儿在遇到火灾、地震等意外时沉着、清醒，不惊慌，不哭闹，根据要求逃生，争取用最短的时间进行自救。

3. 丰富安全教育的内容

（1）交通安全。交通安全教育主要包括以下几个方面：首先，让儿童了解基本的交通规则，如“红灯停、绿灯行”，走人行道，靠右侧通行，不能在马路上嬉闹、玩耍等；其次，教幼儿认识交通标志，如交通灯、人行横道线等，使幼儿了解交通标志的意义和作用。最重要的是，教师要强化幼儿的交通安全意识，帮助幼儿形成遵守交通规则的好习惯。

（2）消防安全。第一，让幼儿认识到玩火的危险性。第二，教给幼儿简单的自救技能，如发生火灾时要马上逃离现场，并及时告诉成人；被烟雾包围时，要用毛巾捂住口鼻，趴在地上，匍匐前进，逃离现场。第三，教师还可以带幼儿到消防队参观，请消防队员向幼儿介绍火灾的常见成因、消防车的作用、灭火器的使用方法等。

（3）饮食安全。帮助幼儿养成良好的饮食习惯是幼儿园饮食安全教育的重点。例如：教育幼儿在进食时，不嬉戏打闹，以免食物进入气管；进食热饮前先吹一吹，以免烫伤；吃鱼时，把鱼刺挑干净并慢食，以免鱼刺卡在喉咙里。幼儿喜欢将各种东西放入口中，进而容易引发食物中毒，因此，教师应教育幼儿不随便捡食和饮用不明物质，不吃腐烂、有异味的食物。此外，教师还应教育幼儿不随便吃药，帮助幼儿明确只有在医生或成人的指导下才可以服用药物。

（4）防触电、防溺水教育。对幼儿进行防触电教育，首先要告诉幼儿，不能随便使用和玩电器；不拉、拽电线，不用剪刀划电线；不摆弄电源，不能将其他物品插入电源插座里。其次，要教育幼儿，一旦发生触电事故，要及时切断电源，用不导电的东西挑开电线，切记不能用手去拉触电的伙伴。对幼儿进行防溺水教育，一是要告诉幼儿不能私自到水边玩耍，不能将脸浸入水中或私自到水里游泳；二是教育幼儿当同伴失足落水时，要大声呼救，寻求附近成人的帮助，千万不可以自己下水救人。

（5）游戏安全。喜欢游戏是孩子的天性，幼儿在园的一日生活中几乎有一半的时间都在游戏，因此，帮助幼儿了解游戏过程中应遵守的安全规则非常重要。在玩大型组合玩具时，教师要教育幼儿扶好扶手，不拥挤争抢，有序进行游戏；玩中型玩具时，要教育幼儿留心周围的小朋友，以免游戏时误伤他人；玩小型玩具时，要教育幼儿不能将玩具放入口、鼻、眼、耳中。

（6）生活安全。教师应帮助幼儿意识到生活中的安全隐患，教育幼儿不随身携带锐利器具；告诉幼儿在没有成人看护时，不能从高处往下跳或从低处往上爬；教育幼儿不轻信陌生人讲话，不可以跟陌生人走。

4. 善用安全教育的策略

（1）在日常生活中渗透安全教育。教师可以设计专门的安全教育活动，也可以在一日生活的各个环节中抓住教育契机，利用最真实的情境对幼儿进行安全教育。教师应能够预见一日生活不同环节中可能存在的危险，并在此环节进行前对幼儿进行教育，提醒幼儿注意安全。一旦发生安全事故，教师也可以利用这一契机，和幼儿共同讨论引发事故的原因并鼓励幼儿思考可以怎样避免类似事件再次发生。

（2）以游戏为载体进行安全教育。贴近生活、带有趣味性的活动更能给幼儿留下深刻印象，因此，教师除在日常生活中渗透安全教育外，还可以游戏为载体，在游戏中帮助幼儿掌握安全知识。如在幼儿玩各种车类玩具时，教师先向其介绍规则和玩法，随后设置不同的场地、障碍和指示牌，帮助幼儿在游戏中学习交通安全知识；在角色游戏中，请小朋友扮演医生、消防员、交警等角色，通过亲身体验，使幼儿加深对安全知识的记忆。此外，教师还可以通过设置专门的游戏来训练幼儿的快速应变能力和敏捷度，以提高幼儿的安全技能。

（3）整合多方力量加强安全教育。幼儿园中除带班教师外，保育老师、保健医生、保安以及厨师等其他工作人员都可以作为安全教育者，在与幼儿相处时为幼儿提供正确的行为示范与引导，对其进行安全教育。依靠幼儿园单方面的力量是不够的，家庭也要成为开展安全教育的主要阵地。家长除积极配合幼儿园的教育工作外，还应在日常生活中注意加强对幼儿的安全教育，如培养幼儿的生活自理能力，鼓励幼儿自己解决遇到的困难和麻烦，帮助幼儿掌握控制和调节情绪的方法，以提高幼儿适应环境和解决问题的能力。除幼儿园和家庭外，还可以充分利用社区资源对幼儿进行安全教育，如利用小区周围的安全标识帮助幼儿学习安全知识，在小区内的不同场所结合真实情景对幼儿进行安全教育，请社区医院、警察局、消防中心的工作人员为幼儿普及安全常识，唤醒幼儿预防意外伤害的意识，提高意外发生时的自救能力。

（二）意外伤害事故的处理

当意外发生时，教师应能够按照事故处理原则正确应对，同时，教师要熟练掌握常见意外的处理方法，在意外发生时及时对幼儿进行救治。

1. 意外伤害事故的处理原则

意外伤害事故一旦发生，教师作为见证者和知情人，要在第一时间做出果断、准确的反应，在处理意外伤害事故时，要遵循以下基本原则。

（1）快速反应。意外伤害事故发生后，教师要冷静并迅速做出反应，严格按照紧急预案要求，采取相应措施，对事件进行处理。教师要根据实际情况做出精准判断，若幼儿伤势较轻，教师可自行对幼儿患处进行处理或将幼儿送往保健室；若幼儿受伤程度较重，教师要第一时间告知领导，如果幼儿园不具备处理条件，要立即将幼儿送往医院，不得延误治疗时机。若遭遇火灾、地震等自然灾害，教师首先要保持镇定，按照逃生演练的既定程序，第一时间带领幼儿安全有序地撤离现场，争取把损失降到最低。

> 需要注意的是，教师在对幼儿进行紧急救治的同时，还应力争保持意外伤害事故现场的真实性和完整性，以便为后续事故的调查工作提供便利和证据。

（2）谨小慎微。对于意外伤害事故，教师不能不予重视。幼儿对伤害情况往往认识不足，对伤害造成的后果也表述不清，不能准确描述受伤时的相关感受和反应；某些幼儿虽仅在体表呈现出轻微伤痕，但肉眼看不到的内里却可能存在出血或损伤等严重问题，因此，无论幼儿受伤轻重，均应引起教师的警觉和重视，及早发现，及早治疗。教师处理伤患的水平无法与专业医生相比，故对幼儿受伤程度的判断也有可能出现错误，对于幼儿是否需要医治，以及如何医治，还应由园内的保健医生或专业医生进行决断。

（3）以人为本。意外伤害事故发生后，教师要坚持“救人第一”的底线，将“以人为本”原则贯彻到底。在处理意外伤害事故时，教师除关注幼儿的健康状况外，还应注意幼儿的情绪状态，考虑幼儿的感受。意外事故的发生往往导致幼儿出现恐惧心理，甚至造成班级内幼儿的集体恐慌。因此，当事故发生时，教师应处变不惊，千万不可在幼儿面前表现得过于慌乱；同时，教师要及时帮助幼儿消除恐惧心理，安抚受伤幼儿及其他幼儿的情绪，鼓励幼儿勇敢面对。如果意外伤害是由另一个幼儿造成的，教师千万不可在其他幼儿面前指责该幼儿，以免使其产生沉重的心理压力，教师可以在事后对该幼儿进行单独教育，但也要注意保护其自尊心。

（4）真诚沟通。意外伤害事故发生后，教师在紧急救治受伤幼儿的同时，还应及时联系幼儿家长，隐瞒实情或拖延都不可取，应务必避免。若意外伤害事故是由同伴引起的，则当事幼儿双方父母均要及时联系。在说明事故发生经过时，教师要诚实、诚恳，将事故原因如实告知幼儿家长，不搪塞敷衍，不推卸责任。若家长态度消极或出现过激行为，教师要对其表示理解，在自我保护的同时，调整沟通策略，必要时寻求园方及上级部门的帮助。对于比较严重的事故，在事故处理完毕后，教师还应及时进行家访，密切关注幼儿伤情，对幼儿及其家长表示关怀，并给予帮助。

（5）承担责任。事故发生后，对于应承担的责任，教师要积极主动承担。事故处理完毕后，教师应尽快从自责懊悔中走出来，认真反思，总结经验教训。

（6）依法调解。意外事故发生后，教师应严格尊重客观事实，公平公正、合情合法地对事故进行处理，按照相关规定接待幼儿家长，并对涉事双方家长进行调解。事故发生后，有些家长可能会出现过激行为，此时教师应保护好相关幼儿及其家长，同时注意保护自己，通过沟通、劝导和协商，帮助受害幼儿家长平复情绪，力求纠纷圆满解决，避免二次伤害。若受害幼儿家长态度持续消极、不诚恳，教师可以向园领导寻求帮助。

2. 常见小意外的处理办法

（1）创伤和出血。创伤出血主要是由于擦伤、割伤、打伤、划伤、运动器械致伤导致的出血或鼻子流血。当幼儿出现创伤时，教师应首先判断受伤程度，如只是肿胀或活动困难，可用冰袋在瘀血处或肿胀处冷敷 60 分钟左右；如果伤口比较小且少量出血，教师要用过氧化氢或酒精棉对伤口进行消毒与止血处理，止血后为幼儿贴上创可贴，以免感染；如果伤口较大或流血不止，抑或致伤物可能带有破伤风杆菌，教师则应立刻带幼儿去医院。当幼儿流鼻血时，教师应先安抚幼儿，用消毒棉球填塞出血侧鼻腔，同时用手指压迫幼儿鼻翼，直至不再流血，在按压的同时，还可对幼儿的鼻子和脸颊进行冰敷；当突然再次出血时，可能会有血块流出，此时教师需按压更长时间。出血停止后的 30 分钟内应避免幼儿进行高强度活动，同时，教师要提醒幼儿不能用力揉搓鼻子或擤鼻子，以免再次出血。

（2）食物或药物中毒。当幼儿出现中毒迹象时，若距进食时间较近，教师应立即用手指或筷子等包上软布，压迫幼儿的舌根或轻搅其咽喉处，进行催吐。如果距进食时间已过 2 小时，教师应给幼儿喂喝大量淡盐水或牛奶，以稀释血液中的有毒物质，催吐并立即送往医院治疗。去医院时，要记得带呕吐物及幼儿吃过的物品，以便医生鉴定毒物类型。

防异物吸入儿歌

（3）异物入体。当幼儿眼内进入沙尘类或小蚊虫等异物时，教师应提醒幼儿不要揉碰眼睛，对手部消毒后，对幼儿的眼睛进行冲洗，使异物流出；若冲洗无用，立即送医。当出现异物卡喉情况时，教师应先安抚幼儿情绪，使其尽量不要哭闹，以免加重气道阻塞。若异物尚未进入咽腔，教师可尝试将其抠出；若异物已进入咽腔或气管，教师则应鼓励幼儿用力咳嗽，尝试将异物咳出，如果不能咳出，教师应尽快将幼儿送医诊治。需要注意的是，若异物表面不够光滑、颗粒较小或黏性较大，教师不能盲目采取措施，而应让幼儿平躺，告诉幼儿不要乱动，然后将其送往医院。

（4）烧、烫伤。当幼儿被轻微烫伤时，教师可用冷水冲洗或浸泡患处 15 分钟以上，也可用冷毛巾对患处进行冰敷，但切忌摩擦创面。如果烫伤后有水泡，最好不要将水泡弄破，以免感染，若水泡已破，应用生理盐水冲洗伤口，再用无菌纱布进行包扎。若水泡较大，则需到医院进行处理。幼儿烧伤时如果衣物附着于患处，教师应首先将附着物剥去，若附着物紧贴在幼儿的皮肤上，切忌强行剥下。对于小面积的轻度烧伤，教师应用冷水对患处进行 15 分钟左右的清洗，也可冰敷，温度降低后用无菌纱布包裹患处，以免感染。同时，教师要提醒幼儿将患处抬高，减少患处血液流动，如果是重度烧伤，教师应让幼儿平躺并抬高其下肢，防止幼儿休克。

需要注意的是，无论是烧伤还是烫伤，都应尽量避免在患处涂带颜色的药物，以免影响医生对烧伤程度的判断。

（5）扭伤、脱臼或骨折。脚踝关节扭伤是比较常见的，发现幼儿扭伤时，教师应先查看扭伤程度，看是否有肿胀或瘀血的情况。若扭伤后幼儿能够站立并勉强走路，说明伤势较轻，可自行处理。教师应首先提醒幼儿不要活动已受伤的关节，同时在扭伤处垫上棉花，并用绷带捆绑固定，注意不要绑得过紧。教师还可对幼儿的扭伤处进行冷敷，使受损的血管收缩，以减轻水肿、疼痛的症状。冷敷时间以敷 15 分钟、休息 5 分钟为宜，休息时，应尽量将患处抬高，促进血液循环。切忌对患处进行盲目推拿或按摩，以免加重出血。如果患处有畸形或出现剧烈疼痛的情况，则说明幼儿伤势较重，在紧急处理后，应立即将幼儿送往医院。当幼儿脱臼时，教师要第一时间安抚幼儿情绪并告诉幼儿不要移动手臂，同时，可用大围巾或宽布将幼儿脱臼的手臂挂在胸前固定，不移动受伤的手臂，以免造成二次伤害。脱臼后患处会越来越肿胀，教师可用冰袋或冷毛巾对局部进行冰敷，以减轻组织炎症，同时缓解幼儿的疼痛感。紧急处理后，教师应立即带幼儿到医院就诊，请医生帮助幼儿将手臂关节复位。如果幼儿骨折，教师应先进行急救处理，用纱布或干净的毛巾对患处进行包扎，若出血不止，应立即用止血带止血。若上肢出血，可将止血带扎在手臂三分之一处。若下肢出血，可将止血带扎在大腿三分之一处。每隔一小时左右要将止血带完全放松几分钟，然后再重新绑扎，减少肢体因缺血而坏死的可能。对于幼儿骨折的部位，还要做好固定，在有夹板的情况下可用夹板，若无夹板，可根据实际情况用木棍、树枝等代替。若找不到固定物，还可将上肢固定在胸部，或是将下肢捆绑在一起。包扎时要在固定物上垫上软物，固定用的绳子也不宜绑得过紧。对于从高处摔下的情况，要判断是否为脊椎骨折，此时应尽量用硬的东西抬运幼儿。完成急救后要争取在最短的时间内送幼儿到医院救治。在整个过程中，教师还要密切观察幼儿状况。

【思考与练习】

1. 如何有效预防幼儿园意外伤害事故？
2. 幼儿园可以采用哪些形式加强家园沟通合作，以促进幼儿园班级安全管理？
3. 选择一所熟悉的幼儿园，尝试为该园制定一份安全管理制度。

【案例分析】

离园环节，班级里的绝大多数幼儿陆续被家长接走了，只有小允还在等候区眼巴巴地望着大门口，等待家人来接她。突然，小允向门口跑去，原来是爷爷来了。小允从爷爷手里拿过接送卡，跑着送给木木老师。木木老师远远地和小允爷爷打了个招呼。小允跟木木老师说了“再见”，便跟着爷爷向门口走去。这时门卫章师傅向木木老师走来并说：“你就这样让小允跟着那个人走吗？”木木老师有些诧异：“那是小允的爷爷，我认识他，而且他给了我接送卡，为什么不让接呢？”章师傅说：“你过去和他聊几句吧！”木木老师追上小允爷爷跟他打招呼，小允爷爷一开口，酒气便扑面而来，并且说话时舌头有些发直。于是，木木老师打电话请小允的其他家人来接。

1. 试结合本章内容，评价木木老师在离园环节的做法。

2. 幼儿教师、幼儿及幼儿家长应如何相互配合才能保证幼儿安全离园？

海姆立克急救法

第七章

幼儿问题行为管理

学前儿童是国家未来的建设者和接班人，婴幼儿问题行为的预防和护理是学前期保教的重点，让每个孩子都健康快乐地成长，是老师和家长的共同心愿。

受其发展水平、生理、心理以及社会环境、家庭教养方式等诸多因素的影响，在儿童发育的某些阶段，他们在情绪或者行为上会出现一些轻微问题（如情绪不稳定、任性、多动、胆怯等），这需要成人及时给予重视，并有针对性地进行引导，但也有些幼儿会出现一些相对较严重的心理问题或行为偏差，如肥胖症、发育迟缓、佝偻病、多动症、孤独症、攻击性行为等。教育者应该给予关注，了解其行为引起的原因、主要表现和预防措施，并在教育过程中采取适当的方法促进幼儿发展，必要时寻求幼儿心理问题专业人士的帮助和指导，对幼儿问题行为进行早期干预和治疗。

【学习目标】

1. 掌握学前儿童问题行为的类型与表现。
2. 了解学前儿童问题形成的原因。
3. 能对学前儿童的常见问题行为进行适当地干预。

第一节 幼儿问题行为的类型与成因

本节主要介绍幼儿身体发育中常见的问题的定义、主要表现、病因，为同学们今后在幼儿园熟练开展工作奠定理论基础。

一、幼儿问题行为的类型与表现

（一）幼儿身体发育中常见的问题

1. 肥胖症

（1）定义。肥胖症是一种能量摄入超过能量消耗、导致体内脂肪积聚过多、达到危害健康程度的、多因素引起的慢性代谢性疾病，又称肥胖病。其表现为不良的正能量平衡和体重增长。按体重超过按身长计算的标准体重的百分比是判定肥胖症的最简便的方法。常用公式是：标准体重（千克）= 身高（厘米）-100。超过标准体重 20% 以上者，被认为是肥胖。其中，＞10% 者为超重，20% ～ 30% 者为轻度肥胖，30% ～ 50% 者为中度肥胖，50% 以上者为高度肥胖。

肥胖影响儿童的身心健康。肥胖的小儿易感疲乏，易患高血脂，易导致扁平足。同时，肥胖还容易带来种种心理问题，如因肥胖导致四肢活动不灵活，遭到他人的取笑等，易使儿童产生孤独、自卑等消极情绪。

（2）主要表现。①食欲旺盛，食量超常，偏食。②懒动，喜卧，爱睡。③体格发育较正常小儿迅速。④体重明显超过同龄同身高者，脂肪呈全身性分布，以腹部为主。

2. 发育迟缓

（1）定义。发育迟缓是指儿童在生长过程中出现速度放慢或顺序异常等现象，发病率在6%～ 8%。临床医学上把 3 岁以下发育迟缓的孩子诊断为“精神运动发育迟滞”或者“精神发育迟滞”，把 3 岁以上存在智力障碍并有适应行为缺陷的孩子诊断为“智力低下”。也就是说，早期的发育迟缓可能会导致以后的智力水平低下、学习能力障碍。

（2）主要表现。发育迟缓主要包括体格发育落后（身高、体重和头围等的测量值）、运动发育落后（蹦跳、搭积木等）、语言发育落后、智力发育落后、心理发展落后等方面。

3. 佝偻病

（1）定义。佝偻病即维生素 D 缺乏性佝偻病，是由于婴幼儿、儿童、青少年体内维生素 D 不足，引起钙、磷代谢失常和骨骼改变，严重者可导致骨骼畸形。

（2）主要表现。佝偻病多见于婴幼儿，主要表现为生长最快部位的骨骼改变，并可影响肌肉发育及神经兴奋性的改变。年龄不同，临床表现不同。

4. 龋齿

（1）定义。龋齿是一种细菌性疾病，主要指食物残渣在牙缝中发酵，产生酸类，破坏牙齿的釉质，形成空洞。

（2）主要表现。龋齿的病变过程比较缓慢，开始时牙釉质不光滑，色泽灰暗，容易堆积牙垢，但感觉不到疼痛。一段时间后，幼儿对冷、热、酸、甜等刺激都会感到疼痛，当龋洞扩大到牙髓时，经常会发生剧痛。龋齿不仅影响咀嚼能力，而且可诱发牙髓炎、齿槽脓肿。

5. 弱视

（1）定义。弱视指视力达不到正常，但眼部检查无器质性病变，即使验光配镜，也得不到纠正。弱视患者的眼球没有器质性病变，它主要发生在视觉尚未发育成熟的学前儿童中，是常见的危害较大的儿童视觉发育障碍性疾病。

（2）主要危害。弱视儿童难以形成立体视觉，不能很好地分辨物体的远近、深浅等，难以完成精细的技巧动作，给生活和学习带来较大的影响。

（二）幼儿心理发展中常见的问题

1. 多动症（注意缺陷障碍）

（1）定义。注意缺陷障碍是儿童时期最常见的神经发育障碍性疾病之一，临床上以持续存在且与年龄不相称的注意力不集中、多动、冲动为主要症状，可造成儿童的学业成就、职业表现、情感、认知功能、社交等多方面的损害。多动症在学龄期症状明显，男童发病率明显高于女童，约为 3∶1。起病时间大部分是在 6 岁以前，一些儿童在婴儿期就表现出好动的特征，其中部分幼儿在 3 岁左右发病，一般症状最突出的时期是 9～10 岁，到少年期后部分儿童的症状减轻或消失，也有一些儿童的部分症状持续到成年期。值得注意的是，“好动”不等于“过动”，教师和家长不能因为幼儿好动就断定孩子患有“多动症”。幼儿是否患有“多动症”，必须到专业机构检测，根据生活史、临床观察、神经系统检查、心理测验等综合分析。

（2）主要表现。①活动过多。活动过多是多动症的主要特征。学龄前期表现为多动、好哭闹、难以满足要求，随着年龄的增长，活动量增多，上课不注意听讲，做事有始无终，无法安静地坐在课堂里听完一堂课，常常无目的地来回走动、奔跑、跳跃，总是不停地活动与说话，少有片刻安静，课堂小动作多，干扰他人。②注意缺陷。注意力分散，学习或游戏时很难保持注意集中，很难把事情做完，条理性差，无法抵御干扰因素，常常无法完成任务。这种分心不是发生在任何场合，有时也能较好地从事某一活动。③冲动。极端缺乏耐心，行为唐突，在应该克制运动的情境中，难以克制自己，经常打断别人说话，干涉别人。④其他继发症状。主要表现在学习困难（学习成绩低）、运动与感知功能异常（拿筷子、握笔书写、扣纽扣、系鞋带、做手工操作等动作笨拙等）、品行问题（违抗性、攻击性和反社会性行为等）、情绪问题（情绪不稳定、好发脾气、烦躁、烦恼、激越等）、人际关系问题（好打架、恃强欺弱）等方面。

2. 孤独症

（1）定义。孤独症又称自闭症或孤独症谱系障碍，在儿童发育时期表现出持续的社会沟通和社会交往缺陷以及限制性重复行为、狭窄兴趣、刻板活动及感知觉异常，起病于婴幼儿期，一直持续到终生。

（2）主要表现。①社会交往障碍。孤独症儿童会表现出社会交往障碍，如逃避与别人对视，缺乏面部表情及肢体语言；对人态度冷淡，对别人的呼唤不理不睬；害怕时也不会主动寻求保护。在婴儿期，患儿回避目光接触，对人的声音缺乏兴趣和反应，不愿与人贴近。在幼儿期，患儿仍回避目光接触，对他人的呼唤常无反应，对父母不产生依恋，缺乏与同龄儿童交往或玩耍的兴趣，不会以适当的方式与同龄儿童交往，不能与同龄儿童建立伙伴关系，不会与他人分享快乐，遇到不愉快或受到伤害时也不会向他人寻求安慰。②交流障碍。非言语交流障碍：患儿常以哭或尖叫表示不舒适或需要。稍大的患儿可能会拉着大人手走向他想要的东西，面部表情常显得漠然，很少用点头、摇头、摆手等动作来表达自己的意愿。言语交流障碍：说话比别人晚，经常沉默不语；词汇有限，不能主动与人交谈；不愿说话，而用手势来代替；言语发育迟缓或不发育；言语形式及内容异常；语调、语速、节律、重音等也存在异常；言语运用能力受损等；③兴趣狭窄及刻板重复的行为方式。自闭症儿童常以奇异、刻板的方式对待某些事物，如要求物品放在固定位置，出门非要走同一条路线，长时间内只吃少数几种食物等，常会出现刻板重复的动作和奇特怪异的行为，如重复蹦跳、将手放在眼前凝视、用脚尖走路等。患儿对一般儿童喜欢的玩具、游戏、衣物不感兴趣，对一般儿童不喜欢的玩具或物品非常感兴趣，有些患儿还对塑料瓶、木棍等非生命物体产生依恋行为。④其他症状。常伴有精神发育迟滞、睡眠障碍、注意障碍、自笑、情绪不稳定、多动、冲动、攻击、自伤等行为；认知发展不平衡，音乐、机械记忆、计算能力相对较好甚至超常；还有一部分儿童伴有抽动秽语综合征、癫痫、脑瘫、感觉系统损害、巨头症等。

3. 攻击性行为

（1）定义。所谓攻击，是指人们根据行为者和行为本身的特性而对某些伤害性行为做出的一种判断。儿童的攻击性行为是幼儿社会性发展的一项非常重要的内容，是指故意打、踢、推或伤害他人身体和语言污蔑、诋毁的行为，这种行为在儿童身上并不少见。幼儿的许多攻击性行为并非对对方有明确的敌意，而是为了其他目的对他人造成伤害。总的来说，攻击性行为是一种以伤害他人或他物为目的的行为。它的最大特点是具有目的性。

（2）分类及主要表现。从表现形式来看，攻击性行为可以分为身体动作攻击和言语攻击。身体动作攻击主要是指借助身体动作表现的攻击性行为（如推、打、抢等）；言语攻击主要是指借助言语表达来实现的攻击性行为（如辱骂、威胁、诽谤、嘲笑等）。从表现目的来看，攻击性行为可以分为工具性攻击和敌意性攻击。工具性攻击是指幼儿为了获得某个物品所做出的抢夺、推搡等动作，指向一个主要的目标或某一物品的获取，具有缺乏预先的设想和深思熟虑的特点。敌意性攻击则以人为指向目标，目的在于打击、伤害他人，如嘲笑、讽刺、殴打等，具有深思熟虑的特点。有研究表明，2～4 岁幼儿攻击形式发展的总趋势为：身体攻击逐渐减少，言语攻击逐渐增多；3 岁左右，儿童的踢、踩、打等身体攻击逐渐增多，3 岁以后，身体攻击的频率降低，但言语攻击增多。

4. 口吃

（1）定义。口吃为常见的语言节奏障碍，它并非生理上的缺陷或发音器官的疾病，而是与心理状态有着密切关系的言语障碍。

（2）主要表现。①发音障碍：常在某个字音、单词上表现停顿、重复、拖音等现象，说话不流畅。②伴随动作：说话时常有摇头、跺脚、挤眼等动作。③肌肉紧张：说话时唇舌不能随意活动。④常伴有其他心理异常：如易兴奋、易激怒、胆小、睡眠障碍等。

5. 遗尿症

（1）定义。尿床对于年龄较小的幼儿来说是一种普遍的现象，但幼儿到了膀胱能控制排尿的年龄仍然在睡眠中出现不自主的尿床现象，称为遗尿症。在患遗尿症的幼儿中，通常男幼儿多于女幼儿。

（2）主要表现。白天不能自主控制排尿，或者入睡后不自主排尿，常发生于夜间相对固定的时间，上半夜较多，有时一夜数次。遗尿症往往对患儿的心理影响较大，容易导致患儿忧郁自卑，羞于见人，不喜欢参加集体活动，形成孤僻内向的性格。

二、幼儿问题行为的成因

1. 肥胖症的成因

（1）饮食过度，活动过少。如果幼儿进食过度，每日摄取的热量过多，而活动少，热能的摄取量超过其消耗量，过多的热能就会转化为体内脂肪，日积月累，导致肥胖。肥胖幼儿特别不爱运动，于是恶性循环，肥胖加重。

（2）遗传因素。统计表明，双亲均肥胖的，子女约有70%的肥胖概率；双亲中有一方肥胖的，子女约有40%的肥胖概率。

（3）情绪等心理因素。有情绪创伤或心理异常的幼儿常出现食欲异常，进而导致肥胖。

（4）药物与疾病因素。长期大量使用激素类药物，也可引起特殊类型肥胖，如“满月脸”“水牛背”，不可逆转。另外，某些疾病也会导致幼儿肥胖。

（5）内分泌功能异常。因内分泌异常所致肥胖，常伴有生殖器官发育迟缓、体脂分布异常等特殊表现。

2. 发育迟缓的成因

影响儿童生长发育速度、导致发育迟缓的因素有很多，如不良的饮食习惯或饮食不均衡导致的营养不足、全身疾病引起的矮小、家族性矮小和体质性生长发育迟缓、精神因素、代谢性疾病、甲亢、垂体性侏儒、先天性卵巢发育不全、特发性矮小等。

3. 佝偻病的成因

维生素D不足、日照不足、生长速度快、人工喂养、疾病和药物影响等都可能成为佝偻病的成因。

4. 儿童龋齿的成因

牙齿的点、隙、裂、沟等薄弱处易患龋齿；发育不良、钙化不良和位置不正的牙齿，也容易患龋齿；幼儿乳牙牙釉质、牙本质较薄，更易患龋齿。此外，食物残渣的存在、口腔中细菌的代谢作用、口腔自洁和清洁作用等也是龋齿的成因。

5. 多动症（注意缺陷障碍）的成因

幼儿遗传因素、先天体质缺陷、脑部器质性病变（缺血、缺氧等）、铅中毒、食物过敏、放射作用、心理的紧张刺激、感觉统合失调、成人对幼儿不良的教育方法等诸多因素都可能导致儿童患多动症。

6. 孤独症的成因

先天生物学因素及后天环境因素与孤独症有关。生物学因素有孕妇病毒感染、宫内窒息、先兆流产等。环境因素主要指幼儿的生活环境中缺乏丰富和适当的刺激。另外，胎儿期病毒感染以及免疫系统异常等都可能引起孤独症。

7. 攻击性行为的成因

“模仿”和“强化”是儿童攻击性行为发生、发展和维持的重要机制。还有一些心理学家认为，攻击性行为是儿童对于挫折的反应，常常是由于儿童想要达到的行为目标受阻而引起的，是宣泄紧张、不满情绪的消极方式。

8. 口吃的成因

精神创伤或心理紧张（自卑羞怯、退缩、孤僻、不合群）、模仿、成人的教养方式不当都可能造成幼儿口吃。

案例：口吃的果果

9. 吮吸手指的成因

（1）婴儿无法将自己从周围环境的客体中区分出来，将手指当作乳头一样的外部客体而吮吸。

（2）婴幼儿在感到饥饿、疼痛或身体不适的时候，将手指作为进食对象。

（3）幼儿感到无聊时容易吮吸手指。如上课的时候，手里没东西，也不能跟别的小朋友说话；游戏的时候，没有玩具，又不愿意和其他小朋友合作。

（4）幼儿在孤独寂寞、紧张、焦虑、害怕、环境突然变化、心理需要没有得到满足或缺乏安全感等情况下吸吮手指。

10. 遗尿症的成因

（1）受遗传与神经系统发育因素的影响。

（2）精神紧张而引起大脑皮层功能失调，如精神受到创伤、受到惊吓或对环境改变不能适应等。

（3）没有养成良好的排尿习惯。

（4）白天过于疲劳，夜间睡眠过深。

（5）躯体疾病。

第二节 幼儿问题行为的预防与矫正

幼儿的问题行为要早发现、早干预和早治疗，这对于幼儿的正常发育和健康成长乃至其一生的健康都具有重要的意义。

一、肥胖症的预防及矫治

1. 注意婴儿期的肥胖，定期进行体重监测

肥胖的产生，一是脂肪细胞体积的增大，二是脂肪细胞数量增多。单个脂肪细胞的体积可以通过减肥而变小，但增多的脂肪细胞数量是没有办法减少的。婴幼儿出生后的前两年，脂肪细胞分裂和增长的速度都很快，所以，预防肥胖要从婴幼儿出生之后就开始，要定期给婴幼儿称量体重，防止体重过快增长。

2. 限制饮食，多做运动

对于肥胖的孩子，要严格限制零食和甜食，防止幼儿能随时取到食物，幼儿的主食要限量，可以让幼儿多吃蔬菜、瓜果等，也可让其进食前先喝一碗汤。改变幼儿的饮食习惯，少吃高热、高糖、高脂肪的食物。食物以高蛋白、低碳水化合物、低脂肪为宜。幼儿不光要吃好、睡足，还要有一定的活动量，在活动中找到乐趣，喜欢运动，达到热量的收支平衡。

3. 家庭和社会的支持

家长以身作则，坚持合理的生活饮食习惯，这对幼儿来说尤其重要。

4. 关心幼儿，树立信心

关心幼儿，向幼儿说明减轻体重需要长时间坚持，树立信心，养成良好的作息习惯。

5. 循序渐进的原则

无论是控制饮食、增加运动量，还是减轻体重，都不能急于求成，需要循序渐进，制定科学合理的目标，逐步达成。

二、发育迟缓的预防及矫治

（1）营养均衡，培养良好的饮食习惯。

（2）若因全身疾病引起矮小，则应积极治疗原发疾病。

（3）改善生活环境，使幼儿得到精神上的安慰和生活上的照顾。

（4）对于先天性遗传、代谢性疾病，应根据情况进行治疗。

三、佝偻病的预防与治疗

（1）孕妇应多吃含钙丰富的食物。按照儿科医生的要求及时合理补充鱼肝油和钙制剂。

（2）提倡母乳喂养，及时为幼儿添加蛋黄、动物肝脏等辅食。

（3）幼儿应坚持户外活动，多晒太阳。

（4）及时治疗消化道疾病。捏脊、推拿，通经活血，能帮助消化，增强肌肉张力。

四、龋齿的预防与治疗

（1）多晒太阳，适度补充维生素 D 和钙剂，以保证牙齿的正常钙化，增强牙釉质的抗酸能力。

（2）注意口腔卫生，及时刷牙、漱口，及时清除食物残渣。3 岁以后可学习刷牙，早晚各一次。

（3）定期口腔检查，早发现，早治疗。

（4）饮食指导。控制含蔗糖多的饮食；避免黏着性强和在口腔停留时间长的饮食；口腔清洁；合理使用哺乳瓶。

五、弱视的预防与治疗

治疗越早越好，年龄大于 7 岁，治愈率明显下降。成人应定期为幼儿检查视力，在生活中留意观察幼儿的行为，发现幼儿有经常偏头视物或斜视等视觉障碍现象时，及时诊治。

六、多动症的预防与治疗

1. 药物治疗

药物治疗必须按医生的指导进行。

2. 行为疗法

对幼儿进行特殊训练，例如视觉注意力训练、听觉注意力训练、动作注意力训练等，提高患儿集中注意的时间，发展幼儿的自制力。

3. 心理治疗

消除各种紧张因素，增加文体活动；同时可进行行为疗法，对患儿进行自制力、注意力训练。

七、攻击性行为的预防与矫治

1. 为幼儿树立榜样

幼儿的许多攻击性行为是通过模仿学习的。因此，家长和教师要以身作则，做儿童的榜样，加强自身的修养，及时对幼儿的行为进行矫正。

2. 社会交往技能训练和认知干预

幼儿发生攻击性行为的一个重要原因往往是缺乏基本的社会交往技能，而这些技能有助于幼儿避免对抗性事件和攻击性行为的发生。对于鲁莽的反应性攻击幼儿，成人要教给他们如何控制自己的情绪，改变他们的敌意性归因倾向，这能更有效地帮助他们控制攻击性行为。

3. 教会幼儿懂得宣泄不良情绪，促进幼儿移情能力的发展

教师要教给受到挫折、攻击、干扰的幼儿一些宣泄方法，成人应允许有攻击性行为的幼儿采取合理的方式进行合理宣泄，如安排可以发泄的游戏来满足他们的攻击性冲动，应教会幼儿用言语来倾诉内心体验到的侵犯性情感，引导他们在适当的场合与时间大哭一场等，或者分别让幼儿扮演攻击者和被攻击者，让幼儿体验受害者的心情，从而从本质上消除、取代攻击性行为，这样有利于幼儿把不良情绪释放出来，以此来维持心理平衡。

此外，还可以采用消除对攻击性行为的强化、帮助受侵犯幼儿维护自己的权利、家园共育、开展主题班会等方式减少幼儿的攻击性行为。

八、口吃的预防与矫治

1. 正确对待幼儿说话时不流畅的现象

2～5岁幼儿的语言和心理发展十分迅速，词汇日益丰富，但语言功能尚未熟练，不善于选择词汇，说话时常有迟疑和不流畅等现象，随着年龄的增长逐渐好转，一般到小学前，就可口齿流利，这种现象称为“发育性口齿不流利”，不属于“口吃”。幼儿说话时发生这种现象，周围的人应采取不过分关注的态度，不加批评，减少幼儿因说话不流畅而感到紧张和不安。

2. 成人的榜样

成人用平静、轻柔、缓慢的语气和幼儿说话，对年龄较大的幼儿可教其有节奏地说话、朗读。

3. 消除环境中可致幼儿精神过度紧张、不安的各种因素

家庭和睦、教育方法合理、生活有规律，都可使幼儿的“口吃”成为暂时性的现象。

九、吮吸手指的预防与矫治

1. 弄清原因，对症下药

我们要弄清幼儿吮吸手指的真正原因，同时不要过度焦虑，以免将情绪传染给幼儿；在喂养习惯上，培养幼儿有规律地进食，做到定时定量，饥饱有节；在睡眠习惯上，应待婴幼儿困倦时再将其放到床上。

2. 丰富幼儿的生活

除了满足幼儿的生理需要（如饥渴、冷热、睡眠）外，成人还要不断地丰富幼儿的生活。教师可以多和幼儿沟通，给幼儿准备一些有趣的玩具，家长要为幼儿提供与小伙伴交流、玩耍的机会，丰富情感经验，从而改变幼儿吮吸手指的不良固有习惯，使幼儿生活充实，情绪愉悦。

3. 家长要耐心、冷静，严禁吓唬、威胁幼儿

成人要用正确的方法和态度帮助幼儿纠正吮吸手指的行为，不要嘲笑、恐吓、打骂、训斥，更不要使用暴力。当幼儿吮吸手指时，应以严厉的目光注视幼儿，并以坚定的口气说“不行”，同时分散幼儿的注意力。当吸指行为有所减少，要及时鼓励和表扬。

4. 养成良好的卫生习惯

要引导幼儿知道吮吸手指是不卫生的，不仅会引起手指肿胀、疼痛，牙齿变形，而且容易把大量的脏东西带入口内，引起消化系统疾病及其他传染病。

十、遗尿症的预防与矫治

（1）成人要仔细观察，掌握幼儿遗尿的时间规律，定时唤醒排尿，培养良好的排尿习惯。

（2）要建立良好的作息制度，避免幼儿白天过于劳累。

（3）合理调整饮食结构，可让幼儿早、中两餐多吃含水分多的食物，晚餐吃含水分少的食物，控制晚餐后液体的摄入量，以减少夜间尿量。

（4）心理和药物治疗。

【思考与练习】

1. 口吃行为的预防与治疗方法有哪些?
2. 孤独症的主要表现有哪些?
3. 简述工具性攻击和敌意性攻击的异同。
4. 试述幼儿攻击性行为的影响因素及减少幼儿攻击性行为的策略。

【案例分析】

刚刚 4 岁,是一个个子很高、力气很大的男孩。他脾气暴躁,爱动手打人,有时故意拧小朋友的耳朵,推倒小朋友,抢小朋友的铅笔,还动手推老师,弄翻桌椅、教具等。

请思考,刚刚的行为是否正确?是一种什么类型的行为?教师和家长可以采取什么办法令刚刚减少甚至消除此行为?

第八章

幼儿园班级管理中的家长工作

幼儿教育不是幼儿园单方面的事情，要想做好幼儿教育，教师、家长都要发挥作用。陈鹤琴先生早就提出“幼稚教育是一件很复杂的事情，不是家庭一方面可以单独胜任的，也不是幼稚园一方面可以单独胜任的，必定要两方面共同合作方能得到充分的功效”。《幼儿园教育指导纲要（试行）》指出：“家庭是幼儿园重要的合作伙伴。应本着尊重、平等、合作的原则，争取家长的理解、支持和主动参与，并积极支持、帮助家长提高教育能力。”《幼儿园工作规程》明确指出：“幼儿园应当主动与幼儿家庭沟通合作，为家长提供科学育儿宣传指导，帮助家长创设良好的家庭教育环境，共同担负教育幼儿的任务。”由此可见，家长工作是幼儿园班级管理的重要内容，开展家长工作可以指导家长科学育儿，充分发挥家庭教育的优势，家园配合一致共同促进幼儿的全面发展。

【学习目标】

1. 领会幼儿园班级家长工作的意义。
2. 理解并掌握幼儿园班级家长工作的原则和内容。
3. 能熟练把握幼儿园家长工作的途径。

第一节 幼儿园班级家长工作的意义

随着社会的进步与教育的发展，人们日益认识到家庭和幼儿园合作的重要性，幼儿园、家庭是学习共同体。目前家长主动参与幼儿园教育的意识也在不断增强，家长对幼儿园教育与管理、幼儿教师的专业水平等都会提出自己的看法。同时家庭本身也是幼儿园重要的教育资源，将家长的经验带进幼儿园，可以丰富幼儿园的课程。因此，在幼儿园班级管理中做好家长工作，具有重要的意义和价值。

一、有利于幼儿身心健康发展

家庭是幼儿的第一所学校，父母是幼儿的第一任老师，家庭教育对幼儿的影响具有持久性、深远性，对幼儿的发展有着不可替代的作用；而幼儿园作为专门的教育机构，有专业化的教师，他们了解幼儿的身心发展规律，掌握科学的教育观念与方法，具备专业化的保教能力，有目的、有计划、有组织地开展教育活动，在幼儿发展中起到重要的作用。作为两种不同的教育组织形式，家庭教育与机构教育承担着各自的任务，有着不同的优势特征。

家庭教育是一对一的形式，能提供给幼儿更多的温暖和爱，满足幼儿生理与心理的需要，让幼儿获得足够的自尊、自信和信任感、安全感，有利于幼儿良好的性格和行为习惯的养成。而幼儿园是专门的教育机构，它作为一个雏形的社会，能给幼儿提供更多的物质、精神资源，在师幼互动、同伴交往、与环境对话的过程中，幼儿逐步克服自我中心，获得同理心，提高认知能力，不断探索外部世界，获得身心健康发展。两股重要的教育力量需要相互配合、协同合作、优势互补，才能达到最佳的教育效果，任何一方的偏废都可能抵消另一方的教育效果。

家长工作是连接幼儿园教育与家庭教育的重要枢纽，教师通过家长工作，争取与家长在教育观念、原则、行为等方面达成共识，对幼儿提出统一的要求，以形成教育合力，共同解决幼儿发展过程中的敏感问题与难题，让集体教育与个别教育两种形式相融交织，更好地发挥各自的教育效果，更有效地促进幼儿的身心健康发展。

二、有利于提升幼儿教师的沟通能力

沟通与合作能力是幼儿教师重要的专业能力之一。能否有效地跟家长沟通，能否处理好与家长之间的关系，能否做好班级家长工作，能否服务好家长，一直以来都是考查一名幼儿教师是否符合幼儿教师专业标准的重要指标。很多新老师在工作头一年，面对家长总是战战兢兢，家长工作更是无从下手，甚至容易与家长产生隔阂与冲突，导致家园合作不能深入开展，进而影响教师自身的职业认同与职业发展。这主要是由于教师欠缺沟通与合作能力，在系统的师范学习中，师范生掌握了扎实的专业知识与教师教育技能，但与人交往、沟通的能力需要在工作实践中不断探索与练习。通过开展家长工作，教师在与社会阅历、经验都远比自己丰富的家长不断互动、交流的过程中，在应对不同职业、不同年龄、不同性格的家长的过程中，在不断整合多方的教育资源过程中，逐步发展了自身的人际交往能力、语言表达能力、组织沟通的能力。另外，通过家长工作，教师能获得更多的反馈，进而反思，不断深化专业知识，获得了专业能力的提升。

三、有利于提高家长的教养水平

家庭教育具有深远性、终身性，但同时具有随意性、无计划性。大多家长并非教育工作者，往往缺乏专业的教育知识、科学的教育理念和正确的教育方法。很多家长对幼儿出现的各种问题束手无策或者采取极端的手段，不仅起不到教育效果，反而产生不好的影响。因此，在教育上，家长需要得到教师的帮助，需要专业化、个性化的教育指导。

幼儿园作为专门的学前教育机构，可以通过搭建互动交流和经验分享的平台，吸引具有专业知识与能力的教师或专家，通过多元的方式引领家长树立科学有效的教育观念，通过组织家长参加家长会、观摩幼儿园保教活动等，引导家长逐渐树立科学的育儿观念，全面了解幼儿，掌握有效的教育策略与方法，进而提高家长的教养水平，提高家庭教育质量。

【视野拓展】

5+2为什么等于零

教育界一直流传着这样一个公式“5+2=0”，即5天的学校教育颇有成效，但2天的家庭教育没跟上的话，那么孩子的教育始终会在原地打转。如在幼儿园吃过午餐，教师会要求幼儿漱口，刚开始幼儿不习惯，但经过5天的适应，幼儿能够每天主动漱口。周末回到家，由于家长不知道幼儿园正在培养孩子饭后漱口的习惯，或者知道了也不以为意，孩子周末两天没有坚持，周一幼儿入园后，仍然需要教师反复提醒要饭后漱口。因此，只有学校、家庭形成合力，才会使“5+2≥7”。

四、有利于园所的长远发展

幼儿园教育要取得成效，必须得到家长的积极配合和参与；家长的关心与支持、监督评价也是做好幼儿园管理、提高工作质量的促进因素。从幼儿园对外交流工作看，家长是幼儿园向社会展示形象的窗口，也是幼儿园与社会保持密切联系的重要中介和纽带。家长对幼儿园的信任感与支持力来自他们对幼儿园工作的满意感。幼儿园积极开展家长工作，为家庭提供满意服务，就容易获得家长对幼儿园的信任与支持，从而有机会获得更高的社会声望与更多的社会资源的支持。同时，幼儿园有效的家长工作过程，是向社会公众传递幼儿园的文化的过程，也是构建幼儿园的积极公众形象的过程。

第二节 幼儿园班级家长工作的原则和内容

一、幼儿园班级家长工作的原则

（一）尊重家长原则

尊重家长是做好家长工作的前提。家长是教师教育的合作伙伴，两者之间是平等的关系，教师对家长的理解和尊重是调动家长参与班级教育、实现家园共育的前提。

首先，教师要尊重家长作为幼儿主要抚养者的角色。家长对自己孩子在行为、个性、习惯等方面的观察和了解要比教师详细得多、深刻得多，对孩子的期望比教师要高得多。家长是幼儿主要的情感依恋对象和安全感的来源，教师要尊重家长在幼儿成长中的首要作用。

其次，教师要尊重家长的教育行为。家长的社会地位、生存环境、文化水平、教育理念、性格特点等都存在差异，这也势必会影响其对待幼儿的态度和行为，当家长在幼儿教育中出现认知误区时，教师不能一味地抱怨或指责，更不能以命令的口吻硬性要求家长做出改变，而是在尊重、理解的基础上，给予专业建议和真诚的帮助，从而建立起彼此信任的关系。

最后，教师要尊重家长的教育知情权。教师应当主动地与家长交流幼儿的情况，并邀请家长参与活动。幼儿有不当的行为时，教师要及时与家长沟通，获得家长的理解与支持。

总之，尊重家长是家园合作的前提，是对幼儿教师的基本要求。有的幼儿教师错误地认为自己是专业人员，随意地批评、指责家长，排斥家长参与教育，抵制家长的教育需求，这会导致家长对幼儿教师产生反感和抵触情绪，进而引发家园矛盾，给幼儿成长带来不利影响。

（二）真诚沟通原则

1. 明确沟通目的

教师与家长沟通的首要目的是进行信息的交流。教师与家长在教育观念与思考问题的角度上存在差异是必然的，这使他们在对待幼儿的问题上可能出现分歧，找到解决问题的共同点是有效沟通的关键。这个共同点就是“共情”，就是设身处地感受和理解他人情绪与感受的能力。如果教师能够站在家长的角度去想问题，感受和体验家长的情感，跟家长交流，双方就能找到共鸣点，譬如对幼儿某个优点的喜悦、对某个行为的认同或不认同等。

2. 掌握方法和技巧

在与家长的沟通过程中，教师要掌握一定的方法和技巧，才能达成教育共识。

在与家长合作、沟通过程中，教师要放下教育者姿态，不要使用“我是专业的幼儿教师，我认为……，所以……是对的”这样的逻辑或策略。哪种教育观念或方法是对的，取决于幼儿教育过程中的客观效果，而不是主张观念或方法的个人。当然，教师也不能迎合或者利诱家长，而是应该选择合适的策略来开导家长。

在与家长沟通、合作的过程中，教师还要拒绝家长不合理的要求与期望。直接说“不”是拒绝家长的一种方式，但是会造成尴尬的局面。因此，幼儿教师在与家长的沟通中，要掌握一定的方法和技巧，把握沟通艺术。

【视野拓展】

与家长沟通的技巧

◆第一次和家长见面时，应表现出你很尊重家长并把焦点放在幼儿身上。

◆预先花时间建立与家长的合作关系是共同解决行为问题的第一步。

◆预约时间，与家长进行个别交流。

◆讨论幼儿行为问题时，隐私很重要。

◆讨论幼儿行为问题时，征求家长的意见，了解他们对幼儿行为的想法。

◆给予家长倾诉的时间。

◆眼神交流也很重要。

◆身体语言跟口头语言一样能传递信息。

◆如果家长提出要求或者谴责，不要有戒心，要先倾听，再回应。

（三）因人而异原则

因人而异原则指教师在进行家长工作的过程中，应根据不同家庭的特点，如家庭成员构成、教养方式、生活习惯、性格特点、教育背景等，有针对性地采取不同的沟通方式与互动手段。

在年龄方面，面对年轻家长，教师应提供更多的育儿指导与帮助；面对经验丰富且颇有育儿经验的家长，教师可积极与他交换意见，邀请他为其他家长进行经验分享；面对祖辈家长，教师应当有耐心，对他们的教育理念表示理解与尊重，耐心倾听其观点。

在家庭结构方面，面对单亲家庭，更要了解家长的心理和需要，做好沟通工作；面对大家庭，要全面了解不同家庭成员对幼儿的态度及教育方式；面对隔代教育的家庭，在理解祖辈教育付出的同时，也要与幼儿父母沟通，引导其更多地参与到幼儿的成长与教育中。

在学历方面，面对高学历的家长，可以邀请他们客串教师，体悟幼儿教育的特点，也可以帮助他们搭建平台，分享育儿经验；针对低学历的家长，可以多些关注和鼓励，给予更具体的指导策略，通过适宜的方式让其感受到自己的长处。

在性格方面，面对本身性格不成熟、情绪化的家长，教师要化身为心理疏导专家，帮助家长尽量克服性格缺陷，为幼儿树立良好的榜样，灵活指导其家庭教育过程。

总之，每个幼儿都有其独特的身心发展特点，每个家庭都有其特别的教养方式，只有充分了解幼儿，了解家庭特点，与家长真诚互动，共同制定适宜的教育方案，才是最为有效的家长工作。

（四）持之以恒原则

幼儿园班级的家长工作不是一朝一夕的事情，也不是阶段性的，而是贯穿于幼儿成长的始终，因此要做到常态化，教师应当持续做好家长工作，与家长密切互动。幼儿园家长工作不能只是因偶然事故而发生的互动行为，而是及时发现问题，与家长经常沟通。例如，针对幼儿在班级的各种表现、情绪状态及同伴交往等情况，充分利用入园、离园等环节，借助各种交流平台与工具，与家长取得联系，及时让家长知晓幼儿的各种表现。

另外，通过常态化沟通，达成教育共识。一方面，通过沟通交流，家长会熟悉教师的具体工作，了解教师对幼儿的付出，教师也会明白家长教育子女的良苦用心，从而加深双方的理解；另一方面，家长与教师会针对问题共同商讨对策，形成教育合力，拉近教师与家长的距离。

二、幼儿园班级家长工作的内容

（一）沟通交流，相互了解

家园沟通是幼儿园班级家长工作的重要内容，也是做好家长工作的重要前提。通过有效的沟通，有利于幼儿园了解幼儿的家庭环境、家长教育方式等相关情况，有针对性地进行教育和提供帮助，提高幼儿园的教育和管理水平；也有利于家长了解幼儿在园情况，如健康状况、饮食睡眠、人际关系、行为习惯，了解幼儿园的教育要求，与幼儿园配合一致地对幼儿实施教育。有效的沟通有利于双方相互了解、理解，化解和处理矛盾，建立起相互尊重信任的关系，从而积极协调配合，实现同步教育。

（二）宣传引导，指导家长科学育儿

教师要向家长宣传幼儿园的发展规划、教育目标等。便于家长了解幼儿园的整体发展，理解幼儿园的教育方法，取得家长的信任和配合。同时，教师也可以向家长介绍幼儿园的课程与教育方式，介绍幼儿在园的学习与发展表现，争取家长的支持，形成教育合力。

教师还要主动了解家长对幼儿的教育方式、幼儿的身心发展状况、生活习惯、兴趣爱好等，有针对性地宣传科学育儿知识，引导家长树立正确的儿童观和教育观，向他们提出具体可行的教育建议，实现同步教育。

（三）开发利用，争取家长支持配合

家长作为幼儿的主要抚养者和法定监护人，都十分关心幼儿的学习和教育，也乐于支持和配合班级的保教工作。家庭作为支持班级教育工作的重要因素，是教师可以有效开发和利用的宝贵教育资源。教师可以充分争取家长的人力、物力和智力资源，让家长了解幼儿园班级的保

教工作，支持并配合班级教师，保持教育的一致性和一贯性，并尽可能参与班级管理，为班级保教工作创造有利条件。

第三节　幼儿园班级家长工作的途径

一、沟通交流

（一）入园、离园交谈

入园、离园交谈是教师与家长交流信息的一种方式。教师可以利用家长到幼儿园接送孩子的时间与家长交谈，沟通孩子在园的生活、学习情况，家长也可以将孩子在家的情况跟教师交流，交换教育看法和建议，商讨问题解决的方法。教师与家长的这种谈话，时间比较短，内容不宜过多，必要时可以另约时间进行较长时间的谈话。这种有明确目的、事先约定的个别谈话，教师均应做好准备，包括汇集、分析有关孩子发展的材料，准备提出的问题及解决问题的初步设想。在交谈时，教师不仅要态度诚恳，还应该设法营造宽松的氛围，使家长消除顾虑，轻松地参与交谈。

1. 入园时的交谈

入园环节时间仓促，教师在和家长进行沟通时要把握好时间；遇到特殊情况时，要合理应对，如孩子身体不适，需要吃药，或是有物品交接时，一定不要有遗漏。

2. 离园时的交谈

离园环节与家长交谈的主要内容应聚焦于介绍幼儿当天或近期在园的表现，然后，提出幼儿的不足之处，最后再给家长提供改正幼儿缺点的方法。教师要注意沟通的频率及语言措辞，让家长能接受；给家长提出的建议一定要专业、切实可行。

（二）家访

家访是教师与幼儿家长共同商讨幼儿教育问题的重要方式，也是与幼儿家庭成员进行沟通的良好时机。家访的目的在于深入了解幼儿在家中的真实情况，家长的幼儿观、教育观，家庭及其周围环境对幼儿身心发展的影响，针对个别幼儿的具体表现，与家长共同商讨教育幼儿的方法，同时介绍幼儿在园的发展进步与存在的问题，争取家长与幼儿园密切合作。家访体现了幼儿园和教师对幼儿的关爱、对家长的理解和尊重、对顺利完成教育任务的责任感。

家访的时间安排一般在学期初或学期末，特别是幼儿入园前进行家访非常重要，可以取得家长配合，使幼儿同教师建立起初步的信任关系，有利于幼儿尽快适应幼儿园生活。

1. 准备家访

（1）明确家访目的。针对新入园的幼儿，家访的目的在于初步熟悉幼儿，通过现场观察，了解幼儿的性格特点、生活习惯和认知能力水平；通过与家长的沟通和交流，初步了解幼儿的家庭结构、经济状况、家庭成员关系、家长的教养态度与观念、对幼儿园的认可程度等；征询家长对幼儿园的认识和看法；初步建立起沟通渠道，并与幼儿和家长建立初步的情感。这些目的的实现有利于教师在开学初就可以对幼儿制订合理的教育计划并与家长进行有效沟通。针对老生，家访的目的在于了解幼儿假期的生活及活动情况，与幼儿拉近距离、增加亲近感；向家长介绍即将升入班级的幼儿发展目标和教育重点；针对现状向家长提出相应的要求，指导幼儿在假期中进行针对性调整等。

（2）制订家访计划。家访可以分为日常家访和假期家访，还可以分为新生家访和老生家访。针对不同时间段和性质的家访，制订适宜的家访计划。教师在家访前对幼儿的情况进行全面分析，确定家访的名单和家访的具体目的，制订家访计划，避免家访的盲目性和无效性。家访计划可以是提纲式的，针对不同幼儿及家庭的实际情况罗列出交流的主要内容，也可以通过列表的形式，将幼儿的基本信息及家访的具体内容详细呈现，便于家访时记录或者家访后整理。

2. 正式家访

正式家访前要事先预约。要与家长预约好合适的时间，且一定要尊重家长的意愿，给家长准备和选择的权利，避免干扰到家庭原有的计划和生活秩序。

家访过程中要注意观察幼儿生活的小区环境及家庭生活环境，观察家庭人员结构，观察幼儿的个性并尝试和幼儿互动，观察幼儿在家庭中与教师和家长不同的互动状态等；可以询问家长有关幼儿的详细信息，如幼儿发展情况、生活习惯、主要抚养人等，也可以询问家长希望教师关注幼儿的哪些方面等信息，以便在今后的保教中有针对性地关注幼儿。

3. 家访之后

家访结束后，教师应及时梳理家访的相关信息，并对家长的问题给予反馈，还可以将家访中家长的意见进行归类分析，将涉及园所管理和整体发展的内容以适当的方式汇报给园长，让园长了解家庭对幼儿园教育的态度及要求，从而有针对性地对幼儿园的管理、发展做出改进。

（三）家园联系簿

家园联系簿是家园沟通重要的媒介手段，联系簿里记录了家长、教师的联系方式、家庭住址等信息，并详细地记录了幼儿在幼儿园的各种表现。教师应为每个幼儿建立一本家园联系簿，定期或随时与家长联系，互通信息，交换建议，分享有关幼儿教育的看法，共同探讨个别教育的计划与措施。

二、构建平台

（一）家园联系栏

家园联系栏是由教师精心创设的墙面环境，有的幼儿园也称其为“家长园地”或“家园直通车”。家园联系栏不仅是反映保教工作情况和进行教育交流的一扇窗户，更是教师与家长沟通的一座桥梁。家园联系栏通常包括保健常识、饮食营养、班级大事件、班级通知、周计划、月计划等信息。家园联系栏作为家园互动平台，能很好地让家长了解园所的日常安排，更好地配合幼儿园的保教工作，促进家庭与幼儿园、教师与家长、家长与家长之间的沟通，从而使幼儿获得全面和谐的发展。

家园联系栏的创建应注意以下几个问题：第一，位置要醒目，便于家长在接送幼儿时有意或无意都能看到；第二，形式要活泼、新颖，能够吸引家长们的注意和关注；第三，内容要丰富，贴近幼儿生活，文字简练；第四，引导家长参与。

（二）家长学校

家长学校是以未成年人的家长及其抚养人为主要对象，为提高家长素质和家庭教育水平而组织的成人教育机构，是宣传普及家庭教育知识、提升家长素质的重要场所，是指导推进家庭教育的主阵地和主渠道。

家长学校的主要任务是面向广大家长宣传党的教育方针、相关法律法规和政策，宣传科学的家庭教育理念、知识和方法，引导家长树立正确的儿童观和育人观；组织开展形式多样的家庭教育实践活动，增进亲子交流，使家长和儿童在活动中共同成长进步；通过多种形式为家长和儿童提供指导和服务，解决家庭教育中的难点问题，提升家长教育和培养子女的能力和水平；增进家庭与学校的有效沟通，努力构筑学校、家庭、社区“三结合”的未成年人教育网络，为儿童健康成长营造良好环境。

因此，家长学校有明确的教育对象、教育组织、教育计划、教育内容及教育目的，旨在对家长的教育理念、教育方法、教育知识进行提升，使得家长拥有良好的家庭教育素质，对幼儿实行适合幼儿成长的教育行为，促进幼儿健康快乐成长。

1. 幼儿园家长学校的学习内容

幼儿园家长学校的学习内容一般包括：家长角色培养，家庭教育知识和方法，常见幼儿护理知识技能，幼儿阅读、习惯培养，家长育儿经验分享，幼儿心理健康培养，孩子品德培养，亲子交流等。

2. 幼儿园家长学校的活动形式

幼儿园家长学校的活动形式是家长学校的培训教师向学习者传授家庭教育内容的方式，其活动丰富多样，有集体教学的课堂培训、讲座、沙龙活动，有参与体验式的亲子互动活动，有分散式的研学，有个案分析式的交流，更有线上视频、推文的分享等。

3. 幼儿园家长学校的原则

（1）针对性原则。幼儿教育涉及内容宽泛，包括生理、心理、德育、智育、卫生、保健、行为、习惯及家长自身教养态度等方方面面。在内容繁多及家长时间极为有限的情况下，选择哪些是最适宜的呢？这就要求实事求是地依据实际情况而定，这就是针对性。针对性的强弱与指导价值成正比。也就是说，针对性越强，内容越充实，指导意义就越大。

（2）多样性原则。幼儿园家长学校开展活动，不能仅局限于听讲座，还应该包括看、问、说、写等各种形式，体现多层面的学习活动。要把家长学校办活，就必须采取丰富多彩的形式，保证最佳的学习效益，这就涉及多样性原则。“看”一般指参观学习，最典型的是家长开放日活动。幼儿园有目的、有计划地定期组织家长来园观摩幼儿的一日生活，帮助家长了解幼儿在园的学习、生活、游戏等情况。有时幼儿园还可以根据需要播放录像，使家长能更深入地了解；定期分发《家教报》 及出版家教专栏或专刊。每个班还可通过班级门口的“家教窗”，利用接送幼儿的时间，向家长介绍近期家教内容要点，宣传疾病预防和卫生保健知识等。“问”指专门为家长设计的各种咨询活动，目的在于为家长排忧解难，帮助家长解释幼儿某种心理现象或消除某种心理障碍。咨询可以是心理方面的，也可以是生理方面的，可以是智育的，也可以是德育的。“说”集中反映了家长学校的双向学习活动，以交流、反馈为主，是较高层次的参与形式。例如家教座谈会，引导家长介绍成功的育儿经验，交流家教感想和体会。有时可以围绕某些家教热点问题展开讨论，还可以组织家教知识竞赛，以活跃家长学校的学习活动。“写”主要体现在引导家长开展家教理论研究，鼓励动笔整理自己的家教体会。文化素质好的可以启发他们撰写有关论文，帮助家长从感性认识的层面提高到理性认识的层面上。

（三）网络平台

随着信息技术越来越广泛地进入学校和家庭，幼儿园与家庭沟通的渠道也多种多样。网络为家园合作交流开辟了一条崭新的途径，提高了教师的工作效率，也更加能够让家长及时了解幼儿的情况。建立“班级网站”，及时发布班级信息；创建“班级 QQ 聊天群”，能够及时有效地分享家长的成功育儿经验；创建“班级微信群”“钉钉群”等，及时交流幼儿在生活中的各种问题等；在“班级网页”开辟“教育科研”“保育论坛”“家园共育”“互助共享”“最新动向”“互动信箱”等栏目，使家园沟通速度更快、效率更高。

三、组织参与性活动

（一）家长开放日

家长开放日是班级在特定的时间里向家长开放园内外各种教育活动，家长走进幼儿园、走进班级，直观地了解幼儿园的教育内容与方法，系统、连贯地观察幼儿的一日生活、幼儿的在园表现，了解教师的实际工作情况，感受幼儿园的教育理念。

家长开放日的实施步骤如下：

（1）做好家长开放日活动计划。

（2）做好场地、材料、时间等方面的准备，整理好幼儿的观察记录，保存好幼儿的课堂作业和平时积累的作品，全面了解幼儿在日常生活中各方面的表现。

（3）向家长讲解注意事项，尽量让家长不干扰幼儿的正常活动。

（4）活动结束后，及时交流，收集相关资料与信息。

【视野拓展】

家长开放日邀请函

尊敬的家长：

您好！

感谢您自开学以来对幼儿园工作的支持与信任，协助老师一起帮孩子度过了开学适应期。为了让您更了解孩子在园的学习与生活，获得与其他家长的交流机会，我们真诚邀请您参加本学期的家长开放日活动。

具体安排如下：

××月××日（周×）上午 8：00—10：40

为了更好地让幼儿展示自己，请家长做到以下几点：

①准时来园参加活动；

②请将手机设为振动，以免分散孩子的注意力；

③活动中，家长要以赏识的心态积极鼓励幼儿参与园内的活动，并在幼儿面前起模范作用。请不要在孩子学习时帮忙。

④ 10：50 家长离园，并将反馈表交给班主任。

家长半日开放活动反馈表

①今天您孩子在活动中各方面的表现如何？（动手、表达、习惯、情绪）

②您认为本次家长半日开放活动的内容和形式安排如何？您希望我园的家长半日活动开展些什么内容？____________

③您对老师在活动中组织与教学有何评价？____________

④您对孩子的表现：满意□ 一般□ 不满意□

您对孩子满意或者不满意的原因是：____________

⑤您最想和老师进行哪方面的沟通：____________

⑥您希望与老师的联系方式是：

□电话 □面对面交谈 □网络（qq？ e-mail?） □其他 ________

填写人：

年 月 日

（二）家长会

家长会是幼儿园家长工作的重要渠道，作为幼儿园常规家长工作的一种形式存在已久。家长会的优点在于家长能集中在一起共享信息，受众人数多，沟通效率高。家长会的成功召开有利于加强家园之间的联系，提高家长对教育的重视程度，形成家园教育同步化，发挥幼儿园教育与家庭教育的合力作用，同时最大限度地消除教师与家长之间的误解。

1. 家长会类型

从规模上来看，家长会可以分全园家长会和班级家长会。全园家长会针对全园所有的家长召开，主要是介绍幼儿园的教育理念、教育计划和家长需要了解的规章制度等。班级家长会是以班级为单位，由本班教师召集全班孩子家长所开的会议。班级家长会有着很强的针对性，将本班孩子存在的普遍问题向家长汇报。教师和每个孩子家长也可以充分互动，了解家长的教育要求和教师对每个孩子的教育建议。

从时间上来看，家长会可以分为学期前家长会、学期中家长会、学期结束家长会。在开学前召开家长会，主要是向即将进入幼儿园的新生家长介绍幼儿园的办园理念、内容和方法等，提示孩子入园后可能出现的问题，如情绪上的可能波动，容易被传染某些疾病等，告诉家长为孩子入园需要做的一些准备工作等。学期中的家长会的主要任务是向家长介绍幼儿园本学期已经做的一些教育工作；汇报儿童各方面的表现和存在的问题；告知家长下学期工作的内容、将要开展的活动、需要家长所做的协助工作等。学期结束家长会主要是向家长汇报该学期幼儿园所做的工作和成效，对家长的支持和帮助表示感谢。

2. 家长会组织形式

家长会有多种组织形式，每种形式各有特色，教师可以根据不同的主题和内容选择不同的形式。

（1）介绍型家长会。介绍型家长会是幼儿园领导或者班级教师向家长介绍班级工作和各种活动的家长会，如开学初幼儿园举办的接待新生的家长会、班级教师介绍班级情况和学期工作的家长会、幼儿园兴趣班与特色班报名的家长会以及幼儿园举行大型活动前动员的家长会等，旨在帮助家长清晰地了解幼儿园的工作情况以及家长需要配合的工作。

（2）讲座型家长会。讲座是普及学前教育基本知识和基本方法的常用形式。讲座之前，教师要先调查家长的需求，了解家长最感兴趣和最感困惑的专题，或者教师根据自己多年的工作经验，整理出家长应知应会的内容。比如，小班幼儿家长怎样帮助幼儿缓解分离焦虑，中班幼儿家长怎样培养幼儿良好的行为习惯，大班幼儿家长怎样帮助幼儿做好幼升小衔接，还可以为家长解读儿童画的秘密、儿童学习的特点与方法，等等。讲座不宜完全是理论的灌输和知识的讲解，理论联系实际、文字加图片的方式更受家长欢迎。主讲人可以是外请的专家，也可以是班级教师或者养育得法的家长。讲座之后常常有一个简短的咨询与交流环节，由家长提问、主讲人回答。

（3）分类型家长会。与幼儿和家长相处一段时间之后，教师会发现一部分幼儿和家长存在共性问题。针对这些问题，教师可以组织不同类型的家长会，如肥胖儿童家长会、龋齿儿童家长会、留守儿童家长会、流动儿童家长会等。教师还可以针对不同类型的家长，分别召开父亲家长会、保姆家长会、祖辈家长会、单亲家庭家长会等。教师需要查阅和收集资料，了解已有的研究成果，并结合本班幼儿和家长的具体表现，有针对性地提出教育建议，提高分类型家长会的实效性。

（4）视听型家长会。通常，家长不会仅仅满足于“听说”孩子在幼儿园的生活，他们还特别希望能够“看到”孩子的真实表现。为此，许多教师在家长会上呈现大量的照片、录像等视听资料，让家长看到孩子在园的表现，了解孩子在园的一日生活常规和学习游戏情况，并引导家长根据孩子的表现探讨育儿话题。这种组织形式生动、形象，会场气氛轻松、愉快，深受家长欢迎。教师需要注意每个孩子都要在照片或者镜头里出现，一些反映孩子不良行为习惯的视听资料不宜公开展示。如果教师不能熟练使用拍摄技术或者缺乏多媒体设备，可以发动家长志愿者提前进班拍摄。

（5）研讨型家长会。现代家长学历水平高，反思能力强，其中不乏热心学前教育、钻研学前教育、具有真知灼见的家长，他们喜欢参与研讨，发表自己的见解。为此，教师可以举办研讨型家长会。在研讨会之前，教师要收集家长的问题，并对问题进行梳理和归类。在家长会上，教师做主持人，抛出问题，鼓励家长各抒己见。家长在热烈讨论的过程中，彼此分享成功或失败的家教实例和经验。最后，教师作为主持人要对研讨结果进行总结。这种类型的家长会需要家长有一定的文化基础，适用于教师与家长已经形成良好沟通关系的班级。

（6）建言型家长会。建言型家长会指一些幼儿园组织家长参与幼儿园投资、管理或者课程设置等项目的家长会。有的班级教师也会组织家长参与一些班务活动，家长的建言献策成为幼儿园或班级决策的参考依据之一。

（7）参与型家长会。传统的“教师讲、家长听”的家长会模式具有权威发布和信息集中的特点，但也有枯燥说教、呆板被动的局限性。参与型家长会则给家长游戏、操作、体验、思考和发言的机会，教师可以尝试设计与组织召开此类家长会。

（三）“家长老师”

“家长老师”是家园合作的一种新型教育形式。幼儿园在与家长进行沟通的基础上，引导家长主动观摩或参加幼儿园各方面活动，共同担负教育幼儿的任务。

消防安全知识我知道 活动视频

“家长老师”的主要形式有三种。

第一种是以班级计划或主题为基础的家长走进活动室活动，以班级计划或主题为基础，以教师为主导，联系合适的家长入园。如在幼儿园安全活动月中，可以邀请作为消防员的幼儿爸爸穿上消防服，进班为幼儿上一节生动有趣的安全课，运用多种丰富的形式，如谈话活动、角色扮演、消防演习等，引导幼儿了解基本的安全常识。“消防员叔叔”与“同伴爸爸”的双重角色，给予幼儿无限的兴趣与想象，在不知不觉中，幼儿便习得了自我保护的技巧。

第二种是以家长职业资源为基础的幼儿走出活动室的活动，即根据家长的职业及意愿，组织幼儿走出活动室，进入家长所在的工作场所，充分利用社会资源，扩展幼儿的学习空间，促进幼儿通过亲身体验、实际操作等方式获得更多有益的经验。家长的职业是幼儿认识社会的一扇窗口，能为幼儿园的教育提供多种支持和服务。利用家长的职业优势，配合幼儿园的教育活动，能产生倍增效应，使活动生动有趣。例如，在图书馆工作的妈妈，可以带领孩子们体验图书馆阅读的乐趣，感受在图书馆需要遵守的规则等。

第三种是以偶发事件为基础的活动。这种活动需要教师具有敏锐的观察力，随时发现幼儿的兴趣点，分析可实施的活动与幼儿家长潜在的联系，组织幼儿感兴趣的“家长老师”活动。如新闻中播报了地震，那作为消防员以及医生的家长们，都可以解答孩子们的疑问：地震是怎么发生的？消防员叔叔是怎样抢险救援的？医生怎么抢救伤者？如果遇到这种意外，该怎么做呢？

随着幼儿家长的文化层次越来越高，家长重视幼儿教育的意识和参与幼儿教育的积极性也会提高，“家长老师”活动将更广泛地受到幼儿、家长和老师的欢迎。

四、建立家长委员会

幼儿园应当成立家长委员会。家长委员会是代表全体家长和幼儿利益的常设性群众组织，家长以合作者的身份，直接参与幼儿园的教育和管理。家长委员会的主要任务是：对幼儿园重要决策和事关幼儿切身利益的事项提出意见和建议；发挥家长的专业和资源优势，支持幼儿园保育教育工作；帮助家长了解幼儿园的工作计划和要求，协助幼儿园开展家庭教育指导和交流。家长委员会起着联系幼儿园和家庭的桥梁和纽带的作用。建立家长委员会要注意以下三个问题：

其一，要民主选举，严格规范家长委员会的组建程序。幼儿园家长委员会的成员需要具有代表性和广泛性，能够充分代表广大家长的利益，因此应该规范建设程序，通过家长自荐、民主推选、教师推荐等民主选举的形式，让家长行使自己的知情权、选举权和监督权等合法权益。在教师的主持下，家长候选人根据自己的真实情况合理地进行竞选演讲，然后由全体家长投票，最终根据得票情况进行人员的确定及安排。在投票选举的过程中，教师还可以引导家长重点考虑候选人对教育的热爱程度、奉献精神、专业素养、综合素质、工作时间等，来保证家委会成员的质量。

其二，要制定章程，保障家长委员会的主体地位。目前，国家层面关于幼儿园家长委员会的具体要求说明很少，只是指出了大的方向，导致很多幼儿园家委会形同虚设，没有指导性的章程对其进行规范和约束。由于每个幼儿园的地理位置、人文环境、生源质量等不尽相同，所以结合幼儿园自身情况拟定一份详尽的章程就显得尤为重要了，且该章程应该公开面向全体家长、老师及园区的管理层，用于明确职责、监督管理。用章程来定义家委会的内涵，明确家委会成立的初衷及工作宗旨，规范家委会的组织构建，解释家委会的权利和义务。幼儿园内的相关教育工作者都应该熟知这一章程，幼儿园家委会委员用章程来规范自己的工作内容、活动形式等，普通家长则可以根据章程对家委会的工作进行监督、评价，教师及园内管理层视实际情况决定是否对章程做出调整和修改以及如何调整和修改。

其三，要完善制度，规范幼儿园家长委员会的组织管理。完善的制度是保障家长委员会发挥其积极作用的前提，因此，幼儿园应结合自身实际，制定科学合理的制度，保证家长委员会有效运行、充分发挥其作用。如可以建立例会定期制，幼儿园家委会委员每月召开一次家委会会议，听取幼儿园工作介绍，结合幼儿园工作重点，制订家委会协助工作的计划，并针对重点、难点、热点和普遍存在的问题，对幼儿园教育教学和管理工作提出合理化建议，促进家园合作有效性，助力幼儿成长。还可以建立会费公开制，为了建立幼儿园家委会与普通家长之间的信任，幼儿园家委会的工作内容应该努力做到公开透明，尤其是涉及家长经济利益的委员会会费。

【思考与练习】

1. 幼儿园班级家长工作有什么价值?
2. 幼儿园班级家长工作遵循的原则有哪些?
3. 幼儿园班级家长工作有哪些方法?
4. 举例说明幼儿园班级家长工作的途径。

【案例分析】

案例一

区域活动的时候，聪聪和小军玩开汽车的游戏，聪聪开着汽车把小军的汽车撞翻了，小军大声对聪聪说：“你不要撞我的汽车！”聪聪不听，再次发动对小军的攻击。小军再次对聪聪说：“你不要撞我的汽车，再这样我就生气了！”聪聪不听，又再次开着汽车撞上小军的汽车。看到自己的汽车又被撞翻，小军抓起聪聪的胳膊就咬了一口，聪聪的胳膊出现了两道深深的牙印，不一会儿就乌青了。

假设你是班级教师，你将如何与家长进行沟通呢?

案例二

舒望是小二班的孩子，入园已经一个月了，但仍然存在严重的入园焦虑，每天早晨来园都哭闹不止，早间活动也不主动参与，即使是孩子都喜欢的玩沙游戏，舒望也闷闷不乐，站在一边观望。午餐时，舒望挑食严重，主动进餐意识差，需要老师喂饭。因为舒望的种种入园不适，每天午餐后，舒望的妈妈都会来接舒望回家。下午在家自己教舒望识字、算数，晚餐仍然是妈妈喂食。舒望的入园适应之路漫长、坎坷。

请结合所学，分析舒望妈妈在教育孩子方面存在哪些问题？如果你是王老师，你会怎么做？

小班亲子活动
——雪趣

参 考 文 献

[1] 张燕 . 学前教育管理学 [M].3 版 . 北京：北京师范大学出版社，2019.

[2] 张燕 . 幼儿园班级管理 [M]. 北京：人民教育出版社，2015.

[3] 邢利娅 . 幼儿园管理 [M]. 北京：高等教育出版社，2010.

[4] 孙玉洁 . 幼儿园班级管理 .[M]. 北京：教育科学出版社，2021.

[5] 王劲松，孔霞 . 幼儿园班级管理 [M]. 北京：北京师范大学出版社，2021.

[6] 史爱芬，李立新 . 幼儿园班级管理案例分析 [M]. 上海：复旦大学出版社，2019.

[7] 胡剑红 . 破解家园沟通的 44 个难题 [M]. 北京：中国轻工业出版社，2016.

[8] 王哼 . 做有智慧的幼儿教师 [M]. 福州：福建教育出版社，2018.

[9] 曹俊明 . 幼儿园家长工作的方法与策略 [M]. 北京：教育科学出版社，2021.

[10] 赵丽丽 . 幼儿卫生与保健 [M].3 版 . 北京：中国劳动社会保障出版社，2020.

[11] 邹金利，赵碧玫，张卫宇 . 学前心理学 [M]. 北京：首都师范大学出版社，2018.

[12] 刘志慧，张雪艳 . 幼儿园班级管理 [M]. 重庆：西南师范大学出版社，2018.

[13] 宋文霞，王翠霞 . 幼儿园一日生活环节的组织策略 [M]. 北京：中国轻工业出版社，2012.

[14] 宋彩虹 . 幼儿生活活动保育 [M]. 上海： 华东师范大学出版社，2019.

[15] 朱清 . 幼儿园班级管理 [M]. 南京：江苏教育出版社，2014.